TYP. DRAEGER ET LESIEUR, 118, RUE DE VAUGIRARD.

SOUVENIRS

DU RÈGNE

DE LOUIS XIV

—

TOME II

Paris. — Typographie de Ad. Laine et J. Havard, rue des Saints-Pères, 19.

SOUVENIRS
DU RÈGNE
DE LOUIS XIV

PAR

LE COMTE DE COSNAC
(GABRIEL-JULES)

TOME DEUXIÈME

PARIS

Vᵛᵉ J. RENOUARD, ÉDITEUR
LIBRAIRE DE LA SOCIÉTÉ DE L'HISTOIRE DE FRANCE
6, rue de Tournon, 6
1868
Droits réservés.

SOUVENIRS DU RÈGNE DE LOUIS XIV.

CHAPITRE X.

Tentative du prince de Condé pour rattacher à sa cause le parlement de Paris. — Lettre de ce prince au parlement. — Arrêt de prise de corps contre le duc de Nemours. — Tentative du coadjuteur pour former un tiers parti ayant à sa tête le duc d'Orléans. — Conférence au Luxembourg à ce sujet. — Refus du duc d'Orléans. — Diverses démarches du prince de Condé pour faire tourner les événements à son seul avantage. — Traité d'alliance signé entre le duc d'Orléans et le prince de Condé. — Ce traité devient le point de départ d'une situation nouvelle. — Refroidissement entre le duc d'Orléans et le parlement qui rend des arrêts opposés aux vues de ce prince. — Promotion du coadjuteur au cardinalat, malgré les démarches contraires de la cour de France. — Désappointement du bailly de Valençay. — La reine et le cardinal Mazarin dissimulent leur mécontentement. — La popularité du coadjuteur est compromise par sa promotion. — Son courage le sauve du péril d'une émeute formée contre lui. — La violence de l'opinion déchaînée contre le retour du cardinal Mazarin suscite de nouveaux pamphlets. — Singulière manifestation du clergé de France contre la mise à prix de la tête du cardinal Mazarin.

(1652.)

Depuis le commencement de l'année 1652, nous avons suivi les phases militaires de la Fronde dans la campagne d'hiver de l'Aunis, de la Saintonge, du Poitou, de l'Angoumois et de la Guyenne; nous allons remonter au mois de janvier de cette même année, pour reprendre à Paris le cours parallèle des événements.

Nous savons quelle vive impression avait produite la rentrée en France du cardinal Mazarin sur le pays tout entier, et particulièrement sur le parlement de Paris. Ce corps judiciaire avait rendu contre le ministre favori les arrêts les plus énergiques, les plus violents même, puisqu'ils étaient allés jusqu'à mettre sa tête à prix; mais ces arrêts étaient tombés impuissants, foulés sous les pas du ministre qui, environné d'une armée, rejoignait la cour à Poitiers. Le prince de Condé crut le moment favorable pour ramener le parlement de Paris à la défense de sa propre cause, et lui écrivit cette lettre :

« Messieurs,

« Vous connoissez à cette heure que l'empressement de mes ennemis pour vous obliger à vérifier une déclaration contre moi, n'étoit qu'un moyen de me décrier dans la France, et, par là, de faciliter le retour du cardinal Mazarin. Les véritables sujets que j'ai eus de prendre les armes sont maintenant justifiés, et, sans doute, votre compagnie ne fera pas paroître moins de zèle que par le passé pour chasser cet ennemi public et ses troupes, et pour procurer à la chrétienté une paix générale qui lui est si nécessaire. J'ai chargé le sieur de La Salle de vous expliquer mes pensées sur tout ceci et de vous offrir ma personne et tout ce qui dépendra de moi pour contribuer à deux desseins si honorables à votre compagnie et si utiles à l'État. Je vous prie de lui ajouter entière créance, et de croire que je suis, Messieurs, votre très-humble et très-affectionné serviteur,

« LOUIS DE BOURBON. »

« Du camp de Brisembourg, 4 janvier 1652. »

Le lieu d'où cette lettre est datée prouve qu'elle fut écrite au moment où le prince méditait sur Chef-Boutonne, certainement pour enlever le jeune roi [1], la marche qui fut déconcertée par le comte d'Harcourt.

Il paraissait probable que le parlement de Pa-

---

[1] Voy. t. I, p. 361 et suiv.

ris, engagé comme il l'était, accepterait l'alliance proposée; mais la fatalité pesait alors sur le prince de Condé; ses armes et ses négociations devaient être frappées à la fois du même insuccès.

Le parlement se jetait volontiers dans l'opposition, et même dans la plus excessive, mais à une condition qui le préoccupait plus particulièrement, non sans raison, à son point de vue de corps judiciaire, à la condition de ne pas sortir de la légalité, ou, quand il en sortait, de ne s'en éloigner que le moins possible. Le maintien des lois était sa raison d'être, leur observation faisait sa force; il ne voulait pas s'écarter de cette observation par esprit de droiture, on n'en saurait douter, bien que l'habileté et la prudence fussent en cette occurrence d'accord avec la droiture. Ses arrêts contre le cardinal ne pouvaient en rien le compromettre; ils étaient basés sur les promesses authentiques et solennelles d'une déclaration rendue par le jeune roi lui-même aussitôt après la reconnaissance de sa majorité. Quelle que fût la connivence non douteuse de la cour avec le cardinal, aucune déclaration nouvelle n'étant venue révoquer la première, le retour du ministre exilé pouvait être considéré comme une sorte d'invasion armée pour s'emparer de la personne du roi et du pouvoir.

Pour se maintenir dans ces limites, malgré les efforts de quelques conseillers, le parlement repoussa les offres du prince de Condé par cette déclaration de principes, « Que les compagnies avaient droit de résister aux volontés des rois par remontrances, supplications et autres voies d'honneur, mais non par les armes et par la violence. » Tout ce que La Salle, porteur de la lettre, put obtenir, fut qu'il serait sursis à l'exécution de la déclaration portée contre le prince de Condé jusqu'à l'expulsion du cardinal Mazarin.

La nécessité d'être conséquent dans la ligne d'opposition exclusivement légale qu'il s'était tracée, obligea le parlement, dans le même temps qu'il rendait des arrêts contre le cardinal Mazarin, d'en rendre d'autres pour interdire les levées de troupes en tout autre nom qu'au nom du roi, et de décréter de prise de corps le duc de Nemours, lorsque ce prince, après avoir quitté la Saintonge, traversa Paris pour aller en Flandre chercher les vieilles troupes du prince de Condé. Enfin, dans l'espoir qu'une démonstration ferme, mais respectueuse et soumise, détournerait la reine de ses projets, il avait envoyé à Poitiers le président de Bellièvre avec d'autres députés, pour adresser d'humbles remontrances contre le retour du cardinal. Cette démarche fut plus qu'une maladresse au point de vue de la politique du parlement, parce que la réponse qu'il reçut ne lui permit plus, comme par le passé, de s'armer des volontés royales elles-mêmes. En présence du jeune roi et de sa mère, le garde des sceaux Molé adressa ces mots à la députation : « Que quand le parlement avoit donné ses derniers arrêts, il n'avoit pas su sans doute que M. le cardinal Mazarin n'avoit fait aucune levée de gens de guerre que par les ordres exprès de Sa Majesté, qu'il lui avoit été commandé d'entrer en France et d'y amener ses troupes; et qu'ainsi le roi ne trouvoit pas mauvais ce que la compagnie avoit fait jusqu'à ce jour; mais qu'il ne doutoit pas aussi que, quand elle auroit appris le détail dont il venoit de l'informer, et su de plus que le cardinal Mazarin ne demandoit que le moyen de se justifier, elle ne donnât à tous ses peuples l'exemple de l'obéissance qu'ils lui devoient[1]. » Cette réponse, rapportée à Paris au parlement le 24 janvier, contenait un manque de parole exempt de tout déguisement aux plus solennels engagements; mais elle plaçait les magistrats dans une situation plus difficile. Le parlement prononça néanmoins un arrêt contenant d'itératives remontrances contre le retour du cardinal. En rendant cet arrêt, il ne pouvait demeu-

---

[1] *Mémoires du cardinal de Retz.*

rer désormais dans la légalité qu'en se soumettant, sur le refus de la cour d'y obtempérer.

A dater de ce moment, à son grand préjudice et au grand avantage de la cour, le parlement se trouva rejeté, par les conséquences de sa fausse démarche, à côté de la route aplanie qu'il aimait, pour marcher à son but par des chemins de traverse, quels qu'eussent été ses constants efforts pour rentrer dans sa pemière voie.

Cette situation nouvelle du parlement donnait ouverture à la formation d'un tiers parti auquel de grandes chances de succès pouvaient être assurées. Il ne fallait qu'un chef pour la direction; celui-ci paraissait ne pas devoir être difficile à trouver. La maison de Bourbon offrait un prince que la nature semblait avoir façonné exprès pour ce rôle destiné à réunir les avantages de créer une force considérable, et celui fort appréciable à ses yeux de placer l'acteur au premier plan, sans lui faire courir les mêmes risques que dans aucune autre combinaison. Le lecteur a déjà nommé le duc d'Orléans.

La crainte de se compromettre, qui caractérise ce prince mêlé à tous les mouvements politiques, dont il prétendait recueillir les fruits sans en braver les périls, se trouve exprimée d'une manière saisissante dans une conversation qu'il eut un jour avec le coadjuteur pour savoir s'il donnerait à ses troupes l'ordre d'agir : « Si vous étiez né fils de France, infant d'Espagne, roi de Hongrie ou prince de Galles, vous ne me parleriez pas comme vous faites. Sachez que nous autres princes, nous ne comptons les paroles pour rien, mais que nous n'oublions jamais les actions. La reine ne se ressouviendroit pas demain à midi de mes déclamations contre le cardinal, si je le voulois souffrir demain au matin. Si mes troupes tirent un coup de mousquet, elle ne me le pardonnera pas quoi que je puisse faire, d'ici à deux mille ans [1]. »

Le coadjuteur avait sans peine entrevu que nulle situation plus avantageuse que celle de chef d'un tiers parti ne pouvait convenir à ce prince ; il lui proposa de la prendre.

Le président de Bellièvre et le coadjuteur, réunis dans le cabinet des livres au palais du Luxembourg, causaient des difficultés du moment et faisaient envisager à Gaston qu'il dépendait de sa conduite de les maîtriser. Le coadjuteur offrit, pour mieux préciser le choix sur les partis, de les mettre par écrit en développant les considérations diverses pour ou contre leur adoption. L'offre fut acceptée, et, au bout de deux heures, il remettait au prince son travail, duquel il ré-

---

[1] *Mémoires du cardinal de Retz.*

sultait qu'il avait quatre partis à prendre dans les présentes conjonctures [1] :

Le premier, s'accommoder avec la reine, et, comme conséquence forcée, avec le cardinal Mazarin ;

Le second, s'unir intimement avec M. le prince ;

Le troisième, former un tiers parti ;

Le quatrième, rester dans l'état présent, c'est-à-dire flotter entre tous les partis, en s'entendant tour à tour avec eux.

Le premier parti, qui entraînait un accommodement avec le cardinal Mazarin, avait toujours été exclu de toute délibération par le prince lui-même, comme contraire à sa dignité et à sa sûreté. Le second avait toujours été repoussé, parce qu'il entraînait une rupture avec le parlement et une suggestion absolue aux volontés du prince de Condé. Le troisième parti avait été jusque-là rejeté par le prince, par la raison qu'il obligeait le parlement à sortir de ses formes ordinaires, et par le motif que la force qui résulterait de la formation d'un semblable parti le rendrait trop dangereux pour la royauté et pour l'État. Quant au quatrième parti, il était précisément celui qui causait au prince toutes ses peines et toutes ses inquiétudes. Ce dernier parti devant donc être

---

[1] *Mémoires du cardinal de Retz.*

abandonné sans discussion, restait un choix à faire entre les autres.

Le premier et le second parti étaient trop antipathiques au prince, comme contraires à la dignité et à la sûreté de sa personne, pour adopter l'un ou l'autre après les avoir tant de fois rejetés. Le troisième parti restait le seul à choisir ; il fallait donc envisager ses inconvénients et ses avantages :

Les premiers sont nombreux ; le duc d'Orléans offensera d'abord tous les partis : la reine, parce qu'il faudra qu'il donne à ses troupes des ordres pour agir d'une manière plus décidée; le parlement, parce que ce corps s'est formellement prononcé contre la marche de l'armée du duc de Nemours, et qu'il faudra qu'il concerte les mouvements de ses propres troupes avec ceux de cette armée ; le prince de Condé, parce qu'il ne lui donnera son concours que sous des réserves qui ne sauraient le satisfaire. En compensation de ces inconvénients, les avantages sont de trois sortes : le premier est d'avoir une profonde sagesse empreinte jusque dans l'apparence, et celle-ci suffit au commun des hommes; le second, de ne pas mettre sur le premier plan le prince de Condé, mais de ne pas le laisser succomber non plus, parce que sa ruine donnerait trop de force au cardinal ; enfin, de n'être pas décisif et de laisser toute latitude pour profiter des incidents ; le troisième, de ne pas renoncer à la qualité de médiateur, de la rendre nécessaire même dans l'avenir, et de sauver ainsi le prince, au dénoûment, des conséquences de tous les pas désagréables à la cour qu'il a faits jusqu'ici, et qu'il sera obligé peut-être de faire encore.

Le président de Bellièvre approuva sur tous les points les conclusions du coadjuteur en faveur du tiers parti, et les soutint avec force. Le duc d'Orléans les combattit, et, comme il ne croyait qu'à l'intérêt personnel, il fit observer au coadjuteur que cette conduite romprait toutes ses mesures avec la cour et lui ferait perdre le chapeau de cardinal dont il avait la promesse. A cette objection, le coadjuteur répondit par des protestations sur son désintéressement ; il assura que dans les engagements qu'il avait pris vis-à-vis de la reine, sans songer à son propre avantage, il s'était toujours réservé de ne pas quitter le service du prince et de lui donner les conseils qu'il croirait les plus conformes à sa gloire, et qu'ainsi Monsieur pouvait même envoyer à la reine le mémoire qu'il venait d'écrire ; qu'au surplus, à l'heure où il parlait, il était nommé cardinal, ou ne le serait de longtemps.

Après cette réponse le duc d'Orléans, jetant le mémoire dans le feu de sa cheminée, accabla le coadjuteur de protestations d'amitié ; mais il sortit du cabinet des livres sans avoir adopté le conseil qui lui était donné. Ce prince, se mettant en contradiction avec lui-même, va suivre une conduite certainement plus téméraire, mais qui n'assumera pas sur lui la responsabilité d'une direction. Ce fut sans aucun doute à cette responsabilité que sa timidité ne put se résoudre.

Cette conférence à trois, entre le duc d'Orléans, le président de Bellièvre et le coadjuteur de Paris, venait d'être provoquée par une mission du duc de Damville[1], envoyé par la reine pour prier le duc d'Orléans de ne pas joindre les troupes qui portaient son nom à celles du duc de Nemours. Le duc se refusa à prendre cet engagement; il avait trop d'antipathie pour le cardinal Mazarin, et redoutait trop les suites de son triomphe, pour vouloir y donner les mains avec tant d'abandon.

Le duc d'Orléans se trouvait avoir repoussé presque au même moment le premier et le troi-

---

[1] François-Christophe de Lévis-Ventadour, comte de Brion, duc de Damville. Il avait été frondeur décidé, aussi la cour n'avait en lui qu'une médiocre confiance ; mais elle l'employait volontiers dans ses négociations avec le duc d'Orléans, sur lequel il pouvait peser par des affinités de caractère. Le cardinal de Retz a tracé, dans ses Mémoires, un plaisant récit du timide courage du duc de Damville, à l'occasion de la rencontre auprès de la rivière, à Saint-Cloud, de moines qu'il prit pour des revenants ; il ajoute qu'il avait été deux fois capucin, et faisait un salmigondis perpétuel de dévotion et de péchés.

sième parti caractérisés dans le mémoire du coadjuteur. Il ne lui restait à choisir que le second parti ou à persévérer dans le quatrième, qui le jetait dans des anxiétés si vives, qu'elles produisaient sur lui l'effet d'une fièvre continue.

Dans ce temps de négociations, les chefs des factions contraires, tout en se combattant, sondaient sans cesse leurs dispositions respectives pour savoir s'ils ne pourraient parvenir à s'entendre, en se taillant chacun leur part de pouvoir ou de fortune aux dépens de certains autres adversaires, ou même de certains amis moins prestes dans l'art des évolutions. Le prince de Condé, si habile pour les manœuvres des champs de bataille, avait des dispositions non moins grandes, mais généralement moins heureuses, pour ces manœuvres diplomatiques, moins sanglantes, mais certainement moins innocentes; il n'était donc pas le dernier à se jeter dans cette voie de négociations, les unes avouées, les autres secrètes, avec amis ou ennemis. Cet adversaire, en apparence si irréconciliable du cardinal Mazarin, avait fait sous main des ouvertures à la cour, par lesquelles il se déclarait prêt à couvrir de son approbation la plus entière le rappel du cardinal, pourvu qu'une suffisante carrière fût laissée ouverte à ses prétentions; mais, comme la reine savait par expérience ce que coûtaient l'alliance et l'exigeant concours de ce prince, que le cardinal n'ignorait pas l'impossibilité d'une entente durable et la nécessité pour l'un ou pour l'autre de céder la place, ces avances n'étaient pas écoutées. Froissé d'être rebuté, le prince avait fait violence à ses sentiments pour solliciter l'alliance du parlement de Paris, et nous avons vu que, de ce côté, il n'avait pas été plus heureux. Il négocia alors une troisième alliance, et cette dernière réussit.

Le duc d'Orléans fut l'allié que le prince de Condé eut l'adresse d'attacher à sa fortune, et ce résultat ne dut pas être facile à obtenir lorsque l'on considère les diverses influences qui agissaient sur Gaston. D'abord, celle de son conseiller, le coadjuteur de Paris, promoteur de la pensée de former un tiers parti, et ennemi personnel du prince de Condé; ensuite, l'ascendant des idées parlementaires. Les allures du parlement convenaient à ce prince, naturellement disert et éloquent; il excellait à se faire écouter dans les séances de ce corps; parler beaucoup, agir peu, on ne pouvait manquer de s'entendre, et l'on se séparait généralement, de part et d'autre, avec des sentiments réciproques de sympathie. Enfin il avait fallu faire surmonter à Gaston ses sentiments de jalousie contre le prince de Condé, dont la gloire militaire l'offusquait, et auquel il reprochait de le laisser toujours au second rang.

Un traité fut conclu entre ces princes, par l'entremise habile de deux négociateurs, munis des pleins pouvoirs du prince de Condé, les comtes de Fiesque et de Gaucourt. Le texte de ce traité resta dans une certaine ombre et fut diversement commenté, car Omer Talon prétend, dans ses Mémoires, que le duc d'Orléans s'y était réservé, par un article formel, la faculté de continuer à prendre conseil du coadjuteur. Cet article n'existe pas, ainsi que le prouve le texte du traité lui-même que nous ne croyons pas avoir été, jusqu'à ce jour, entièrement connu ni publié par aucun historien[1].

ARTICLES *et Conditions dont Son Altesse Royale et M. le Prince sont convenus pour l'expulsion du cardinal Mazarin hors du royaume, en conséquence des déclarations du Roy et des arrests du Parlement de France.*

« PREMIÈREMENT.

« Que Son Altesse Royale et M. le Prince sont prêts de poser les armes, de rapprocher la per-

---

[1] Nous avons trouvé ce traité aux *Archives du Ministère de la guerre*, vol. CXXXIII.

sonne du Roy, de rentrer dans les conseils et de contribuer à ce qui dépendra d'eux pour procurer la paix générale, remettre les affaires et restablir l'autorité du Roy, s'il plaise à Sa Majesté commander de bonne foy au cardinal Mazarin de sortir hors du royaume et places de son obéissance, et d'esloigner de ses conseils et d'auprès de sa personne, ses proches et adhérans, et d'exécuter sincèrement les déclarations qu'il a données sur ce sujet, en sorte que Cesdits Altesse Royale et M. le Prince aient lieu d'estre persuadez qu'on ne violera point la foy publique.

2.

« Que si, au contraire, les artifices dudit cardinal Mazarin prévalent sur l'esprit du Roy, et que, contre les vœux et les sentimens de toute la France, et au préjudice des déclarations du Roy, l'on persévère à le maintenir, la qualité d'oncle de Sa Majesté qu'a Son Altesse Royale, l'oblige à veiller continuellement au bien du royaume et s'opposer à tout ce qui le peult troubler pendant le bas âge de Sa Majesté, et M. le Prince ne se pouvant dispenser d'avoir les mesmes sentimens pour l'honneur qu'il a d'estre du sang royal, et considérant aussy qu'ils ne peuvent trouver aucune seureté pour leurs personnes pendant que le cardinal Mazarin sera maistre des affaires, ont promis et se sont réciproquement obligés et obligent, tant pour eux, que M. le Prince particulièrement pour M. le prince de Conty, son frère, et madame la duchesse de Longueville, sa sœur, auxquels ils se promettent et s'obligent de faire ratifier le présent traité au mesme temps que luy, comme aussy pour ceux qui sont dans leurs intérests communs, d'entrer en union, de joindre leurs forces, employer leur crédit et amis pour procurer l'exclusion du cardinal Mazarin hors du royaume, et l'esloignement de ses proches et adhérans, qui se sont déclarez tels par le continuel commerce qu'ils ont eu avec luy hors de la cour et des affaires.

3.

« Ils promettent de ne point poser les armes jusques à ce qu'ils ayent obtenu l'effet de l'article cy-dessus, et de n'entendre directement ou indirectement à aucun accommodement qu'à cette condition et d'un commun consentement.

4.

« Ils maintiendront et augmenteront les troupes qu'ils ont sur pied autant qu'il leur sera possible, et les feront agir conjointement ou séparément, ainsy qu'ils trouveront pour le mieux, promettant en outre d'apporter tout leur soin pour les faire subsister avec le moins d'incommodités qu'il se pourra pour les peuples.

5.

« Ils promettent d'accepter volontiers tous les expédiens raisonnables qui leur seront proposez pour la pacification du royaume, aux conditions de l'exclusion du cardinal Mazarin portées par le second article, et de travailler incessamment pour l'établissement de la paix générale, qui est une des principales fins du présent traité; à laquelle, sans doubte, il n'y aura plus d'obstacles quand celuy qui a voulu la continuation de la guerre sera esloigné, et la réunion de la maison royale, qu'il a empeschée depuis si longtemps, sera solidement establie.

6.

« Son Altesse Royale et M. le Prince promettent de maintenir les parlemens, les compagnies souveraines du royaume, les principaux officiers de l'Estat, et toutes les personnes de condition dans tous leurs priviléges, et de leur faire faire raison sur toutes les prétentions légitimes qu'ils pourront avoir; de ne faire aucun traité sans leur participation et qu'on ne leur aye réparé le tort et pertes qu'ils pourroient avoir soufferts; en conséquence de celuy-cy particulièrement, d'empescher qu'il ne soit donné atteinte à l'observation de la déclaration du 22ᵉ octobre 1648, et, pour cet effet, ils sont convenus d'entrer en la présente union et de concourir aux fins pour lesquelles elle est establie.

7.

« Le cardinal Mazarin, qui a toujours gouverné en effect, quoiqu'il fût banny en apparence, ayant empesché l'assemblée des Estats Généraux dont le Roy avoit promis la convocation au 8 septembre dernier, et ayant obligé les députés qui s'estoient rendus à Tours, au jour préfix, de se retirer avec honte et confusion, et sçachant d'ailleurs qu'il ne changera pas la conduite qu'il a tenue, et qu'il empeschera par tous moyens ce qu'on attend de leurs délibérations, ou s'il est capable de consentir qu'ils s'assemblent, ce ne sera que pour les mettre dans un lieu où il sera le maistre, Son Altesse Royale et M. le Prince, pour obvier à ces deux inconvéniens, promettent et s'obligent de travailler incessamment, afin de les convocquer dans Paris ou dans la ville la plus proche et la plus commode, en sorte qu'ils puissent agir avec une pleine liberté; auquel cas ils déclarent qu'ils sousmettent de très-bon cœur ce qu'ils ont d'intérests, qu'ils protestent n'estre autres que ceux du Roy et de l'Estat, dont il sera dressé un édict perpétuel et irrévocable pour estre vérifié dans le parlement de Paris et dans tous ceux qui sont entrez dans la présente union.

8.

« Son Altesse Royale et M. le Prince, ne pouvant tenir pour légitime ni recognoistre le conseil qui a esté establi par le cardinal Mazarin, un de ceux qui le composent ayant acheté son employ avec une notable somme d'argent qu'il a donnée audit cardinal, et estant obligés, chacun selon le degré de sang dont ils ont l'honneur de toucher à Sa Majesté, d'avoir soin de ses affaires et de faire en sorte qu'elles soient bien gouvernées, promettent de n'entendre à aucun accommodement que les créatures et adhérens publics du cardinal Mazarin ne soient exclus du conseil d'Estat et à condition qu'il ne sera composé que de ceux dudit conseil qui ne seront soupçonnés d'avoir aucune part avec luy.

9.

« Et d'autant que les ennemis de M. le Prince sont capables de vouloir descrier sa conduite en publiant qu'il a des liaisons avec des estrangers, Son Altesse Royale et Mondit Seigneur le Prince déclarent qu'ils n'auront jamais aucun commerce ni correspondance avec eux que pour l'establissement de la paix générale, et qu'ils n'en prendront à l'avenir aucunes avec aucuns princes estrangers qu'elles n'aient esté jugées avantageuses au service du Roy et de l'Estat par le parlement et les personnes principales qui entreront en la présente union.

10.

« Et, afin que les plus mal intentionnés et les plus attachés à la personne dudit cardinal Mazarin ne puissent doubter avec raison des bonnes intentions de Son Altesse Royale et de M. le Prince, ils ont estimé à propos de déclarer expressément par cet article particulier, qu'ils n'ont aucun intérest que celuy de l'entière seureté de leurs personnes, et, soit qu'ils fassent des progrès pendant que le malheur de l'Estat les obligera d'employer leurs armes pour l'expulsion dudit cardinal Mazarin, ou que les affaires s'accommodent par son exclusion, ainsi qu'il a esté cy-dessus expliqué, de ne prétendre aucuns nouveaux establissemens, et de trouver leur entière satisfaction dans celle qu'aura la France de voir la fin des troubles et la tranquilité publique asseurée.

11.

« Son Altesse Royale et M. le Prince ont estimé néantmoins à propos pour bonnes considérations de convenir qu'ils procureront de tous leurs pouvoirs, dans l'accommodement qui se pourra faire, les satisfactions justes et raisonnables de tous ceux qui se sont présentement engagez dans la cause commune ou qui s'y joindront cy-après, en sorte qu'ils reçoivent des marques effectives de leur protection, tout autant qu'il leur sera possible.

12.

« Ce présent traité a esté signé double par Son Altesse Royale et par les S^{rs} comtes de Fiesque et de Gaucourt, pour et au nom de M. le prince de Conty et de madame de Longueville, en vertu du pouvoir qu'en a donné M. le Prince et qui a esté présentement remis ez mains de Son Altesse Royale par les S^{rs} comtes de Fiesque et de

Gaucourt, lesquels se sont obligés et s'obligent de fournir à Sadite Altesse Royale les ratifications dans un mois au plus tard.

« Faict à Paris, le 24 janvier 1652.

« GASTON.

« CHARLES LÉON. DE FIESQUE[1].

« JOSEPH DE GAUCOURT[2]. »

Ce traité, d'une importance extrême, auquel l'histoire, faute de l'avoir suffisamment connu, n'a pas accordé toute l'attention qu'il méritait, est

[1] Le comte de Fiesque appartenait à l'illustre maison de Fiesque, une des quatre grandes familles de la ville de Gênes, dont la branche aînée avait dû s'établir en France en 1547, à la suite de la malheureuse issue de la conjuration de Jean-Louis de Fiesque contre les Doria. Le comte de Fiesque avait de l'esprit, une belle voix, et faisait bien les vers ; il chanta un jour à Louis XIV, raconte le duc de Saint-Simon, une chanson si plaisante sur Béchameil, que le roi en faillit mourir de rire. Voyez sur Béchameil le supplément aux *Mémoires de Daniel de Cosnac*, que nous avons publié dans le *Bulletin* du mois d'avril 1858 de la *Société de l'histoire de France*.

[2] Les *Mémoires du cardinal de Retz* s'expriment en ces termes sur le comte de Gaucourt : « Ce M. de Gaucourt estoit homme de grande naissance, car il estoit de la maison de ces puissants et anciens comtes de Clermont en Beauvoisis si fameux dans nos histoires. Il avoit de l'esprit et du sçavoir faire ; mais il s'estoit trop érigé en négociateur, ce qui n'est pas toujours la meilleure qualité pour la négociation. »

la clef des événements subséquents, sur lesquels il exerça la plus décisive influence. Il demande à ce titre une appréciation réfléchie de ses clauses principales.

Avant d'aborder l'examen du fond, nous devons relever en passant la rédaction pittoresque du premier article : « Les princes sont prêts de *rapprocher*[1] la personne du roi. » Un tabellion diplomate n'eût jamais employé une expression si hardie, si originale, mais si expressive ; elle sent le style et le langage de vénerie ou de guerre, familier au prince de Condé et à ses négociateurs, dont les plumes étaient taillées en pointe de couteau de chasse ou d'épée. Cette réflexion faite, passons au programme de cette chasse royale.

L'objet est l'expulsion définitive du pouvoir et du royaume du cardinal Mazarin ; la capture proposée est bien en réalité la personne du roi ; il s'agit de s'en rendre maître pour gouverner sous son nom. Les moyens de réussite sont d'abord le maintien des troupes sous les ordres des princes, et la plus grande augmentation possible de leur effectif ; ensuite, comme il faut se ménager des amis et flatter les opinions diverses, le parlement d'un côté, la noblesse de l'autre, ont chacun

---

[1] En terme de vénerie, rapprocher un cerf, par exemple, veut dire faire tenir tout doucement aux chiens la voie d'un cerf qui a passé deux ou trois heures auparavant.

la promesse de voir réaliser leurs aspirations favorites. Le parlement sera maintenu dans toutes ses prétentions légitimes, et l'observation de la fameuse déclaration du 22 octobre 1648 lui est formellement garantie; or nous savons que les prétentions soi-disant légitimes du parlement et la déclaration du 22 octobre n'étaient autre chose que le bouleversement de l'ancienne constitution de l'État, pour remettre la discussion et le contrôle des affaires publiques à un corps sans mandat politique. La noblesse est assurée de la convocation des États Généraux, la convocation faite pour le 8 septembre de l'année précédente ayant été mise à néant par un manque de foi indigne des dépositaires de l'autorité royale. Cette perspective de la convocation prochaine des États Généraux pouvait être aussi une amorce à l'adresse du tiers état; mais nous savons l'indifférence qu'il témoignait généralement pour ces assemblées et la préférence qu'il donnait à sa situation aussi maladroite qu'effacée derrière la robe des parlements. Les princes s'embarrassent peu de réunir les promesses les plus contradictoires, ne pouvant que se détruire dans leurs effets les unes par les autres; comment eût-il été possible de remettre à la fois l'exercice du mandat représentatif au parlement de Paris et aux États Généraux? Mais la possibilité de la réalisation de ce programme est ce qui importe le moins ; son application, dans un sens ou dans l'autre, eût même médiocrement satisfait ses auteurs. Ce qui importe, c'est de séduire. Dans ce traité, le prince de Condé sent la nécessité de se justifier du reproche de son alliance avec les étrangers, et il s'efforce d'en restreindre la portée de telle sorte que, ni pour l'honneur national, ni pour l'intégrité du territoire, on n'y puisse voir aucun danger. Toute l'économie du traité se concentre dans son huitième article, la composition du conseil du roi. Il s'agit, en place du conseil qu'on rejete, d'en composer un dans lequel toute l'influence appartienne aux deux princes qui allient leurs intérêts. Dans ce but égoïste se résume la pensée des contractants; il ne s'agit pour eux que d'un changement de personnes, et non d'un changement de système ; ils ne font appel à des garanties constitutionnelles que pour se faire des appuis et des échelons pour escalader le pouvoir ; mais le pouvoir absolu exercé par le conseil du roi dans l'État, et par eux dans le conseil, est toute leur politique. Faut-il s'étonner qu'avec des chefs guidés uniquement par des vues si personnelles et si étroites, le mouvement national de la Fronde n'ait abouti qu'à un avortement?

A partir de la signature de ce traité, la Fronde n'est plus qu'une querelle de princes et de ministres qui se disputent, sous le nom du roi, l'exercice du pouvoir absolu. Un jour viendra où le roi, voulant régner par lui-même, s'adjugera définitivement le mets appétissant et contesté.

Deux conséquences immédiates résultèrent de cet accord nouveau entre les deux princes. Le duc d'Orléans donna des ordres pour faire rapprocher de Paris les troupes qui lui appartenaient, composées des régiments de l'Altesse, de Valois, de Languedoc, cavalerie et infanterie, de ses compagnies de gendarmes et de chevau-légers, ainsi que celle de son fils, le duc de Valois ; il en confia le commandement au duc de Beaufort, avec ordre d'opérer de concert avec l'armée du prince de Condé, qui arrivait de Flandre sous les ordres du duc de Nemours. La seconde conséquence fut une attitude toute différente du duc d'Orléans dans le sein du parlement de Paris ; de ce jour, laissant de côté ses scrupules de ménagement vis-à-vis de ce corps, il s'y posa en défenseur de la personne et des actes du prince de Condé. La tâche était difficile ; des tiraillements nombreux en sens inverse en résultèrent, et Gaston y perdit une bonne part du prestige et de la popularité dont il jouissait avec si peu de titres.

Le parlement, sur des plaintes suscitées par les désordres commis dans la Brie par les nouvelles levées, avait rendu un arrêt qui déplaisait fortement au duc d'Orléans, dont il contrariait le recrutement des troupes, cet arrêt portant interdiction formelle de faire des levées sans autorisation du roi. Vainement Monsieur se récria-t-il contre cet arrêt; il ne put le faire rapporter, mais il obtint néanmoins un tempérament assez caractéristique de la situation des hommes et des partis, qui fut que l'arrêt serait simplement inscrit sur les registres, mais ne serait pas publié.

D'autres tiraillements naquirent à l'occasion de messages royaux qui, signalant la marche du duc de Nemours à la tête d'une armée et la révolte du duc de Rohan-Chabot, en Anjou, avaient provoqué des arrêts contre les fauteurs de ces mouvements. Le duc d'Orléans prit la parole avec vigueur pour défendre ceux qui étaient incriminés; il fit ressortir avec éloquence que le parlement ne saurait frapper ceux qui en définitive n'agissaient qu'en exécution de ses ordres et de ses arrêts pour l'expulsion du cardinal Mazarin. Pour l'affaire d'Angers, en particulier, il fit remarquer que la chambre de la Tournelle ne venait de donner un arrêt contre le duc de Rohan que sur la requête de l'évêque d'Avranches, prélat décrié, frère précisément de Boilève, lieutenant général d'Angers, qui avait formé un complot pour livrer cette ville au cardinal Mazarin.

Ces arguments étaient d'une logique pressante

et serrée; le procureur général Talon et le parlement s'en tirèrent par cette invocation des formes et de la procédure qui permettent si facilement à ceux qui rendent la justice de passer à côté des questions, quand ils ne pourraient, s'ils les abordaient de front, les résoudre que d'une manière contraire à leurs intentions. Les présidents de Bailleul et Potier de Novion, éludant de parler des contradictions dans lesquelles se jetait le parlement, soutinrent que les arrêts de la grand'-chambre et de la Tournelle étaient inattaquables, parce qu'ils avaient été rendus par le nombre de voix nécessaire. Les vieux conseillers trouvèrent l'argument admirable; les plus jeunes, malgré leurs protestations, cédaient néanmoins sous le nombre, quand le procureur général Talon, achevant de détourner la question, se mit, à propos de l'évêque d'Avranches, à tonner contre la non-résidence des évêques. L'orage allait se dissipant, lorsque les conclusions tendant à ce qu'il fût interdit aux gouverneurs et aux maires des places fortes et des villes de livrer passage aux troupes espagnoles commandées par le duc de Nemours, vinrent d'un éclair nouveau déchirer la nue.

Le duc d'Orléans, à ce mot de troupes espagnoles, interrompit avec véhémence le procureur général, en soutenant que ce n'étaient point des troupes étrangères, mais bien les troupes de M. le

Prince; que parmi elles il n'y avait pas d'Espagnols, mais bien des Allemands, Lorrains et Liégeois, gens accoutumés à se louer pour de l'argent, et qui se mettraient à la solde du roi si Sa Majesté avait pour agréable de les employer à l'expulsion du cardinal Mazarin. Le plus violent tumulte retentit à ces paroles sous les voûtes du palais. Le président Le Coigneux apostrophe Monsieur en lui disant qu'il ne lui appartient point d'interrompre les gens du roi. Talon reprend ses conclusions sans les changer, mais en témoignant une respectueuse déférence pour le prince. Celui-ci, lorsque quelques amis, particulièrement le coadjuteur, lui reprochent d'avoir soutenu un fait contre toute évidence, puisqu'en définitive des Allemands, des Lorrains ou des Liégeois étaient des étrangers, et qu'il y avait en outre parmi eux beaucoup d'Espagnols, leur fait, avec cette connaissance des hommes qui ne lui manquait point, cette railleuse réponse : « que le monde veut être trompé ! »

Dans ce même moment parvenait à Paris la nouvelle de la promotion du coadjuteur au cardinalat; succès de prélat, qui n'avait été remporté qu'après avoir surmonté bien des traverses. Nous savons par suite de quel secret traité avec la reine il avait été proposé pour obtenir la pourpre[1] ; mais Anne

---
[1] Voy. t. I, p. 267.

d'Autriche, à qui l'alliance du coadjuteur était suspecte, était revenue d'une manière inostensible sur sa proposition. Le pape Innocent X était gouverné par les femmes de sa famille ; la princesse de Rossano, sa nièce, qui le dominait alors, était il est vrai favorable au coadjuteur; mais la signora Olympia, belle-sœur du pape, éloignée sur les observations de l'empereur, à l'instigation des jésuites, lui était contraire, et travaillait à reprendre son premier empire, ainsi qu'elle y parvint par son adresse. Le coadjuteur entretenait à Rome un agent, l'abbé Charrier, pour opposer cabales à cabales; mais s'il réussit, ce fut bien moins par l'habileté de l'abbé Charrier que par des motifs politiques qui déterminèrent la cour de Rome et rendirent par opposition sa personne sympathique au souverain pontife. Ces sentiments trouvaient leur mobile dans une antipathie profonde pour le cardinal Mazarin. L'origine de cette aversion remontait à l'élection même du cardinal Pamfili, Innocent X, au souverain pontificat. Ce choix fort contesté n'avait réussi que par le puissant concours de la faction du cardinal Antoine Barberini, qui avait abandonné en sa faveur la candidature du cardinal Sachetti. La famille des Barberini ayant voulu par ses prétentions mettre un prix trop haut au service rendu, le pape ordonna des recherches contre ceux qui possédaient les emplois les plus lucratifs. Le cardinal Antoine Barberini ne se méprit pas sur la portée de ces mesures, et crut devoir, pour sa sûreté, se réfugier en France avec ses frères. L'accueil empressé qu'il y reçut de la part du cardinal Mazarin [1] avait éveillé chez le souverain pontife un vif ressentiment contre le premier ministre, auquel il fut bien aise de causer un violent dépit, en lui suscitant un rival pouvant devenir d'autant plus dangereux qu'il allait être revêtu d'une dignité égale à la sienne. Il faut rendre cette justice au cardinal Mazarin que, bien qu'il fût étranger, et de plus Italien, nul mieux que lui ne comprenait la dignité de la politique extérieure de la France, et n'était plus ferme dans les questions temporelles vis-à-vis de la cour de Rome. Innocent X ne lui pardonnait pas cette conduite.

Lorsque le bailli de Valençay, ambassadeur de France à Rome, eut été informé des intentions de la reine, il demanda une audience au pape pour lui faire connaître les nouvelles instructions de sa cour. Henri d'Estampes-Valençay, bailli de l'ordre de Malte, marin signalé dans plusieurs glorieux combats, nommé grand-prieur de France en 1670, et qui mourut en 1678, alors que l'on songeait à l'élire grand-maître de l'ordre, était disposé à se-

---

[1] Le cardinal Antoine Barberini, plus connu en France sous le nom de cardinal Antoine, devint grand aumônier de France, évêque de Poitiers en 1652, archevêque duc de Reims en 1657.

conder les désirs de la reine avec d'autant plus de zèle que lui-même, ayant des prétentions au cardinalat, songeait à substituer sa candidature à celle du coadjuteur. Innocent X, qui soupçonnait un changement dans les intentions de la cour de France, et qui voulait à tout prix, en évitant néanmoins un refus à la reine, donner le chapeau au coadjuteur de Paris, accorda l'audience demandée ; mais il eut soin de réunir le consistoire avant l'heure de cette audience. Quand le bailli désappointé fut reçu, le coadjuteur était déjà cardinal.

Le bailli de Valençay informa sa cour du résultat du consistoire par la lettre suivante, adressée au comte de Brienne :

« De Rome, 19 février 1652.

« La promotion s'est faite ce matin de douze subjects au cardinalat, dont dix ont esté desclarés dans le consistoire et deux réservés *in petto*. Elle fut résolue hier, mais après l'arrivée du courrier de Lyon, et tout le monde unanimement tombe d'accord que le pape s'y est porté, crainte qu'il ne vinst un changement de la nomination de France. Sa Sainteté prétend donner un homme en teste à M. le cardinal Mazarin, pour luy disputer la prééminence dans le ministère ; ou, Leurs Majestés n'estant inclinées à cette nouvelle Eminence, fortifier par la pourpre la faction de M. le duc d'Orléans et celle de MM. les princes et duc de Lorraine, que le palais ecclésiastique tient pour très-unis, avec dessein de baisser l'autorité royale soubs prétexte de l'esloignement de M. le cardinal Mazarin. Et des cardinaux qui ont esté créés, trois ou quatre ayant veu un gentilhomme de mes amis que je pourrois quasy nommer mon domestique, lorsqu'ils s'allèrent mettre à table avec le cardinal Pam̄e, pour de là, selon la coustume, aller prendre le bonnet de la main du pape, s'en sont approchés, et après luy avoir dit quelques mots de civilités pour moy, ont adjousté qu'ils avoient quelque obligation à la France et à M. le coadjuteur de Paris, aujourd'huy cardinal de Gondy, de leurs promotions, au moins de l'anticipation de quelques jours d'icelles; mais je me réserve de vous escrire plus amplement la septmaine prochaine sur telles peines de troubles et d'intrigues de Sa Sainteté. Je vous dirai que mon audience est renouée avec elle sur ce subject pour demain au matin, laquelle m'a esté accordée avec une civilité extraordinaire, me donnant le choix de l'heure qui me sera la plus commode, moyennant que le Saint-Père soit hors du lict et ait entendu sa messe.

« Je suis, etc.

« LE BAILLI DE VALENÇAY. »

Le coadjuteur n'éprouva nul vertige de sa nouvelle grandeur; il était trop bien né pour ressentir le sot orgueil des parvenus. Quelqu'un s'empressant de lui dire, pour le flatter, que désormais il aurait le pas sur les princes du sang : « Pardonnez-moi, lui dit-il; nous saluerons toujours le premier, et plus bas que jamais ; à Dieu ne plaise que la possession du chapeau nous fasse tourner la tête au point de disputer le rang aux princes du sang ; il suffit à un gentilhomme d'avoir l'honneur d'être à leurs côtés. » Quittant même certain air de hauteur qu'il n'avait pris jusque-là, prétendait-il, que pour contre-balancer la bassesse de son oncle l'archevêque de Paris, Gondi montra à tous une affabilité inaccoutumée.

Ces honneurs suprêmes de l'Église, qu'il avait tant désirés, créèrent au nouveau cardinal une situation difficile. Il fut hautement accusé de s'être vendu à la cour, et celle-ci contribua avec adresse à la propagation de ce bruit. Quelle que fût la déception de la reine et du cardinal Mazarin, en apprenant que la promotion du coadjuteur avait eu lieu malgré eux, comme cette nomination avait été faite sur la présentation avouée de la cour de France et que les démarches contraires n'étaient pas connues, ils prirent le parti de se déclarer publiquement satisfaits. Le coadjuteur ayant envoyé un gentilhomme pour remercier la reine mère et le roi, avec ordre formel de ne point voir le cardinal Mazarin, celui-ci s'arrangea pour rencontrer cet envoyé chez la princesse Palatine, et s'empressa de publier que ce gentilhomme avait reçu du coadjuteur l'ordre de conférer avec lui. Gondi se trouvant ainsi dépopularisé, on commençait à lui adresser la plus grosse injure du moment, on l'appelait un *Mazarin*. Heureusement pour lui, une question d'étiquette l'obligeait de vivre à l'écart. L'usage voulait qu'un cardinal nouvellement nommé ne pût paraître en public avant d'avoir reçu le chapeau des mains du roi; il s'abstint donc d'aller au parlement, dont il commença pour la première fois à déclarer les séances des cohues ennuyeuses et insupportables [1]. Il se contentait de se rendre souvent au Luxembourg, chez le duc d'Orléans; encore l'étiquette voulait-elle qu'il ne se montrât pas dans les grands appartements; il se renfermait dans le cabinet des livres, où Gaston le venait trouver à chaque instant. Malgré l'incognito dont il s'entourait, n'ayant qu'un carrosse gris et des gens habillés de même couleur, quand le carrosse du coadjuteur était reconnu, la populace s'ameutait au passage et faisait entendre à ses oreilles les cris les plus discordants. Un jour, trois ou quatre cents

---

[1] *Mémoires du cardinal de Retz.*

mutins le suivirent jusque dans la cour du Luxembourg, et le palais tout entier retentit de leurs vociférations, dont le sens était qu'il trahissait le duc d'Orléans. Bien que la manifestation ne fût pas contre ce prince et parût même dictée par le dévouement populaire à sa personne, on peut facilement imaginer l'impression que ce tumulte si proche produisit sur le timide Gaston. Avec une mortelle pâleur répandue sur ses traits, il propose cependant à son confident l'assistance de ses gardes pour le protéger; mais il lui fait cette offre d'un ton qui prouve qu'il espère bien qu'il n'acceptera pas. Dans cette conjoncture critique, Gondi se décide, en brave qu'il était; il écarte le péril par sa témérité même. Malgré les supplications qui l'entourent, suivi de deux amis seulement, il descend les degrés du palais et se présente aux séditieux : « Quel est votre chef? » leur demande-t-il fièrement. Un misérable se présente la rapière au flanc, une vieille plume à son chapeau, et répond arrogamment : « C'est moi. » « Gardes de la porte, s'écrie le coadjuteur, qu'on me pende ce coquin à ces grilles. » Le chef des émeutiers, surpris, ôte humblement son chapeau pour protester qu'il n'était point venu avec ses camarades pour lui manquer de respect, mais parce qu'on prétendait qu'il voulait conduire le duc d'Orléans à la cour; il assura qu'ils étaient tous ses serviteurs, s'il leur promettait de rester bon frondeur. Les émeutiers finirent par proposer de lui faire escorte pour le ramener à son palais. Le coadjuteur, heureux d'avoir si promptement calmé ce tumulte, ne le fut pas moins de pouvoir décliner cette proposition peu rassurante.

Par cette hardiesse, le nouveau cardinal parvint à retenir quelques lambeaux de sa popularité qui s'envolait, et à se ménager encore pour ses projets d'avenir. En effet, qu'était pour lui la pourpre? un honneur vain si elle n'était suivie du ministère! Il était lancé dans un courant où il ne pouvait même s'arrêter sans courir le danger d'être submergé. Au président de Bellièvre, qui lui exposait les périls dont il était environné, il fit cette réponse, qui indiquait assez la fermeté de ses résolutions : « Nous sommes dans une grande tempête, où il me semble que nous voguons contre tous les vents ; j'ai deux bonnes rames en main, dont l'une est la masse de cardinal, l'autre la crosse de Paris : je ne les veux pas rompre, et je n'ai à présent qu'à les soutenir. »

Il est facile de juger, par l'impopularité qui s'attachait à ceux qui étaient simplement soupçonnés de tendances de rapprochement avec le cardinal Mazarin, quelle fut la vivacité de l'opinion déchaînée contre le retour du ministre. L'effet, dans les provinces, de son rappel imprudent, nous a été révélé par une lettre du marquis de Montausier[1]; l'effet produit dans Paris est assez caractérisé, puisque, sur un soupçon, le peuple avait failli briser son idole, le coadjuteur. Les écrits les plus hardis furent mis au jour; on répandit des vers comme ceux-ci :

L'empire des François précipite sa ruine,
Si tous les trois États l'ancien droit ne reprennent
De nos libres Gaulois; car ceux qui le gouvernent
Sont un corps scélérat exempt des lois humaines.

On publia un écrit intitulé : *La Discussion des quatre controverses politiques*, dans lequel étaient hardiment examinées des questions telles que celles-ci :

1°. Si la puissance des rois est de droit divin, et si elle est absolue; si les rois sont au-dessus des lois ?

2°. Si les peuples ou États-Généraux ont le pouvoir de limiter leur puissance ?

3°. Si, dans l'état où se trouvaient les affaires, on pouvait faire un régent ou un lieutenant pour le roi ?

Les conclusions de cet écrit étaient affirmatives sur les deux premières propositions, négatives sur la dernière.

---

[1] Tome I, p. 370.

Quand les principes mêmes du gouvernement étaient ainsi soumis au libre examen, la personnalité du ministre abhorré était naturellement traitée avec moins de ménagements encore [1].

Des libelles, sortant des bornes satiriques, allaient même jusqu'à provoquer l'assassinat; ils s'autorisaient, du reste, de l'inqualifiable arrêt du parlement, qui avait mis à prix la tête de Mazarin. On chantait publiquement ce couplet d'Hotman [2] devenu populaire :

> Creusons tous le tombeau
> De qui nous persécute;
> Est-il moment plus beau
> Que celui de sa chute?
> A ce Jules nouveau
> Cherchons un nouveau Brute.

---

[1] Voy., à l'Appendice, *l'Instruction à la loi mazarine*, par dialogue.

[2] Jean Hotman de Villiers, fils du célèbre jurisconsulte François Hotman, qui avait occupé la chaire de droit de l'université de Valence à la sollicitation de Jean de Montluc, évêque de cette ville. Jean Hotman, employé à des négociations diplomatiques dans sa jeunesse, publia, entre autres ouvrages, une réfutation en style burlesque du discours : *Oratio pontificis Gregorii XIV ad Gallos diplomate a criticis notis vindicato*, dans lequel le célèbre René Chopin avait entrepris la justification de la conduite de la cour de Rome vis-à-vis de Henri IV; cette réfutation était intitulée : *Anti-Chopinus imò potiùs epistola congratulatoria magni Nicodemi Turlupini ad magnum Renatum Chopinum de Chopinis*. Bien que Hotman fût très avancé en âge à l'époque de la Fronde, la tournure de son esprit lui inspirait encore des chansons satiriques.

Heureusement que les mœurs valaient encore mieux que la politique, mieux que celle du parlement en particulier; et l'arrêt ne trouva pas d'exécuteur, quelque considérable que fût la récompense promise. Heureusement encore, pour la vie du cardinal, que l'arrêt du parlement fut tourné en ridicule, même par des frondeurs, surtout par les pamphlets de Marigny.

Le Clergé fit aussi sa protestation contre l'arrêt, à l'occasion d'une députation au roi, pour le féliciter d'avoir rappelé le cardinal Mazarin; manifestation bien contraire, quant à la question du rappel, aux vues politiques particulières de la cour de Rome. La protestation fut faite de manière à faire ressortir que le Clergé voyait surtout dans cet arrêt une injure faite à son corps, et avait l'intention de s'élever bien plus contre une atteinte portée à ses prérogatives que de venir en aide aux intérêts de Mazarin. Cette manifestation en faveur du ministre fut au moins équivoque, car les étranges comparaisons qui furent employées n'étaient propres qu'à jeter l'odieux et le ridicule sur celui que cette démonstration prétendait secourir. Les vingt-quatre évêques composant la députation envoyée au roi par le Clergé avaient à leur tête Harlay de Chanvalon, archevêque de Rouen, depuis archevêque de Paris, chargé de porter la parole. Dans son discours, le prélat compara le cardinal Mazarin à Caïn, en lui appliquant ce passage de la Genèse : *Posuit Deus signum in illo, ut non interficeret eum omnis qui invenisset eum.* « Dieu le marqua d'un signe pour que quiconque le rencontrerait ne le tuât pas. » Le cardinal, comparé au premier meurtrier du genre humain, n'avait donc d'autres titres, aux yeux du Clergé, à la protection de sa vie, que ceux que Dieu lui-même accorde aux plus grands criminels. Pour mettre le comble à cette singulière défense, l'archevêque accusa le parlement d'impiété pour avoir mis à cinquante mille écus le prix de la tête du cardinal, ce qui témoignait « le mépris qu'il faisait du fils de Dieu, lequel, tout pur et tout divin qu'il était, n'avait été vendu que trente deniers ! »

Cette apologie et cette défense d'un prince de l'Église par le Clergé pourraient être, avec quelque droit, rangées au nombre des satires les plus sanglantes qui aient été publiées contre le cardinal Mazarin.

CHAPITRE XI.

Les vieilles troupes du prince de Condé, sous les ordres du duc de Nemours, et les troupes espagnoles s'approchent de Paris. — Déplaisir du duc d'Orléans de voir ses appartements du Luxembourg encombrés par les officiers des deux armées. — La cour marche sur Orléans. — Mademoiselle de Montpensier envoyée dans cette ville pour empêcher le roi d'y être reçu. — Portrait de Mademoiselle. — Ses nombreux projets de mariage. — Sa pensée de conquérir le roi les armes à la main. — Les maréchales de camp de Mademoiselle. — La princesse et le garde des sceaux Molé, au nom du roi, attendant à deux portes différentes de la ville d'Orléans. — Embarras des magistrats municipaux. — Une prédiction. — Singulière entrée de Mademoiselle dans la ville. — Le garde des sceaux Molé forcé de se retirer. — La princesse se pose en souveraine dans Orléans. — Son discours à l'assemblée de l'hôtel-de-ville. — Ses actes d'autorité. — Elle offre de faire pendre des prisonniers. — Mot de la reine sur la prétention de Mademoiselle d'épouser le jeune roi. — Conseil de guerre dans un faubourg d'Orléans, présidé par Mademoiselle. — Querelle entre les ducs de Nemours et de Beaufort. — L'armée des princes marche sur Montargis. — Mouvements de l'armée royale.

(1652.)

Le traité conclu entre le duc d'Orléans et le prince de Condé avait aplani les principaux obstacles qui pouvaient empêcher le duc de Nemours de s'avancer au cœur de la France, à la tête des vieilles troupes du prince de Condé. Ce jeune prince était déjà parvenu avec elles presque aux portes de Paris; mais il ne voulut cependant pas les faire approcher de plus de dix lieues, de crainte de donner de l'ombrage à la population de la capitale. Un corps de troupes espagnoles marchait avec les troupes du duc de Nemours; il était sous les ordres du baron de Clinchamp[1], officier général d'origine française, entré au service d'Espagne à l'instigation du duc de Lorraine. Ces deux corps d'armée réunis atteignirent les bords de la Seine sans que les troupes royales, dispersées ou occupées ailleurs, eussent pu s'opposer à leur marche. Ils franchirent le fleuve à Mantes, sur le pont qui leur fut livré par le gouverneur de la ville le duc de Sully[2], fort peu zélé pour la cause royale, depuis que les sceaux avaient été retirés au chancelier Séguier, son beau-père, et ils établirent leur camp à Houdan.

Ces troupes avaient mieux à faire que de rester campées dans l'inaction, dans un moment où il importait tellement à la cause qu'elles venaient défendre, d'agir avec promptitude et vigueur; mais les officiers voulaient voir Paris et faire diversion, par quelques jours de plaisirs, à la rude vie des

---

[1] Fils de Bernardin de Bouqueville, baron de Clinchamp, gentilhomme du duc d'Orléans.
[2] Maximilien de Béthune, fils du surintendant.

armées en campagne. Leurs chefs eux-mêmes, le duc de Nemours, le comte de Tavannes[1], qui commandait sous le premier, le baron de Clinchamp, furent les plus empressés à accourir dans la capitale. Ces officiers envahirent en foule les salons du Luxembourg, où les écharpes rouges de l'Espagne et les écharpes couleur isabelle de la maison de Condé marièrent leurs nuances à celle des écharpes bleues de la maison d'Orléans. Mlle de Montpensier s'empressa de leur donner des fêtes.

Une circonstance que nous allons rapporter inspira au duc d'Orléans un vif déplaisir de voir ses appartements du Luxembourg envahis par les officiers de ces deux armées, auxquels se joignaient la plupart de ceux de ses propres troupes. Le duc de Beaufort, général des troupes du duc d'Orléans, leur en donnait l'exemple, retenu à Paris par son désir de plaire à la duchesse de Montbazon[2], comme le duc de Nemours l'était de son côté par les yeux de la belle duchesse de Châtillon[3]. La vanité puérile de ce dernier se complaisait à montrer à sa dame son bâton de

---

[1] Jacques de Saulx, comte de Tavannes, né en 1620.

[2] La célèbre duchesse de Montbazon, belle-mère de la duchesse de Chevreuse.

[3] Angélique de Montmorency, veuve de Gaspard de Coligny, duc de Châtillon, mort en 1649 d'une blessure reçue au combat de Charenton.

commandement. Chavigny, cet homme d'État prétendu, toujours léger, s'imaginait faire des miracles dans l'intérêt du prince de Condé, en croyant éblouir Monsieur par la vue de toutes ces écharpes aux différentes couleurs. Il eût été autrement utile d'ouvrir promptement la campagne, puisque le but, assez secondaire en définitive, d'éblouir le duc d'Orléans, fut manqué. En effet, Chavigny ayant maladroitement confié sa pensée au coadjuteur, celui-ci, malignement, se hâta de la faire connaître au duc d'Orléans. Ce prince qui, malgré son traité avec le prince de Condé, avait laissé entière la confiance qu'il accordait à Gondi, trouva dans ce calcul, basé sur sa vanité, tout le mordant de la vérité qui offense. Il était entré dans une colère qui avait duré tout un jour, quand Chavigny vint malencontreusement lui dire que les officiers étrangers prenaient grand ombrage de ses conversations avec le coadjuteur; outré, Gaston s'écria : « Allez au diable, vous et vos officiers étrangers; s'ils estoient aussi bons frondeurs que le cardinal de Retz, ils seroient à leur poste, et ils ne s'amuseroient pas à ivrogner dans les cabarets de Paris. » Cet éclat détermina le départ des officiers des trois armées, après huit jours perdus dans la capitale. Dans cet incident, on ne peut s'empêcher de remarquer combien les rôles de deux hommes d'esprit cependant furent intervertis, et à quel point ils agirent en sens inverse de leurs intentions : Chavigny desservait le prince de Condé en croyant le servir, et Gondy le servait en croyant le desservir.

La présence des généraux et de leurs officiers à la tête de leurs troupes était en effet de l'urgence la plus extrême ; la cour, délivrée par la capitulation d'Angers des inquiétudes qu'elle avait eues pour la province dont cette ville était la capitale, avait quitté Saumur pour se rapprocher d'Orléans. Par cette marche inquiétante, Monsieur se trouvait menacé dans le plus beau fleuron de son apanage. La perte d'Orléans entraînait la chute de sa puissance et de son prestige. Pour Gaston, le moment était venu de se montrer en accourant à la défense de son domaine ; il le fit à sa manière, en envoyant sa fille.

Anne-Marie-Louise de Bourbon, connue sous le nom de *Mademoiselle*, ou même de la *Grande Demoiselle*, était née à Paris, le 29 mai 1627, du premier mariage du duc d'Orléans, frère de Louis XIII, avec Marie de Bourbon, unique rejeton de la branche de Bourbon-Montpensier. Cette princesse avait laissé à sa fille des biens immenses[1]. Mademoiselle avait alors vingt-cinq ans ; elle aurait dû

---

[1] La fortune de Mademoiselle de Montpensier était évaluée vingt millions, somme énorme pour le temps ; les biens qu'elle possédait représenteraient aujourd'hui une bien autre valeur.

être mariée depuis longtemps et le désirait avec une vivacité extrême; mais sa colossale fortune, au lieu de favoriser son établissement, se dressait comme le principal obstacle, la cour redoutant, par politique, la dangereuse influence que cette fortune apporterait à celui qui deviendrait son époux.

D'une princesse à marier le portrait est de circonstance, elle-même a pris le soin de le tracer; en voici les traits principaux, au physique et au moral :

Mademoiselle était d'une taille élancée; son visage était un peu allongé, mais d'un parfait contour; son nez, grand et aquilin; sa bouche, ni grande ni petite; un beau teint; des yeux bleus, doux et fiers, dit-elle, surtout fiers, dirons-nous; les cheveux blonds cendrés. Son caractère était prompt et ferme, incapable de bassesse; elle était amie discrète et dévouée, méchante ennemie, fort colère et fort emportée, elle en convient, mais elle dit ignorer si elle était libérale, ce qui nous donne à croire qu'elle l'était peu; fort soupçonneuse à l'endroit de ses intérêts; très-sensible aux louanges, très-sobre pour en donner; ne redoutant pas la solitude, mais aimant le monde et la conversation, surtout celle des gens de guerre; dédaignant les plaisirs et n'en procurant pas volontiers aux autres; détestant les jeux de cartes, et n'aimant que les jeux d'exercice, le cheval et la chasse.

Ce portrait se présente avec un ton de franchise qui ne permet guère d'en suspecter la sincérité; cependant il est un peu flatté peut-être dans certaines parties, mais d'une manière bien pardonnable pour qui prétend se juger soi-même. Nous pouvons achever de le rétablir ainsi dans toute sa vérité : au physique, dans sa jeunesse, Mademoiselle avait une belle tournure et de l'éclat, mais une certaine roideur qui prêtait peu aux grâces de la femme ; au moral, l'honnêteté de ses sentiments en toutes choses ne peut être mise en doute, mais l'égoïsme et la fierté les dominaient tous. Tout enfant, quand on lui parlait de Mme de Guise, sa grand'mère, elle disait : « Elle est ma grand'maman de loin, elle n'est pas reine. » Cet orgueil précoce alla grandissant. Cependant Mademoiselle eut toujours l'esprit de famille; elle s'informait avec soin, en les reconnaissant comme parents, des personnes même de la petite noblesse qui avaient l'honneur de lui appartenir par les liens du sang. Tentons maintenant l'essai délicat de sonder le cœur d'une princesse qui avait une vocation si prononcée pour le mariage. Elle nous dit en décrivant son portrait et son caractère : « Quant à la galanterie, je n'y ai nulle pente, et même l'on me fait la guerre que les vers que j'aime le moins sont ceux qui sont passionnés, car je n'ai point l'âme tendre; mais quoi qu'on dise que je l'aie aussi peu sensible à l'amitié qu'à l'amour, je m'en défends fort, car j'aime tout à fait ceux qui le méritent et qui m'y obligent, et je suis la personne du monde la plus reconnoissante. » Les femmes en général conviennent peu de leurs faiblesses, et, à voir par quelle transition rapide Mademoiselle, parlant de l'amour, passe à l'amitié, on pourrait croire qu'elle nie une sensibilité qu'elle ne veut pas avouer; mais, en réalité, cette sensibilité n'existait pas dans son cœur. Elle voulait se marier, elle le voulait même très-vivement; mais elle le voulait surtout par situation, par amour-propre, par ambition. Si son union avec Lauzun termina pour cette princesse les longues péripéties de ses mariages manqués par la conclusion d'un fantastique roman, ce fut un roman de vieille fille désespérée du célibat, roman dans lequel la tête eut plus de part que le cœur.

Malgré la disproportion des âges, Mlle de Montpensier avait onze ans de plus que Louis XIV, sa pensée constante, jusqu'au moment où le mariage de ce monarque eut tari cet espoir, fut de monter à ses côtés sur le trône de France. Lorsqu'elle était petite fille, Anne d'Autriche, pendant sa première grossesse, lui avait dit un jour en la caressant : « Vous serez ma belle-fille. » Le souvenir de cette parole, échappée sans conséquence, n'avait jamais cessé de tinter agréablement aux oreilles de la princesse. Pourtant la réalisation de ce mariage était trop peu vraisemblable pour que Mademoiselle, trop positive pour se contenter toujours de chimères, n'ait pas tenté de s'arrêter à de moins problématiques partis.

Quand elle était trop jeune pour penser elle-même à son établissement, d'autres y songèrent pour elle; mais la mort vint deux fois traverser ces projets. Son père voulut la marier à Louis de Bourbon, comte de Soissons, tué en 1641 en gagnant la bataille de la Marfée; la reine Anne d'Autriche voulut lui faire épouser son frère le cardinal-infant, gouverneur de Flandre, qui mourut en 1642.

Bientôt Mademoiselle, devenue en âge de s'occuper elle-même d'un parti, apporta à ce soin un zèle qui ne fut jamais languissant. La première inclination qu'elle fit paraître fut en faveur du fils de l'infortuné Charles Ier, Charles Stuart, prince de Galles, dit le *Prétendant,* et depuis roi d'Angleterre sous le nom de Charles II. Ce jeune prince s'attachait à ses pas avec une constance qui semblait la toucher; la princesse surtout croyait produire sur lui une impression si vive, qu'elle prit assez au sérieux, pour le consigner dans ses Mémoires, ce propos tenu par un parent du prince :

« Que le prince de Galles comprenoit tout ce que Mademoiselle lui disoit, bien qu'il ne sçût pas le françois. » Il n'était bruit que de leur prochain mariage : assurer le sort d'un prince détrôné, l'aider par sa grande fortune à reconquérir sa couronne, double but bien fait pour tenter la générosité de Mademoiselle, si elle en avait eu; mais elle était douée moins pour le roman que pour le calcul. En ce temps, l'empereur étant devenu veuf, elle ne songea plus qu'à l'épouser. Au milieu d'une fête brillante, au Palais-Royal, cette princesse, superbement parée, représentait une reine placée sur un trône; des princes étaient assis à ses pieds; parmi eux Charles Stuart toujours soupirant; à ce tableau répond cette phrase écrite par Mademoiselle : « Pendant que j'y étois (sur le trône) et que le prince étoit à mes pieds, mon cœur le regardoit du haut en bas aussi bien que mes yeux; j'avois alors dans l'esprit d'épouser l'Empereur [1]. »

Le prince de Galles mis de côté, le mariage avec l'Empereur ne se réalisa pas, parce que la cour, au dire de Mademoiselle, qui peut bien ne pas se tromper, ne voulut pas agir de bonne foi en sa faveur. Un autre mariage avec l'archiduc

---

[1] Ferdinand III, qui perdit, en 1646, sa première femme Anne-Marie d'Autriche-Espagne, et se remaria, en 1649, avec Marie-Léopoldine d'Autriche-Tyrol.

Léopold, frère de l'Empereur, n'aboutit pas davantage, quelque soin que la princesse eût apporté à sa réussite. Elle alla jusqu'à négocier elle-même cette alliance en secret. Elle ne retira de cette tentative qu'une scène de reproches sanglants qui lui furent adressés par la reine et par son père, en la rappelant durement à la réserve de son sexe.

Une maladie de la princesse de Condé, dont la santé souvent chancelante avait, nous le savons, déjà donné lieu pour une autre à de pareilles espérances[1], mit un moment dans la tête de Mademoiselle la pensée de devenir la femme d'un héros dont l'épée valait bien un sceptre ; le rétablissement de Clémence de Maillé fit encore évanouir ce rêve conjugal.

Mademoiselle, dont tant de déceptions ne lassaient point la persévérance, revint à ses premières visées d'épouser le roi. Comme il était évident que la politique royale ne consentirait jamais volontairement à ce mariage, la princesse entrevit dans le mandat que son père lui confiait une occasion de paraître avec éclat et d'acquérir une grande renommée, un moyen enfin de conquérir l'époux tant désiré les armes à la main ; l'opposition sous les gouvernements faibles et absolus peut conduire à tout ; le coadjuteur, par cette voie, ne

---

[1] Voy. t. I, p. 145 et suiv.

venait-il pas de conquérir la pourpre? La timidité n'étant pas précisément le défaut de son caractère, elle accepta avec joie la mission paternelle.

Le prince de Condé, qui savait de quelle importance était l'appui de Mademoiselle pour l'exécution du traité qu'il avait conclu avec son père, s'était empressé, afin de gagner la princesse à sa cause, de caresser son séduisant projet de devenir reine de France, en lui écrivant cette lettre :

« Mademoiselle,

« J'apprends avec la plus grande joie du monde les bontés que vous avez pour moi ; je souhaiterois avec passion vous pouvoir donner des preuves de ma reconnoissance. J'ai prié M. le comte de Fiesque de vous tesmoigner l'envie que j'ai de mériter par mes services la continuation de vos bonnes grâces. Je vous supplie d'avoir créance à ce qu'il vous dira de ma part, et d'être persuadée que personne du monde n'est avec plus de passion et de respect, Mademoiselle, etc.

« Louis de Bourbon. »

Le comte de Fiesque était chargé de lui promettre le concours du prince pour la réalisation du projet conjugal qu'il eût été trop délicat de traiter par écrit.

Deux dames de sa maison furent adjointes à la princesse pour l'accompagner dans son expédition, les comtesses de Fiesque [1] et de Frontenac [2]. Quand, au moment de partir, elle prit congé en habit d'amazone, son air déterminé convenait si peu à son sexe, que son père ne put retenir cette exclamation : « Cette chevalière seroit bien ridicule si le bon sens de mesdames de Fiesque et de Frontenac ne la soutenoit [3]. » Ces dames furent plaisamment appelées ses *maréchales de camp*. En outre, son père avait adjoint à sa suite, pour contenir son ardeur, le duc de Rohan, qui venait de faire ses preuves de modération à Angers, et deux

---

[1] La comtesse de Fiesque, *la jeune*, Guillonne d'Harcourt, fille de Jacques d'Harcourt, marquis de Beuvron, et de Léonor de Chabot, mariée, en 1643, à Charles-Léon, comte de Fiesque, mandataire du prince de Condé pour signer son traité avec le duc d'Orléans, et son mandataire encore auprès de Mademoiselle. La comtesse était attachée comme dame d'honneur à la personne de Mademoiselle, ainsi que sa belle-mère, Anne Le Veneur, comtesse de Fiesque, veuve de François, comte de Fiesque, placée auprès de la princesse dans son enfance, en qualité de gouvernante, en remplacement de madame de Saint-Georges. La princesse et son ancienne gouvernante passèrent leur vie à se quereller pour des riens, sans pouvoir jamais se passer l'une de l'autre.

[2] Anne Phelipeaux, comtesse de Frontenac ; son mari était Henri de Buade, comte de Frontenac.

[3] *Mémoires du cardinal de Retz.*

conseillers au parlement, Croissy et Bermont. La princesse, du reste, s'embarrassa peu de ses trois acolytes : le duc de Rohan l'ayant prise à part pour lui dire qu'il était mieux informé qu'elle des intentions de Monsieur, et qu'il lui dirait, selon l'occurrence, ce qu'il y aurait à faire, elle le quitta brusquement pour aller parler à d'autres; et, quant à Croissy, il s'empressa de déclarer qu'il lui obéirait aveuglément.

Les instructions données à la princesse, et probablement inspirées par le cardinal de Retz, qui voulait toujours retirer Monsieur de ses engagements avec le prince de Condé, étaient les moins compromettantes qu'il fût possible pour le duc d'Orléans. Si, d'un côté, il était enjoint à Mademoiselle de maintenir la ville d'Orléans dans la dépendance paternelle, mais en employant des voies plus diplomatiques que militaires; de l'autre, il lui était interdit de faire franchir, sous aucun prétexte, la Loire aux troupes du duc. Cette interdiction paralysait le secours le plus efficace que ces troupes auraient pu apporter au prince de Condé. La princesse s'acquitta de sa mission avec une vigueur qui ne permet pas de douter que, si une plus grande latitude d'action lui eût été laissée, un revirement complet se fût opéré dans la fortune des armes du prince de Condé.

Mademoiselle se dirigea d'abord sur Châtres [1], où elle coucha, et, le lendemain, se rendit à Étampes, où se trouvait le duc de Beaufort avec ses troupes, qui la suivirent. La princesse, continuant sa route le jour même, traversa fièrement à cheval les plaines de Beauce, accompagnée de ce cortége militaire. A Toury, elle rencontra le duc de Nemours et le baron de Clinchamp à la tête des troupes françaises de Condé et des troupes auxiliaires espagnoles, et présida, après s'en être un instant défendue pour la forme, un conseil de guerre où il fut décidé que l'armée combinée marcherait sur Jargeau. Le lendemain matin, alors que la princesse se disposait à quitter Artenay pour continuer sa route vers Orléans, le marquis de Flamarins [2] vint à sa rencontre, la prévenir qu'elle ne serait pas reçue dans cette ville, parce que le roi lui-même se disposait à y faire son entrée. La cour, en effet, venait de quitter Blois pour aller coucher à Cléry, et le garde des sceaux

[1] Aujourd'hui Arpajon ; tous les historiens et tous les éditeurs ont écrit Chartres, sans scrupule pour l'absurdité de l'itinéraire. Nous relèverons plus loin une semblable erreur sur le même lieu, produite d'une manière bien plus grave, à propos de la marche de l'armée du maréchal de Turenne.

[2] Antoine-Agésilan de Grossoles, marquis de Flamarins. Tallemant des Réaux nous a initiés au secret de sa liaison avec madame d'Estrade ; il avait épousé mademoiselle de la Trousse, cousine germaine de madame de Sévigné. Il fut tué au combat du faubourg Saint-Antoine.

Molé avait été envoyé pour prévenir les magistrats de la ville d'Orléans des intentions royales. Cette nouvelle, loin de faire hésiter la princesse dans ses résolutions, leur imprime au contraire une nouvelle ardeur. Elle monte en carrosse, et, se faisant suivre seulement de la compagnie des gendarmes de Monsieur et de celle des chevau-légers du duc de Valois, son frère, sous les ordres de Valon[1], maréchal de camp, elle reprend sa course en toute hâte pour atteindre Orléans.

Une grande inquiétude et une grande agitation règnent dans cette ville; les magistrats inclinent pour recevoir le roi; le peuple, au contraire, s'exprime hautement en faveur du parti des princes. Le garde des sceaux, avec le conseil du roi, parlementait à l'une des portes pour en obtenir l'entrée; Pradine, lieutenant des gardes de Monsieur, envoyé en courrier par la princesse, parlementait à une autre porte pour la mission contraire. Il lui rapporte cette réponse de la part des magistrats : que si, sous prétexte de maladie, la princesse se retirait dans une de ses maisons du voisinage, ils lui promettaient de ne point laisser

---

[1] Valon ne se plaisait pas seulement aux jeux de la guerre :

>   Valon qui tient *quinze* et le vat,
>   Et qui *masse* mille pistoles
>   Comme s'il massait mille oboles.
>   (Scarron, *Légende des eaux de Bourbon*.)

entrer le roi, et qu'elle serait la bienvenue dès qu'il serait passé. La princesse, loin de se laisser influencer par ces timides subterfuges, continue son chemin; à onze heures du matin, elle arrive à la porte Bannière, qu'elle trouve fermée et barricadée.

La ville d'Orléans se trouvait dans une situation singulière, faisant attendre à deux de ses portes, d'un côté le représentant du roi, de l'autre la princesse fille de son suzerain direct, et ne sachant pour lequel des deux partis se décider. Pendant trois heures, Mademoiselle reste dans son carrosse, espérant toujours que la porte s'ouvrira pour la laisser passer; enfin, lasse d'attendre, elle descend et entre pour se reposer dans l'une de ces auberges qui, en dehors des villes, semblent être venues au-devant des voyageurs pour leur offrir une hospitalité plus empressée que séduisante; celle-ci s'appelait le *Port de Salut*. Pour se distraire, la princesse fait arrêter au passage le courrier de Bordeaux, ouvre les lettres dont il est porteur, et n'en trouve point de plaisantes. Fut-elle plus satisfaite de l'attention du gouverneur d'Orléans, le marquis de Sourdis[1], qui lui envoya des confitures? Elle laisse assez à entendre qu'elle attendait mieux de lui; l'envoi des clefs

---

[1] Charles d'Escoubleau, marquis de Sourdis et d'Alluye.

de la ville eût paru à la princesse un présent plus doux : mais le marquis tenait à ne se compromettre avec personne, et n'avait d'ailleurs nul crédit dans la ville.

Mademoiselle, contre l'avis de ceux qui l'environnent, profite du beau temps de cette journée pour entreprendre une promenade autour des fossés d'Orléans ; le peuple, attiré par la curiosité, la suit du haut des remparts, en criant : *Vivent le roi, les princes, et point de Mazarin!* Et la princesse de leur crier : « Allez à l'Hôtel-de-Ville me faire ouvrir la porte ! » En effet, Mademoiselle était alors arrivée en face de l'une des portes dont le capitaine avait fait ranger sa garde sur le rempart pour lui faire rendre les honneurs militaires ; ce fut tout ce qu'elle put en tirer, et elle continua son infructueuse promenade. La princesse ne se lassait pas ; elle portait dans une poche de sa robe ses motifs de persévérance. Comme certains grands esprits, elle avait la faiblesse de croire aux prédictions ; le marquis de Villène[1], qui se mêlait d'en faire, lui avait annoncé que tout ce qu'elle entreprendrait depuis le 27 mars à midi, jusqu'au vendredi suivant, lui réussirait. Durant cette attente, moitié riant, moitié sérieusement, la princesse se retournait vers les dames de sa suite,

---

[1] Il appartenait à une branche bâtarde de la maison royale de Portugal.

en leur disant : « Il m'arrivera de l'extraordinaire aujourd'hui ; j'ai la prédiction dans ma poche, je ferai rompre les portes ou escaladerai la ville. » Répétant son propos, dont ses dames ne se gênent pas de plaisanter, la princesse marche toujours, jusqu'à ce qu'elle soit arrêtée par les rives de la Loire. Près de cet endroit, l'eau du fleuve baignait une des portes de la ville nommée la porte Brûlée ; des bateliers proposent à la princesse de la rompre, et l'offre est acceptée ; de l'intérieur, les habitants aident à l'œuvre, sans que la garde de la porte, qui était sous les armes, fît rien pour les en empêcher. Mademoiselle elle-même, se servant de deux bateaux disposés pour lui servir de pont, vient au pied du rempart encourager les travailleurs de sa parole et de son argent. Deux ais du milieu de la porte ayant cédé, un valet de pied introduit la princesse, la tête la première, par l'étroite ouverture.

La nouvelle de cette entrée bizarre se répand dans la ville avec la rapidité de l'éclair ; l'enthousiasme du peuple est au comble ; les cris de : *Vivent le roi, les princes, et point de Mazarin!* retentissent avec une vigueur nouvelle ; la princesse est placée sur une chaise, et portée en triomphe à l'Hôtel-de-Ville. Les magistrats s'empressent de quitter la délibération qu'ils poursuivent depuis le matin sans pouvoir aboutir, et d'accourir à sa rencontre, au fond très-satisfaits de ce cas de force majeure, qui termine si inopinément leur longue séance et met à couvert leur responsabilité.

Mademoiselle déclare dans ses Mémoires que le nom de la porte Brûlée acquerra, par la manière dont elle en força l'entrée, une immortelle célébrité. Singulier rapprochement et singulier contraste dans l'histoire de la ville d'Orléans, défendue et sauvée des Anglais, en 1428, par l'héroïque jeune fille qui a gardé de cet acte glorieux le surnom de *Pucelle d'Orléans*; forcée, en 1652, par une autre jeune fille, Mlle d'Orléans, la première voulant affranchir son roi et son pays, la seconde en faire la conquête à sa manière. Ce rapprochement entre l'héroïque jeune fille de Vaucouleurs et Mlle de Montpensier fut, à un autre point de vue, ironiquement saisi par la reine d'Angleterre [1], qui déclara n'être point étonnée que Mademoiselle eût sauvé Orléans des mains de ses ennemis, comme avait fait autrefois la pucelle d'Orléans, parce qu'elle avait commencé comme elle à chasser les Anglais; allusion au prince de Galles, soupirant à sa main, que Mademoiselle avait éconduit [2].

---

[1] Henriette de France, fille de Henri IV, veuve de l'infortuné Charles Ier, et mère du prince de Galles; elle vivait alors retirée en France.

[2] *Mémoires de Mademoiselle de Montpensier.*

La Fronde, en applaudissant au succès de la princesse, eût manqué à ses habitudes si elle ne s'en fût égayée un peu ; amis et ennemis chantèrent ces couplets :

> Or écoutez, peuple de France,
> Comme en la ville d'Orléans
> Mademoiselle, en assurance,
> A dit : *Je suis maître céans.*

> On lui voulut fermer la porte,
> Mais elle passa par un trou,
> S'écriant souvent de la sorte :
> Il ne m'importe pas par où !

> Deux jeunes et belles comtesses,
> Ses deux maréchales de camp,
> Suivirent la royale Altesse,
> Dont on faisait un grand cancan.

> Fiesque, cette bonne comtesse,
> Allait, baisant les bateliers ;
> Et Frontenac, quelle détresse !
> Y perdit un de ses souliers.

Le lendemain de cette entrée, Molé, moins alerte que la princesse, attendait encore que quelque circonstance favorable lui permît aussi de pénétrer dans la ville. Pour lui faire perdre cet espoir, Mademoiselle se montra sur le rempart avec une suite nombreuse d'officiers, ceints de l'écharpe bleue, et entourée d'une foule immense, poussant ses cris accoutumés. A ce spectacle, le garde des sceaux comprit l'impossibilité définitive de remplir sa mission, et retourna à Cléry en apprendre à la reine l'infructueux dénoûment. La cour, tristement, reprit sa route, en évitant Orléans; et, remontant la rive gauche de la Loire, se rendit à Sully pour y passer les fêtes de Pâques.

Mademoiselle se mit à gouverner presque en souveraine dans la ville d'Orléans. Elle présidait les séances de l'Hôtel-de-Ville, prononçait un discours où elle déclarait qu'elle avait sauvé la ville des rigueurs et des exactions de l'armée royale; que, dans le jeune âge du roi, qui ne lui permettait pas d'avoir la conscience des actes faits en son nom, c'était réellement être dans son parti et dans ses intérêts que d'être du côté où il n'était pas; que la situation même faite à son père, le duc d'Orléans, qui aurait dû avoir légitimement entre ses mains la conduite du jeune roi, était une irrécusable garantie de cette vérité. La princesse quitta, ce jour-là, l'Hôtel-de-Ville, si satisfaite du succès réel que son éloquence y avait obtenu, qu'ayant aperçu aux fenêtres des prisons une cinquantaine de soldats de l'armée des princes qui lui demandaient leur liberté, après s'être enquis des motifs de leur détention, ayant appris qu'ils étaient arrêtés sous divers chefs d'accusation, aussitôt elle proposa gracieusement aux magistrats municipaux, comme gage de son impartialité sans doute, de faire pendre immédiatement ces soldats dans les différents quartiers de la ville; mais les magistrats déclinèrent cet obligeant témoignage, et rendirent la liberté aux prisonniers qui s'en retournèrent joindre leur armée.

La princesse sortit à son avantage d'une difficulté que tenta de lui susciter le marquis de Sourdis dans l'intérêt de la cause royale; il s'opposait à l'inscription, sur les registres du présidial, du plein pouvoir donné à Mademoiselle par le duc d'Orléans, et avait fait des démarches auprès des magistrats municipaux pour que son opposition fût soutenue par eux; ceux-ci n'en firent rien; la vérification et l'enregistrement eurent lieu selon la volonté de la princesse. Elle exerçait une police sévère au profit du parti des princes : elle fit arrêter l'abbé de Guron[1] qui s'en allait trouver le comte d'Harcourt, lui portant des instructions pour le siége de Brouage; elle refusa le

---

[1] L'abbé de Guron de Rechignevoisin, depuis évêque de Tulle, que nous retrouverons plus tard à Bordeaux activement mêlé aux négociations pour la paix. La princesse ne tarda pas à l'échanger contre le baron de Barlo, colonel d'infanterie étrangère, fait prisonnier au siége d'Étampes. Elle a écrit à ce sujet : « Ainsi il fut fort peu en prison, et l'abbé de Guron fut fort aise d'en sortir; et lorsqu'il vint me remercier de sa liberté, je lui dis que cela lui vaudroit un évêché; ce qui arriva... Il le méritoit bien, car c'est un honnête homme. » (*Mémoires de Mademoiselle de Montpensier.*)

passage au prince d'Harcourt, muni d'un passeport du roi, et s'en allant rejoindre son père, le comte d'Harcourt, en Guyenne; si elle permit aux marquis de Roquelaure et de Villars de traverser Orléans, elle leur interdit d'y faire le moindre séjour [1].

Quelque enivrée de ses succès et de son autorité que fût Mademoiselle, elle n'avait garde de perdre de vue le mariage, objet de son ambition. Pour cette fin, il était nécessaire que la cour, tout en la redoutant assez pour désirer son alliance, ne prît pas sa conduite en assez mauvaise part pour rejeter comme inacceptable la conclusion désirée. La Porte, valet de chambre du roi, étant de passage à Orléans pour aller rejoindre la cour, Mademoiselle saisit avec empressement cette occasion de faire parvenir à la reine les raisons les

---

[1] *Relation de ce qui s'est passé en France depuis le 5 janvier* 1652 *jusqu'au* 26 *avril* 1653; manuscrit conservé à la Bibliothèque impériale, fonds de Sorbonne, n° 1257.

Nous devons la connaissance de l'existence de ce manuscrit à un jeune érudit, élève de l'École des chartes, notre parent, M. Antoine de Villefosse. Nous avons à plusieurs reprises puisé dans cette relation d'intéressants détails inédits, et son exactitude sur les faits connus nous a donné une juste confiance dans l'exactitude des autres récits.

A l'occasion de l'enregistrement fait au présidial d'Orléans, cette relation commet seulement une erreur évidente de nom que nous rectifions : elle attribue au marquis de Sourches une opposition qui ne pouvait émaner que du marquis de Sourdis, gouverneur d'Orléans.

plus sastifaisantes qu'elle put trouver pour expliquer sa conduite. Elle l'entretint, dans ce but, pendant plus de deux heures. La Porte, arrivé à Sully, s'acquitta de son message, et ne reçut de la reine que cette réponse narquoise : « Ce n'est pas pour son nez, quoiqu'il soit bien grand [1]. »

Les généraux ni les officiers des armées de Condé et d'Espagne ne devant pas entrer dans Orléans pour se conformer aux promesses faites aux habitants, il fut résolu qu'un conseil de guerre se tiendrait hors la ville pour discuter les opérations militaires qu'il convenait d'entreprendre. Mademoiselle s'y rendit. Une pauvre maison du faubourg Saint-Vincent, qui n'offrait pour siéges que quelques coffres de bois, fut le lieu de réunion. La délibération s'ouvrit sur deux partis circonscrits en apparence dans les limites du programme tracé par le duc d'Orléans : le premier, de descendre la Loire par la rive droite, pour aller s'emparer de Blois ; le second, de la remonter sur la même rive, pour aller s'emparer de Montargis. Le premier parti, s'il n'était suivi du passage de la Loire pour rejoindre le prince de Condé, offrait un désavantage sans compensation, celui de découvrir Paris ; le second, au contraire, interposait une armée entre la capitale et la cour.

---

[1] *Mémoires de La Porte.*

Les membres du conseil de guerre, outre les ducs de Nemours et de Beaufort, étaient le baron de Clinchamp, qui commandait les troupes espagnoles, au nombre de quatre mille hommes, Tavannes, Coligny, Valon, Rohan, Flamarins, Villars, dit *Orondate*, Hollac, Sommery, Fiesque, Bréauté, Frontenac, et les deux conseillers au parlement Croissy et Bermont. Les avis se partagèrent. La marche sur Montargis fut proposée par Valon et Clinchamp; la marche sur Blois fut vivement soutenue par Nemours et Tavannes. Les deux conseillers au parlement, après s'être quelque temps défendus, pour cause d'incompétence, de donner leur avis, opinèrent pour Montargis. Mademoiselle, qui s'était réservé de parler la dernière, fit connaître son choix sans éprouver nul embarras : « Je vous assure qu'en cela, comme en toute autre circonstance, le bon sens règle tout, et que, quand on en a, il n'y a dame qui ne commandât bien des armées[1]. » La princesse conclut pour Montargis.

La majorité imposante qui se déclarait pour ce dernier parti exaspéra au plus haut point le duc de Nemours; car il n'est pas douteux que si la marche sur Blois l'eût emporté, il eût passé la Loire, en dépit de toutes les recommandations

---

[1] *Mémoires de Mademoiselle de Montpensier.*

du duc d'Orléans, pour voler en Saintonge et en Guienne, au secours du prince de Condé. Dans son emportement, il menaçait de séparer ses troupes de celles du duc d'Orléans, et s'écria que l'on trompait M. le Prince. « Qui le trompe? » lui demanda le duc de Beaufort. « C'est vous, » repartit le duc de Nemours; et les deux beaux-frères se précipitèrent l'un sur l'autre. Se frappèrent-ils? D'après le récit des Mémoires de Chavagnac, le duc de Nemours eût seulement la joue effleurée par l'aile du chapeau du duc de Beaufort; le duc de Nemours prétendit avoir reçu un soufflet; mais le cardinal de Retz raconte avoir ouï dire des témoins eux-mêmes qu'il ne le reçut qu'en imagination, et ajoute que « c'était au moins un de ces soufflets problématiques dont il est parlé dans les Petites Lettres de Port-Royal ». Quoi qu'il en soit, pour commencer une plus noble lutte, les deux rivaux mettent l'épée à la main. Au milieu d'un effroyable tumulte, les personnes du dehors ayant fait irruption dans la salle, on parvient à les séparer. Nemours ne consent à rendre son épée qu'à Mademoiselle; Beaufort met un genou en terre pour lui demander des excuses de s'être laissé aller à un pareil emportement en sa présence. Au bout d'une heure de pourparlers, la colère du duc de Nemours n'était pas encore calmée; à la fin, Mademoiselle obtint qu'il embrasserait le duc de Beaufort. Beaufort, qui avait la larme facile, se mit à pleurer d'attendrissement, et la réconciliation se fit. Réconciliation plus apparente que réelle; l'année 1652 ne devait pas s'écouler sans que cette animosité des deux beaux-frères n'aboutît au plus tragique événement.

Mademoiselle rentra le soir même à Orléans, et les généraux, mettant à exécution les résolutions prises dans le conseil de guerre, dirigèrent le lendemain leurs troupes sur Montargis. Simultanément, l'armée royale, divisée en deux corps, sous des chefs indépendants l'un de l'autre, le maréchal de Turenne et le maréchal d'Hocquincourt, exécutait un mouvement en remontant la Loire par la rive opposée.

CHAPITRE XII.

Aventureux voyage du prince de Condé. — Le prince rejoint son armée. — Prise de Montargis. — Lettre inédite du maréchal de Turenne à Le Tellier sur le point le plus convenable pour passer la Loire. — Autre lettre inédite du maréchal de Turenne pour engager le roi à venir à Gien. — Combats de Bléneau. — Défaite du maréchal d'Hocquincourt. — Parallèle entre le prince de Condé et le maréchal de Turenne. — Choc des armées de Condé et de Turenne. — Rencontre du prince de Condé avec le maréchal d'Hocquincourt. — Le maréchal de Turenne sauve le roi. — Jugement de Napoléon sur la conduite des généraux dans cette affaire. — Lettre du prince de Condé à mademoiselle de Montpensier. — Valeur des ducs de Nemours et de Beaufort. — Les duchesses de Nemours et de Châtillon accourent de Paris. — Présomption du maréchal d'Hocquincourt. — Le calme et le sang-froid de la reine Anne d'Autriche.

Revenons au prince de Condé quittant Agen pour se rendre en apparence à Bordeaux[1], mais en réalité pour rejoindre ses vieilles troupes et se rapprocher de Paris, d'où ses principaux partisans lui écrivaient qu'il ne fallait pas qu'il s'abandonnât tellement aux affaires de la province « qu'il ne songeât à celles de la capitale, qui étoit la capitale en tous sens. »

[1] T. I, p. 437.

Les tendances absorbantes d'une centralisation devenue excessive de nos jours, et qui feront de la France, si elles continuent, une tête sans corps proportionné, un monstre à la fois sirène et têtard, ont des racines qui remontent au loin dans le passé.

Le prince de Condé partit en plein jour, le dimanche des Rameaux, avec une suite brillante, dans tout l'éclat d'un prince du sang et d'un général; mais les rôles, à peu de distance de la ville, devaient changer. Pendant que le gros de l'escorte continue sa route, Condé se dérobe, accompagné d'un petit nombre de cavaliers : le duc de la Rochefoucauld et son jeune fils, le prince de Marsillac, avec Bercennes, capitaine des gardes du duc, Lévis, Saint-Hippolyte, Chavagnac, Guitaut, Gourville et Rochefort, valet de chambre du prince. De prince, Condé se transforme en simple laquais. La petite troupe se sert d'un passe-port délivré par le comte d'Harcourt au marquis de Lévis, pour se retirer dans ses terres avec sa suite, à la condition de ne plus porter les armes contre le roi [1]; elle effectue des étapes rapides et pénibles, ne s'arrêtant jamais plus de trois ou quatre heures dans aucun gîte, de peur d'être reconnue. Pour

---

[1] Le marquis de Lévis avait été échangé contre le chevalier d'Albret. Voy. t. I, p. 382.

surmonter les divers obstacles, Gourville vient en aide par ses expédients inépuisables; Chavagnac par son expérience; il avait fait tout récemment et avec bonheur la même traversée aventureuse, en escortant le duc de Nemours. Condé enfin entretient le courage de ses compagnons et leur gaieté par l'entrain et l'abandon avec lequel il joue son rôle, soignant les chevaux à l'écurie, mettant la main à la cuisine[1], et s'exposant, par son *incognito,* à entendre sur lui-même et sur sa sœur, de la part d'un gentilhomme nommé Bassignac, qui leur donnait à souper, des vérités assez drôles qui mirent le prince dans une colère intérieure d'autant plus grande, qu'il ne pouvait en rien manifester[2]; car le marquis de Lévis tenta vainement d'arrêter la verve de l'amphitryon qu'il ne put empêcher d'aller jusqu'au bout de ses histoires. M. le Prince prit le parti d'en rire le premier le lendemain, en plai-

---

[1] « Les chevaux ayant mangé leur avoine, nous marchâmes bien avant dans la nuit, et entrâmes dans un village où il y avoit un cabaret : l'on y demeura trois ou quatre heures ; et n'y ayant trouvé que des œufs, M. le prince se piqua de bien faire une omelette. L'hôtesse lui ayant dit qu'il falloit la tourner pour la mieux faire cuire, et enseigné à peu près comme il falloit faire, l'ayant voulu exécuter, il la jeta bravement du premier coup dans le feu ; je priai l'hôtesse d'en faire une autre, et de ne la pas confier à cet habile cuisinier. » (*Mémoires de Gourville.*)

[2] *Mémoires de Chavagnac, de Guy Joly,* etc.

santant ses compagnons, la Rochefoucauld surtout, qui n'avaient pas été épargnés.

Le voyage s'accomplissait dans de telles conditions de fatigue, qu'au départ d'une halte on ne pouvait réussir à réveiller le jeune prince de Marsillac, qui retombait à chaque fois sur ses genoux; il fallut le placer sur son cheval, après que Gourville l'eut un peu ranimé en lui jetant de l'eau au visage. Au sixième jour de marche, les bords de la Loire sont atteints. Un accident en rend la traversée périlleuse; hommes et chevaux étant embarqués sur un bateau plat, le cheval du marquis de Lévis se cabre et s'élance au dehors entraînant le bateau à la dérive avec la longe à laquelle il est attaché, et va le faire chavirer; heureusement la longe coupée à temps par Saint-Hippolyte termine l'aventure par la seule perte du cheval noyé. Auprès de la Charité, la petite troupe prend pied sur l'autre rive, mais court le plus grand danger d'être reconnue par une garde avancée placée par Bussy-Rabutin [1], qui, depuis qu'il avait quitté le service du prince, était pour le roi gouverneur de cette ville. L'adresse de Gourville et le sang-froid de Condé surmontent ce mauvais pas. Le voyage continue, mais les périls s'ac-

---

[1]. Le comte Roger de Bussy-Rabutin, cousin germain de madame de Sévigné, le célèbre auteur de l'*Histoire amoureuse des Gaules*.

croissent à chaque instant, parce que l'on approche des avant-postes de l'armée royale.

Les compagnons du prince le pressent de quitter la grande route; il refuse, en leur disant qu'ils trouveraient un jour plaisant de raconter que, tandis que toute une contrée était en armes contre lui, il était venu par le grand chemin de Paris, comme aurait pu y venir le courrier de Lyon. Cette trop grande témérité faillit le perdre. Entre Cosne et Bonny, deux personnes de sa suite, Chavagnac et Guitaut, sont reconnues par des courriers envoyés dans toutes les directions pour surprendre la marche du prince, dont le bruit s'était répandu. Chavagnac propose à Guitaut[1] de tuer ces messagers; mais, par humanité, ce dernier s'y refuse. Les courriers, un peu plus loin, rencontrent le valet de chambre du prince, et, le pistolet sur l'oreille, le forcent à révéler la présence de son maître sur la route. Le prince de Condé, qui s'était écarté un instant du grand chemin pendant le passage des courriers, est prévenu par son valet de chambre de la funeste rencontre qu'il vient de faire et de l'aveu arraché à sa faiblesse. Le prince remonte à la hâte à cheval, si furieux contre Guitaut qui lui tenait l'étrier, qu'il

---

[1] François de Peichpeiroux de Guitaut, dit le *petit* Guitaut, frère de Pierre de Guitaut, capitaine des gardes de la reine, qui avait arrêté le prince de Condé en 1650. Voy. t. I, p. 222.

lui lance un coup de pied dans le ventre, en lui disant qu'il lui verrait avec une grande joie porter la tête sur un échafaud pour le punir de n'avoir pas tué ces courriers[1]. Comme une poursuite devient imminente, Bercennes reste sur un pont de la route, pour qu'aucun cavalier ne puisse le franchir avant d'avoir passé sur son corps, tandis que Condé et les autres, quittant cette fois le grand chemin, se jettent dans les terres à toute bride, dans la direction de Châtillon-sur-Loing.

A Châtillon, deux heures de repos seulement sont suivies d'une alerte qui oblige le prince à reprendre sa course. Sainte-Maure galopait sur ses traces avec un escadron de cavalerie. A Lorris, à peine a-t-il trouvé un instant de sommeil, la tête appesantie et appuyée sur la table d'un cabaret, que Chavagnac, seul éveillé, lui crie en le frappant sur l'épaule : « Alerte! voici un parti ennemi. » Le prince monte en selle, et, s'étant mis hors de portée de ce parti, composé d'infanterie seulement, s'arrête pour le reconnaître. Par une surprise inattendue, il voit flotter l'écharpe isabelle ; il se rapproche, trouve dans le commandant de cette troupe Géneste, son ancien page, et lui dit en se précipitant dans ses bras

---

[1] *Mémoires de Chavagnac.*

pour l'embrasser : « Ah! Géneste, vous pouvez vous vanter de m'avoir fait peur. » Ce dernier épisode termine l'aventureux voyage; Condé se retrouvait au milieu de ses vieilles troupes. Le duc de Nemours, averti, accourt en toute hâte, ne pouvant revenir de sa surprise; toute l'armée, dans laquelle la nouvelle se répand avec rapidité, fait éclater les plus vifs transports.

Le prince de Condé ne pouvait rejoindre plus à propos son armée; elle était sous les ordres de généraux braves, mais incapables, dont la mésintelligence n'était pas le moindre inconvénient pour la bonne direction des opérations militaires. L'animosité mal éteinte des ducs de Nemours et de Beaufort venait de se réveiller à l'occasion d'un échec éprouvé pour s'emparer du pont de Jargeau. La possession du pont de cette ville était pour la cour d'une grande importance, afin de pouvoir à volonté faire passer son armée sur la rive droite du fleuve pour combattre l'armée des princes, et pour conserver une retraite assurée si la fortune lui était contraire. Le duc de Beaufort avait fait attaquer ce pont, sans prendre l'avis du duc de Nemours. Le régiment de l'Altesse, nom que portait le régiment du duc d'Orléans, avait si bien pointé ses deux canons, que les chaînes brisées du pont-levis ayant laissé retomber le tablier, les soldats, s'élançant, eussent forcé le passage si le maréchal de Turenne n'eût repoussé lui-même l'attaque avec un petit nombre de soldats, pendant qu'il faisait élever une barricade derrière lui. Les quatre bataillons de l'Altesse, auxquels la supériorité du nombre devenait inutile, parce qu'ils ne pouvaient présenter qu'une tête de colonne, avaient fini par être repoussés, laissant parmi les morts le baron de Sirot, gentilhomme bourguignon, fameux par son courage, qui avait eu la rare fortune de croiser le fer avec deux rois, Christian IV et le roi de Pologne, et de traverser d'une balle de son pistolet le chapeau d'un troisième, celui du grand Gustave-Adolphe [1]. Cet insuccès, rejeté par le duc de Nemours sur l'impéritie de son beau-frère, avait augmenté leurs dissentiments.

Le prince de Condé ayant pris en main le commandement direct de ses troupes, se prononça pour l'attaque de Montargis, soit qu'il jugeât ce plan de campagne le meilleur, soit plutôt par le motif évident que sa présence détruisait l'opportunité du plan de campagne soutenu par le duc de Nemours au conseil de guerre du faubourg d'Orléans. Ce prince saisit cette occasion pour dire, avec une galanterie toute française, qu'on ne pouvait s'empêcher d'exécuter ce qui avait été

---

[1] Gustave II, roi de Suède de 1611 à 1632.

décidé dans un conseil que Mademoiselle avait daigné présider; quand même ces résolutions ne seraient pas les meilleures; mais que celle-ci était si sage, que Gustave-Adolphe même n'en aurait pas pris d'autre. Le surlendemain de son arrivée, il commençait l'attaque, et, en une heure, *prenait Montargis avec sa montre*. Ce rapide succès fut consacré par cette expression, parce que ce prince, tirant sa montre, avait signifié aux habitants qu'ils seraient tous pendus si, dans le délai d'une heure, ils n'avaient pas capitulé; ce qu'ils s'empressèrent de faire, en obligeant Mondreville, qui s'était jeté dans le château avec huit ou dix gentilshommes et deux cents fantassins, à imiter leur exemple.

Condé, pour ménager la ville, n'y fit point entrer ses troupes, n'y resta lui-même que deux jours, et alla établir son quartier à Châteaurenard.

Nous avons laissé l'armée royale postée sur la rive gauche de la Loire, avec quelque incertitude sur le point à choisir pour franchir le fleuve, afin d'aller se mesurer avec l'armée des princes. L'intention du maréchal de Turenne était d'effectuer ce passage à Jargeau ou à Gien; mais Le Tellier ne partageait pas cet avis. Le maréchal écrivit au ministre que la marche était trop avancée pour modifier ses plans. Ces tiraillements nous sont révélés par cette lettre de Turenne à Le Tellier [1] :

« 27 mars 1652.

« Je viens de recevoir la lettre qu'il vous a pleu de me faire l'honneur de m'escrire; et maintenant, quoi qu'il y eust à dire pour ou contre, la marche est trop avancée pour songer à changer de résolution. Je croi que si on ne peut pas passer à Gergeau, que l'ennemi ne peut pas empescher que l'on ne passe à Gien. J'y envoiai hier deux cents mousquetaires et un régiment de cavalerie. M. de Sainte-Maure part aussi pour s'y en aller avec son régiment d'infanterie et celui de cavalerie. Il voudroit, à ce que je crois, continuer sa résolution d'aller à Sully. L'ennemi est venu saper le païs trois heures à une lieue d'ici; on pense qu'à tout moment il viendra prendre le fauxbourg de deça, ce qui lui est bien aisé. Je vous supplie humblement de donner ordre que le munitionnaire vienne icy promptement, car deux ou trois jours sans pain feroient périr beaucoup d'infanterie.

« J'ai eu des nouvelles d'où savez, qui disent que

---

[1] Nous avons tiré cette lettre inédite des *Archives du Ministère de la guerre*, vol. cxxxiii. Elle est en entier de la main du maréchal; son écriture est pressée et peu lisible, les abréviations sont nombreuses.

cette marche icy les a fort rassurés; on m'a assuré qu'ils ont donné ordre aux gens de M. le duc d'Orléans de sortir de sa ville.

« Je suis de tout mon cœur,

« Monsieur,

« Vostre très humble et très affectionné serviteur,

« Turenne. »

« La venue de M. de Palluau icy a esté bien nécessaire pour sauver Gergeau; il si est fort bien conduit. »

Quelques jours après, la résolution de franchir la Loire à Gien était arrêtée. Le maréchal de Turenne, qui ignorait encore la présence du prince de Condé au milieu de son armée, invitait le roi à venir à Gien pour être témoin du passage; il était loin de se douter qu'en cas de revers, son conseil venait mettre à la portée du prince de Condé la proie qu'il tendait à saisir. Ce conseil de Turenne, jusqu'ici ignoré de l'histoire, nous est révélé par cette lettre adressée à Le Tellier [1] :

---

[1] Nous avons tiré cette lettre inédite des *Archives du Ministère de la guerre*, vol. cxxxiii. Cette lettre, écrite par un secrétaire, est en caractères très-lisibles et très-corrects; la formule de politesse finale et la signature sont seules de la main du maréchal.

« Monsieur,

« Nous vous supplions, M. le mareschal d'Hoquincourt et moy, de dire à M. le cardinal que si le roy veut voire l'armée demain, on croit qu'il pourroit venir icy sans que la cour y vint avec son bagage, ce qui feroit un grand embarras, les deux tiers de l'armée devant passer sur le pont demain au matin. La royne pourroit venir le lendemain que tout seroit désembarassé, et le roy s'en retourneroit demain mesme à Sully.

« Je suis de tout mon cœur,

« Monsieur,

« Vostre très humble et très affectionné serviteur,

« TURENNE. »

« Gien, le 3 avril 1652. »

Le passage de la Loire par l'armée royale s'effectua sans obstacles. Nous savons que cette armée était divisée en deux corps, sous deux chefs indépendants l'un de l'autre, le premier sous les ordres du maréchal de Turenne, le second sous la conduite du maréchal d'Hocquincourt. Cette séparation des commandements était un témoignage de reconnaissance envers le second pour le dévouement qu'il avait montré à la cause du cardinal Mazarin, et une mesure de précaution vis-à-vis du premier, auquel la cour ne se confiait encore qu'avec réserve. Les deux armées ensemble ne formaient qu'un effectif de quatre mille fantassins et de quatre mille chevaux. Le corps du maréchal d'Hocquincourt prit ses positions en avant ; son chef établit son quartier à Bléneau [1] ; mais la disette des fourrages, fréquente au mois d'avril, engagea la cavalerie à se disperser dans les villages environnants. Le maréchal de Turenne prit ses positions en arrière pour couvrir Gien et la cour, et fit à son collègue, confiant et présomptueux, quelques observations qui ne furent pas écoutées, sur l'imprudence de trop éloigner ses quartiers les uns des autres.

Dans la nuit du 6 au 7 avril, quatre des sept villages dans lesquels était cantonnée la cavalerie du maréchal d'Hocquincourt sont attaqués à l'improviste, et successivement enlevés avant de pouvoir se porter mutuellement secours ; les cavaliers des régiments du Maine, de Roquépines, de Beaujeu, de Bourlemont, de Moret, qui occupaient ces villages, sont tués ou dispersés. Les trois autres quartiers parviennent seuls à se réunir. Cette ir-

[1] Petite ville qui fait aujourd'hui partie de l'arrondissement de Joigny, département de l'Yonne.

ruption subite est le fait du prince de Condé lui-même, à la tête d'une avant-garde de cavalerie, avec laquelle il vient de franchir le canal de Briare[1], gardé par deux compagnies de carabins[2], qu'il a tous faits prisonniers. D'Hocquincourt, à la tête de neuf cents chevaux, se hâte de prendre position derrière un ruisseau profond pour arrêter la marche impétueuse du prince de Condé. Ce chef intrépide, subordonnant les vieux usages de la guerre à la fougue de son caractère, non-seulement n'a pas respecté dans sa récente campagne de Guyenne la saison où la coutume est de la suspendre, mais il ouvre celle-ci en méconnaissant les heures mêmes consacrées au repos. Ce guerrier ne dédaigne pas d'appeler la ruse au secours de son audace. Tandis que Nemours et quelques volontaires franchissent le ruisseau, il fait sonner la charge par un si grand nombre de trompettes et de timbales réunies à cette intention, que la ligne du maréchal aussi impressionnable que les murs de Jéricho, se

[1] Le canal de Briare, commencé par les soins de Sully, sous le règne de Henri IV, était achevé depuis l'année 1642.

[2] Les compagnies de carabins étaient des compagnies de chevau-légers, employées, soit au service d'avant-garde et de tirailleurs, soit à la garde particulière des officiers généraux. Ils portaient une cuirasse échancrée à l'épaule pour tirer plus commodément, un gantelet à coude pour la main de la bride, un cabasset en tête, une longue épée avec la carabine à l'arçon de la selle.

croyant tournée par l'armée ennemie tout entière, se rompt, vide le terrain et va se reformer en arrière du cinquième village. Les soldats de Condé, malgré leur petit nombre, suivent l'épée dans les reins les troupes royales, et, arrivés au village dont elles veulent se couvrir, ils y mettent le feu. Cet acte était une imprudence due à l'ardeur irréfléchie du duc de Nemours. La clarté de l'incendie dévoile le stratagème en découvrant le petit nombre des assaillants. Le maréchal d'Hocquincourt, ramenant ses cavaliers rassurés à cette vue, fond sur les agresseurs. Une lutte terrible s'engage. Condé est pressé de toutes parts, n'ayant autour de lui qu'un faible escadron ; mais il est composé des chefs de son armée, et des plus vaillants ; car à cette époque, par un usage, dernier vestige de la chevalerie, inspiré par le courage plus que par la science militaire, les principaux officiers recherchaient toujours les occasions de se précipiter au plus épais de la mêlée. Beaufort, Nemours, la Rochefoucauld, Marsillac, Tavannes, Guitaut, Goncourt, Valon, Clinchamp, forment cette vaillante élite. Nemours reçoit dans la hanche un coup de pistolet ; le cheval de Beaufort tombe mort sous son cavalier ; l'escadron, accablé par le nombre, tourne bride à un signal et se reforme à cent pas, sans que la cavalerie royale étonnée ose le poursuivre. Un seul officier s'avance, et Marsillac, à peine sorti de l'enfance, volant à sa rencontre, la lueur de l'incendie éclaire un combat singulier, dans lequel le jeune homme abat son ennemi de plusieurs coups d'épée. Quelques autres escadrons de l'armée des princes ont franchi le ruisseau et sont accourus; Condé, avec ce renfort, reprend l'offensive avec une telle vigueur que, malgré la supériorité du nombre qu'elle conserve encore, la cavalerie royale est rompue; elle perd ses bagages et une partie de ses chevaux; les débris de cette cavalerie fuient en désordre, poursuivis pendant quatre lieues dans la direction d'Auxerre, laissant à découvert le corps commandé par le maréchal de Turenne.

La poursuite des troupes du maréchal d'Hocquincourt, à laquelle se laisse emporter le prince de Condé, lui fait perdre des moments précieux; et lorsqu'a cessé la poursuite, il en perd volontairement encore par une faute que Tavannes lui reproche, et que fit ressortir la suite des événements. Au lieu de reprendre sa marche pour tomber sur le maréchal de Turenne, au milieu de la même nuit, et de profiter du désordre et du découragement apportés dans son camp par ceux des fuyards qui se dirigent de ce côté, il veut forcer l'infanterie retranchée dans Bléneau, parce qu'elle est composée de vieux corps qu'il trouve dangereux de laisser derrière lui. La prudence est intempestive quand elle suspend une action dont le succès repose sur l'audace. Condé, qui venait de combattre le comte d'Harcourt, parut, dans cette occasion, lui emprunter ses errements de *Fabius cunctator*, errements qui, pour ce général, avaient presque constamment réduit à de faibles résultats dans la campagne de Guyenne les succès les plus brillamment commencés. Ces deux généraux prouvèrent dans ces circonstances que les caractères les plus tranchés sont parfois inconséquents avec eux-mêmes; car il n'était de la nature ni de l'un, ni de l'autre, d'être hésitant. Le maréchal de Turenne, qui avait servi sous le comte d'Harcourt, disait avoir appris de lui que la diligence et l'activité sont les plus grands moyens de réussite dans les affaires de la guerre. Le prince de Condé s'arrêta donc pour emporter Bléneau par un assaut, que le maréchal de Turenne ne lui permit pas de donner.

L'illustre maréchal avait profité du temps qui lui était laissé pour mettre ses troupes sous les armes, afin de voler au secours du maréchal d'Hocquincourt. Cette résolution ne fut cependant pas adoptée sans de vives perplexités. La cour, avertie, était bouleversée des événements de la nuit; le plus grand nombre des courtisans opinait pour quitter Gien en toute hâte, rompre le pont et se retirer sur Bourges; la nécessité pour

Turenne exigeait, dans ce cas, qu'il passât lui-même la Loire pour protéger cette retraite.

Turenne fit rejeter ce plan de conduite, par cette considération que si Orléans avait refusé ses portes au roi et à son armée qui, loin d'avoir alors éprouvé aucun échec, revenait victorieuse de la prise d'Angers, Bourges les refuserait d'autant plus à un roi fugitif; que toutes les villes du royaume en feraient autant; que, par suite, la cause royale serait perdue sans retour; qu'il s'agissait, par conséquent, dans la conjoncture, de vaincre ou de périr. Une vive inquiétude assaille pourtant le brave vicomte. Il a, depuis peu, abandonné le parti des princes; il va, avec des forces inférieures en nombre, se mesurer avec des troupes victorieuses, et, s'il est battu, il s'expose à l'accusation la plus insupportable pour un homme d'honneur, à l'accusation de trahison.

En même temps que le maréchal de Turenne marche à l'ennemi, à tout événement la cour se prépare à la fuite. La reine fait charger, en toute diligence, ses bagages sur des mulets et des chariots, et les équipages avec toutes les femmes dans les carrosses attelés sont prêts à partir. Si Turenne est vaincu, les débris de son armée doivent être abandonnés sur la rive droite de la Loire, le pont de Gien coupé, le régiment des gardes et celui de la marine seront laissés sous les ordres de Gadagne[1], pour retarder le passage des troupes de Condé, tandis que la reine-mère, le jeune roi et leur suite, prenant la route d'Amboise, tâcheront de gagner la Bretagne.

Le maréchal de Turenne, marchant dans l'obscurité de la nuit, entend le bruit de la fusillade, voit luire au loin les feux sinistres de l'incendie des villages emportés, et, frappé de la hardiesse et de l'ensemble de l'attaque, ne doutant plus qu'elle ne soit l'œuvre ni du duc de Nemours, ni du duc de Beaufort, s'écrie : « Ah ! M. le Prince est arrivé. » Il n'était déjà plus temps de secourir le maréchal d'Hocquincourt, dont les troupes avaient fui en sens opposé; mais le maréchal avançait toujours pour se mesurer avec le vainqueur de son collègue. Il n'avait pu le joindre encore, que la nuit dissipée avait fait place au matin.

La journée qui commençait est une des plus célèbres de nos fastes historiques et militaires, non point par le chiffre des forces engagées, ni par celui des pertes éprouvées, mais par l'importance de l'enjeu, qui était le jeune roi lui-même, et par la renommée des deux chefs illustres qui s'y sont mesurés.

Condé et Turenne, vaillants compagnons d'ar-

---

[1] Le marquis de Gadagne, d'une famille du Lyonnais, descendant de Guillaume de Gadagne, chevalier du Saint-Esprit de la promotion du 5 janvier 1597.

mes, avaient plus d'une fois montré ensemble aux ennemis de la France la pointe de leur victorieuse épée; le malheur des temps la leur faisait diriger l'un contre l'autre. Le parallèle entre ces deux guerriers, depuis tracé plus d'une fois par le burin de l'histoire, était déjà posé par les contemporains, et la lutte prochaine lui apportait un plus dramatique attrait. On savait que chacun de ces deux capitaines reconnaissait avec sincérité, sans jalousie, le mérite de l'autre; que M. le Prince, pourtant si fier, avait dit un jour : « Si j'avais à me changer, je voudrais être changé en M. de Turenne; c'est le seul homme qui me puisse faire souhaiter ce changement-là. » Chacun accordait à Condé le génie, l'impétuosité du courage, l'instantanéité des résolutions; mais qui eût méconnu dans Turenne la capacité profonde pour concevoir un plan de campagne ou de bataille, une valeur calme, un sang-froid qui, dans le feu même de l'action, permet de réparer les fautes? car l'illustre maréchal, dans sa modestie, n'a pas craint de dire : « Quand un homme se vante de n'avoir point fait de fautes à la guerre, il me persuade qu'il ne l'a pas faite longtemps. » Nul n'ignorait qu'il était difficile de surprendre le prince de Condé ayant oublié quelque chose; car son activité le portait à prévoir au-delà des choses nécessaires pour n'en omettre aucune d'utile; mais si le maréchal de Turenne n'a pas cette surabondante ardeur, il n'a jamais rien oublié; il est tenace et persévérant, et met en pratique sa maxime : « Il faut se garder de croire d'avoir rien fait tant qu'il reste quelque chose à faire. » Enfin, comme l'action et le prestige des généraux sur les troupes placées sous leurs ordres sont l'un des éléments les plus incontestables de leurs succès, chacun d'eux a ses qualités qui lui affectionnent officiers et soldats en les entraînant à leur suite, aux jours des batailles, dans un sympathique élan. Au prince de Condé, on reproche souvent trop de fière rudesse; mais comme il sait être agréable quand il le veut, comme il est touché des actes de valeur et des services qu'on lui rend! Au maréchal de Turenne, quelques-uns reprochent de n'être pas assez ostensiblement touché des belles actions; mais il est dans ses principes que le devoir rempli trouve déjà en lui-même sa plus noble récompense, et l'on sait que s'il est sobre de louanges, il appuie le vrai mérite qui ne cherche point un éclat emprunté. Son désintéressement, sa probité, lui ont acquis une telle estime, que ses ordres inspirent le respect et sont toujours suivis avec cette ponctualité qui fait qu'une armée n'est qu'un seul corps à mille bras dirigé par une seule tête.

Le jour est donc venu où les deux grands guerriers vont se mesurer. Le prince de Condé, prévenu de l'approche du vicomte, se résout à abandonner l'attaque de Bléneau ; il s'avance à la rencontre de l'armée royale ; il la trouve, à la pointe du jour, rangée en bataille dans une plaine entre Bléneau et Ouzouer-sur-Trézée [1]. Pour aborder cette plaine, il ne s'offre qu'un étroit défilé formé par la chaussée de l'étang de la Bousinière ; l'étang et les marais à la suite se prolongent sur la gauche de la chaussée ; sur la droite, est un bois bordé par le ruisseau qui s'échappe de l'étang [2]. Le

[1]. Village qui fait aujourd'hui partie du département du Loiret. Le champ de bataille se trouvait placé sur la ligne limitrophe qui sépare maintenant les départements du Loiret et de l'Yonne.

[2] Le maréchal de Turenne ne parle, dans ses *Mémoires*, que d'une petite chaussée que l'on relève pour discerner les héritages ; l'empereur Napoléon dit, dans les siens, que cette chaussée était celle de l'étang de la Bousinière. Les indications d'un témoin oculaire, bien plus que celles du général qui commandait l'une des armées en présence, sembleraient préférables au premier abord ; si nous ne les avons pas adoptées, c'est parce que Turenne, guerrier consommé, est néanmoins un écrivain fort incomplet de ses propres campagnes. Il nous a paru qu'un simple relèvement de terrain eût difficilement formé un défilé obligé, empêchant de s'étendre à droite et à gauche, s'il n'y avait eu des obstacles tels que, d'un côté, l'étang, et les marais qui sont l'accompagnement ordinaire des étangs, de l'autre, la vallée plus ou moins profonde dans laquelle s'écoule tout ruisseau qui sort d'un étang. Napoléon, d'ailleurs, n'eût certainement pas hasardé ce qu'il a écrit, s'il n'eût étudié la topographie des lieux, bien qu'il ne fasse connaître aucun des motifs qui l'ont déterminé.

Le comte de Tavannes, acteur comme le maréchal de Tu-

prince de Condé fait occuper le bois par son infanterie; mais la position du maréchal de Turenne, qui ne peut être abordée que par la chaussée de l'étang, paraît inattaquable à ses principaux officiers, lorsque le prince, d'un coup d'œil, en juge autrement : « Si M. de Turenne demeure là, dit-il, je vais le tailler en pièces; mais il se gardera bien d'y demeurer. » Si le vicomte de Turenne ne peut entendre les paroles du prince, il en devine la pensée, car on le voit changer ses dispositions. Il fait retirer les escadrons de cavalerie qu'il avait placés en tête de la chaussée pour en défendre le passage, et recule la ligne de son infanterie, laissant la plaine libre jusqu'à la chaussée. Au centre de la plaine s'élève un monticule, il en profite pour disposer avec avantage son artillerie. Il tend, par cette manœuvre, un piége à son adversaire. Le prince ordonne à Tavannes de franchir le défilé avec six escadrons; lui-même suit avec le gros de son armée, espérant la pouvoir ranger en bataille dans la plaine, se reposant ensuite sur la supériorité du nombre pour rem-

---

renne dans ce combat, parle, dans ses *Mémoires*, de l'obstacle formé par les marais. Ainsi, l'existence de la chaussée constatée par les *Mémoires* de Turenne, l'existence des marais constatée par les *Mémoires* de Tavannes, nous amènent à reconnaître que l'obstacle de la chaussée devait retenir l'eau à un certain niveau, d'où résulte, comme conséquence, l'existence d'un étang.

porter la victoire. En effet, son armée est forte de douze mille hommes, tandis que le corps du maréchal de Turenne n'en compte que quatre mille.

Dès cette époque, la stratégie moderne, qui faisait ses glorieux essais, n'ignorait pas que la victoire, à moins des fautes les plus graves ou des contre-temps les plus imprévus, penche du côté des gros bataillons; mais elle connaissait aussi cette ressource de l'armée la plus faible, de tâcher, en concentrant ses forces sur un point donné, de s'y trouver en nombre supérieur à l'ennemi. Cette manœuvre, quand elle réussit, permet de remporter un premier succès qui, enflammant le courage des uns, démoralisant celui des autres, décide presque toujours du sort de la journée. Les deux grands généraux, dont les armées étaient en présence, basèrent chacun leurs mouvements sur ces données de la stratégie.

Lorsque les six escadrons commandés par Tavannes ont franchi le défilé, Turenne, par un commandement soudain, suspend la retraite de son armée, lui fait faire volte-face, et, se mettant lui-même à la tête d'un corps de cavalerie double en nombre de celui des escadrons de Tavannes, fond sur eux avec impétuosité. Ces escadrons sont refoulés en désordre vers l'étroite chaussée où déjà l'infanterie du prince de Condé s'est engagée pour venir se déployer dans la plaine. Une grande confusion résulte de cette rencontre de la cavalerie qui recule et de l'infanterie qui avance. Le maréchal de Turenne augmente ce désordre par le feu habilement dirigé de la batterie qu'il a placée sur le monticule. Définitivement la chaussée est balayée et l'armée du prince de Condé rejetée au delà, après avoir éprouvé des pertes considérables en officiers et en soldats, entre autres le comte de Maré, frère du maréchal de Grancey, maréchal-de-camp dans les troupes de Monsieur, blessé à mort par un boulet[1]. Cependant le prince de Condé parvient à reformer avec ordre sa cavalerie et son infanterie de l'autre côté du défilé que forme la chaussée; il les range à l'abri du bois qui s'étend perpendiculairement à cette chaussée, et fait mettre pied à terre à sa cavalerie, pour qu'elle soit moins incommodée par le feu de l'artillerie.

La bataille est à recommencer; les deux armées sont revenues dans les positions qu'elles occupaient le matin. Turenne, en considération de l'infériorité de ses forces et du danger de franchir la chaussée qui vient d'être fatale à son adversaire, ne peut songer à prendre l'offensive. Le prince de Condé pourrait seul penser à la tenter encore; n'a-t-il pas affirmé, le matin même,

---

[1] Il était à cheval; un boulet l'atteignit dans les fesses, il mourut quatre jours après. *Mémoires du comte de Tavannes.*

avec son coup d'œil de général accoutumé à vaincre, que si son adversaire reste dans cette position, il le taillera en pièces? Mais il a contre lui l'échec éprouvé et l'obstacle de cette même chaussée, qu'il n'avait pas suffisamment calculé peut-être; l'étroite colonne qu'il faut former pour la franchir paralyse en partie pour lui l'avantage de la supériorité du nombre. Le maréchal de Turenne range son armée en bataille dans la plaine, en la reculant assez pour la mettre à l'abri du feu nourri que dirige sur elle, à travers l'étang et le marais qui les sépare, l'infanterie de Condé, couverte par le bois. De part et d'autre s'engage, à distance, un combat d'artillerie. Si, pendant ce temps, renseignement que l'histoire ignore, le prince de Condé prenait des dispositions pour aborder de nouveau l'armée royale et ressaisir la victoire, les renforts arrivant à cette armée ne lui permirent plus de songer à prendre une nouvelle offensive. Le maréchal d'Hocquincourt était parvenu à rallier sa cavalerie mise en fuite la nuit précédente, et faisait sa jonction avec le maréchal de Turenne. D'un autre côté, le duc de Bouillon venait d'amener à son frère tout ce qu'il avait pu réunir à Gien d'hommes en état de porter les armes. Alors la canonnade continua jusqu'à la nuit, avec une supériorité prononcée du côté de l'armée royale.

La fin du combat fut marquée par cet intéressant épisode de la rencontre du prince de Condé et du maréchal d'Hocquincourt, inédit jusqu'ici dans plusieurs de ses circonstances :

« M. de Beaufort ayant sceu qu'un de ses principaux officiers avoit été fait prisonnier, l'envoya réclamer par un trompette qui rencontra le comte de Grandpré[1] à quarante pas, lequel le renvoya à M. de Beaufort pour lui demander s'il agréeroit qu'il le saluât, puisqu'il estoit si proche, ce que M. de Beaufort ayant agréé, ils s'approchèrent, et s'estant embrassés, le comte accompagna le trompette qui alla trouver le maréchal d'Hocquincourt, lequel s'estant aussy trouvé fort proche de là voulut aussy saluer M. de Beaufort ; et après lui avoir promis de lui renvoyer cet officier, lui dit que puisque M. le Prince estoit si proche, il estoit bien aise de le saluer aussy, s'il lui vouloit donner sa parole. Aussy tost M. de Beaufort se chargea d'en faire la proposition à Son Altesse, qui, l'ayant agréé, lui renvoya le trompette pour l'en avertir, et s'estant approchée, elle l'embrassa et lui parla en ces termes : *Nous sommes bien malheureux de nous voir obligés de nous couper la gorge pour un faquin qui n'en vaut pas la peine*[2]. »

[1] Lieutenant-général dans l'armée royale.
[2] *Relation de ce qui s'est passé en France depuis le 5 jan-*

La chute du soleil, le 7 avril 1652, termina définitivement le combat célèbre qui passe pour avoir sauvé le roi de France. A la faveur de la nuit, le maréchal de Turenne se retira sur Briare avec son armée. De son côté, le prince de Condé opéra sa retraite sur Châtillon et Montargis, sans plus tenter de forcer l'infanterie retranchée dans Bléneau, qui alla rejoindre l'armée royale.

Le combat de Bléneau a attiré l'attention du plus grand capitaine des temps modernes, alors que, méditant sur sa propre histoire, il en traçait les pages, assis sur le rocher de Sainte-Hélène[1].

L'empereur Napoléon blâme les généraux des deux armées opposées d'avoir indiqué trop près leur point de rassemblement, ce point devant être toujours désigné en arrière, de sorte qu'en cas de surprise tous les cantonnements puissent y arriver avant l'ennemi; mais il approuve sans restriction le parti que fit adopter Turenne, malgré la cour, de marcher à l'ennemi au lieu de quitter Gien pour commencer une funeste et honteuse retraite. Il fait ressortir, toutefois, que le maréchal avait bien plus l'intention de retarder la marche de l'armée des princes sur le quartier

---

vier 1652 *jusqu'au* 26 *aoust* 1653, manuscrit conservé à la Bibliothèque impériale, fonds de Sorbonne, n. 1257.

[1] *Mémoires de Napoléon.* Voyez, à l'*Appendice,* ses observations sur le combat de Bléneau.

royal que de livrer une bataille sérieuse; il en trouve la preuve dans cette circonstance que Turenne évita d'occuper le bois en avant du défilé, afin de rester maître de ne pas se trouver, malgré lui, trop engagé, et dans cette autre circonstance, qu'il tint son armée dans la plaine assez près pour rendre le passage du défilé dangereux, assez loin pour que, dans le cas où ce passage s'effectuerait avec succès, il ne pût néanmoins encore être contraint d'accepter un engagement général, et le grand homme de guerre fait cette réflexion : « Cette circonstance ne paraît rien; cependant c'est ce rien qui est un des indices du génie de la guerre. » Néanmoins il ajoute que cette manœuvre si délicate, exécutée avec tant d'habileté et de prudence, ne saurait être recommandée; que Turenne aurait dû se retirer du côté de Saint-Fargeau pour ne revenir en avant qu'après avoir fait sa jonction avec le maréchal d'Hocquincourt. Il appuie sa critique sur ce principe : *Les règles de la guerre veulent qu'une division d'une armée évite de se battre seule contre une armée qui a déjà obtenu des succès.*

Nous allons hasarder quelques objections à ces observations très-justes en principe, mais qui ne nous paraissent pas s'appliquer avec exactitude aux circonstances qui ont amené le combat de Bléneau. La hardiesse trop grande reprochée au maréchal de Turenne, bien que Napoléon reconnaisse qu'elle fût alliée à la prudence, était indispensable, puisqu'il s'agissait, avant tout, d'empêcher le roi d'être enlevé ; il fallait bien moins chercher une victoire et surtout perdre un temps précieux à réunir les moyens propres à la remporter, qu'il ne fallait, sur toutes choses, arrêter la marche du prince de Condé ; et, dans cette affaire, où il n'y eut ni vainqueur ni vaincu, ce but suprême fut atteint, et l'enlèvement du roi rendu impossible. Si le maréchal de Turenne se fût retiré sur Saint-Fargeau, il eût laissé découverte la route de Gien, et, pendant que le prince de Condé l'eût fait suivre et observer par un corps de son armée, la supériorité de ses forces pouvant lui permettre de les diviser, avec l'autre, il lui était facile d'enlever Gien et, quand même le roi et la cour eussent commencé leur fuite projetée vers la Bretagne, de les atteindre et de terminer d'un seul coup la guerre en se rendant maître de la personne du roi. Enfin, si l'événement a prouvé que le maréchal d'Hocquincourt pouvait rallier ses troupes dispersées dans la nuit précédente, il était impossible au maréchal de Turenne de le prévoir et de compter, par conséquent, sur cette heureuse circonstance. Il devait craindre de se replier en pure perte pour chercher l'appui d'un corps d'armée certainement démoralisé. En outre, le maréchal de Turenne, qui parle avec tant de modestie, dans ses Mémoires, de sa conduite à Bléneau, qu'il évite même de faire ressortir le grand service qu'il rendit à la cour, y explique « qu'il aima bien mieux marcher droit à M. le Prince, quoique inférieur à lui de deux tiers en troupes, que de l'attendre et de lui donner le temps de défaire entièrement M. le maréchal d'Hocquincourt. »

A notre jugement du moins, cette affaire fut conduite par le maréchal de Turenne aussi habilement qu'elle pouvait l'être. Le maréchal d'Hocquincourt fit à ses dépens les frais de la portion malheureuse pour l'armée royale de la série des combats de Bléneau ; Turenne et Condé y conquirent chacun des lauriers ; mais, en définitive, le but manqué fut pour Condé, qui échoua dans son entreprise, et le succès pour Turenne, qui sauva le roi. Cependant, comme il arrive toujours quand les résultats sont indécis, chacun des deux partis s'attribua la victoire. A ne considérer que les pertes éprouvées, le désavantage fut pour l'armée royale, qui compta six cents morts et autant de prisonniers, tandis que l'armée du prince de Condé ne perdit que six cents hommes, morts ou prisonniers ; elle resta maîtresse, en outre, d'un butin considérable : tous les bagages du corps d'armée du maréchal d'Hocquincourt, son artillerie, et environ trois mille chevaux.

Mlle de Montpensier était restée à Orléans, d'où les habitants ne songeaient nullement à chasser les gens du duc d'Orléans, et par conséquent la princesse elle-même, en dépit des renseignements reçus par le maréchal de Turenne dont on a vu qu'il faisait part avec satisfaction à Le Tellier dans sa lettre du 27 mars. La princesse attendait avec anxiété dans cette ville les nouvelles de la guerre ; le prince de Condé lui écrivit de sa main le récit succinct des combats de Bléneau [1] :

« Mademoiselle,

« Je reçois tant de nouvelles marques de vos bontés, que je n'ai point de paroles pour vous remercier ; seulement je vous assurerai qu'il n'y a rien au monde que je ne fisse pour votre service ; faites-moi l'honneur d'être persuadée, et de faire un fondement certain là-dessus. J'eus hier avis que l'armée mazarine avoit passé la rivière et s'estoit séparée en plusieurs quartiers. Je résolus à l'heure même de l'aller attaquer dans ses quartiers ; cela me réussit si bien, que je tombai dans leurs premiers quartiers avant qu'ils en eussent eu avis ; j'enlevai trois régiments de dragons d'abord, et après je marchai au quartier général d'Hocquin-

---

[1] *Mémoires de Mademoiselle de Montpensier.*

court, que j'enlevai aussi. Il y eut un peu de résistance, mais enfin tout fut mis en déroute; nous les suivîmes trois heures, après lesquelles nous allâmes à M. de Turenne; mais nous le trouvâmes posté si avantageusement, et nos gens si las de la grande traite et si chargés du butin qu'ils avoient fait, que nous ne crûmes pas le devoir attaquer dans un poste si avantageux; cela se passa en coups de canon; enfin il se retira. Toutes les troupes d'Hocquincourt ont été en déroute, tout le bagage pris, et le butin va à deux ou trois mille chevaux, quantité de prisonniers, et leurs munitions de guerre. M. de Nemours y a fait des merveilles et a été blessé d'un coup de pistolet au haut de la hanche, qui n'est pas dangereux; M. de Beaufort y a eu un cheval de tué et y a fort bien fait; M. de la Rochefoucauld, très-bien; Clinchamp, Tavannes, Valon, de même, et tous les autres mareschaux de camp; Maré est blessé d'un coup de canon. Hors cela, nous n'avons pas perdu trente hommes. Je crois que vous serez bien aise de cette nouvelle, et que vous ne doubterez pas que je ne sois, Mademoiselle, votre très humble et très obéissant serviteur.

« Louis de Bourbon. »

« Châtillon-sur-Loing, ce 8 avril 1652. »

Dans ce compte rendu, le prince de Condé atténue ses pertes; il attribue toute l'importance de l'action à son succès remporté sur le maréchal d'Hocquincourt, et n'en reconnaît qu'une très-minime à l'obstacle qu'il trouva du côté du maréchal de Turenne. Cette marche du vicomte, de même que celle du comte d'Harcourt à Chef-Boutonne[1], firent cependant échouer, dans les deux circonstances, le but le plus essentiel que se proposait le prince de Condé, l'enlèvement du jeune roi. Dans cette seconde tentative avortée, ce prince avait du moins la consolation d'avoir cueilli des lauriers, de pouvoir même, à un certain point, se proclamer vainqueur, tandis qu'à Chef-Boutonne, une désastreuse retraite n'avait pu donner lieu à aucune équivoque.

Pendant la bataille, les deux beaux-frères, rivaux sur tant de points délicats, que nous avons vus sous les murs d'Orléans donner des preuves si violentes de leurs dissentiments, qui les ont de nouveau manifestés à l'occasion de l'échec du pont de Jargeau, n'eurent entre eux d'autre jalousie que celle de se surpasser en courage. Nous savons que le duc de Beaufort en fut quitte pour un cheval tué sous lui; le duc de Nemours, qui reçut une blessure reconnue ensuite peu grave,

[1] Voy. t. I, p. 361 et suiv.

passa au premier moment pour être mortellement atteint. La duchesse de Nemours, sa femme [1], accourut de Paris pour lui donner ses soins ; la duchesse de Châtillon [2] l'accompagnait pour aller, disait-elle, veiller à la conservation de sa maison de Châtillon ; mais elle s'arrêta à Montargis, d'où elle trouva qu'elle pouvait suffisamment surveiller ses terres, et tous les soirs, se croyant bien cachée par un voile sous lequel toute l'armée la reconnaissait, elle allait voir le duc de Nemours.

Tant que dura la série des combats de Bléneau, la cour fut dans la consternation et dans l'effroi ; mais, dès que la nouvelle que le maréchal de Turenne avait arrêté la marche du prince de Condé fut parvenue à Gien, de toutes parts éclatèrent des transports d'allégresse. Lorsque Turenne parut devant Anne d'Autriche, cette princesse n'hésita pas à le proclamer le sauveur du roi et de la mo-

---

[1] Élisabeth de Vendôme, sœur du duc de Beaufort, fille de César, duc de Vendôme, et de Françoise de Lorraine, duchesse de Mercœur. Il ne faut pas la confondre avec la duchesse de Nemours, sa belle-sœur, qui a laissé des *Mémoires*. Celle-ci était Marie d'Orléans, née du premier mariage du duc de Longueville, mariée à Henri de Savoie, frère cadet du duc de Nemours. Henri de Savoie, destiné d'abord à l'état ecclésiastique, et pourvu même de l'archevêché de Reims, n'était pas encore engagé dans les ordres sacrés lors de la mort tragique de son frère aîné, que nous verrons arriver bientôt. Aussitôt après cet événement, Henri de Savoie, succédant au titre de son frère aîné, résigna ses bénéfices et se maria.

[2] Voyez sur la duchesse de Châtillon la note de la p. 45.

narchie. Ce grand homme accueillit ces louanges avec sa modestie accoutumée, et comme le maréchal d'Hocquincourt, toujours présomptueux, même après sa défaite, ne rougissait pas d'en rejeter la faute sur le maréchal de Turenne, celui-ci, sans daigner se justifier d'une imputation si ridicule, se contentait de dire : « Ce pauvre maréchal est si affligé, qu'il doit lui être permis de se plaindre. » Il était difficile de disgracier ce maréchal, qui avait ramené le cardinal Mazarin jusqu'à Poitiers ; il continua à servir quelque temps avec le maréchal de Turenne ; mais une faute nouvelle, qu'il ne tarda pas à commettre à Étampes, fit prétexter la nécessité de sa présence dans son gouvernement de Péronne, en raison de l'approche de l'armée espagnole, et il fut obligé de s'y rendre. Il se soumit en murmurant, et ce premier mécontentement fut probablement le germe de ceux qu'il fit éclater plus tard [1].

Le récit des combats de Bléneau resterait incomplet, si l'on ne faisait ressortir à quel point le calme et le sang-froid ordinaires de la reine se maintinrent inébranlables durant les perplexités

---

[1] Charles de Monchy, marquis d'Hocquincourt, nommé maréchal de France en 1651, vice-roi de Catalogne en 1653, finit par aller rejoindre le prince de Condé, et fut tué, en 1658, dans les rangs espagnols, à la défense de Dunkerque. Voyez sur ce maréchal, t. I, p. 422 et suiv.

d'une lutte dont, sans parler de la couronne compromise peut-être de son royal fils, le moindre danger pour elle était la perte du gouvernement et l'exil. Étant à sa toilette, elle apercevait des fenêtres du château de Gien, sur les hauteurs voisines, ceux des fuyards de l'armée du maréchal d'Hocquincourt qui s'étaient dirigés de ce côté, et pendant qu'autour d'elle on s'écriait que tout était perdu, que l'on préparait ses équipages pour la fuite, elle ne permit pas à ses femmes d'omettre une seule boucle de ses cheveux. Lorsque le dénouement de cette mémorable journée, si différent de son prélude, eut changé la consternation en allégresse, sa joie ne dépassa pas les bornes de la sérénité.

CHAPITRE XIII.

Résolution du prince de Condé de se rendre à Paris. — Violent dépit du duc d'Orléans. — Menées secrètes du cardinal de Retz contre le prince de Condé. — Émeutes et désordres populaires; détails inédits. — Opposition du parlement à l'entrée du prince de Condé levée par un argument de procédure. — Arrivée à Paris du prince de Condé. — Accueil peu flatteur qu'il reçoit des cours souveraines. — Les cours souveraines maintiennent leurs déclarations contre le cardinal Mazarin. — Remontrances au roi mal accueillies. — Quelle eût été la puissance du tiers-parti? — Quelle eût été l'opportunité plus grande des États généraux? — Mouvement d'accession des protestants du midi à la politique du tiers-parti. — Lettre inédite du duc de Lesdiguières à ce sujet. — Composition frivole du conseil du prince de Condé. — Lettre du duc de Rohan-Chabot. — Négociations des princes avec la cour successivement tentées : 1° par l'intermédiaire du comte de Chavigny, du duc de Rohan-Chabot et de Goulas; 2° par celui du duc de Nemours, du duc de la Rochefoucault et de Gourville; 3° par le comte de Gaucourt; enfin par la duchesse de Châtillon. — Le parlement tente également sans plus de succès des négociations pour la paix. — Le maréchal de l'Hôpital continue à Paris ses fonctions de gouverneur pour le roi. — Lettre inédite du maréchal adressée au roi. — Rapports tendus du prince de Condé avec les magistrats; scène avec le président de Novion. — Le prince de Condé se rend maître de Paris en l'effrayant. — Nouveaux désordres populaires; détails inédits. — Recrutement dans Paris. —

Démonstrations militaires des levées bourgeoises au bois de Boulogne et à Saint-Denis.

Le but manqué du combat de Bléneau paraissait rendre la présence du prince de Condé, à la tête de son armée, d'une utilité secondaire. Une campagne en règle contre un adversaire tel que le maréchal de Turenne devait demander beaucoup de temps, et la situation du prince exigeait qu'il portât des coups prompts et décisifs. Par une singulière bizarrerie du sort, le héros de Fribourg, de Lens et de Rocroy, ne pouvant réussir à frapper ces coups avec son épée, voulut tenter de les porter au moyen de la politique, quelle que fût son inhabileté à manier cette arme, dont la poignée, plus dangereuse peut-être que la pointe, blesse souvent ceux qui la saisissent avec l'illusion de s'en servir à leur avantage. Chavigny, qui était toujours dans la capitale l'agent et le ministre des intérêts du prince, le pressait vivement de s'y rendre. Condé s'y résolut, et envoya Gourville annoncer à Monsieur qu'il y serait dans trois jours; il décida qu'il amènerait avec lui le duc de Beaufort et laisserait l'ordre au duc de Nemours de le rejoindre aussitôt que la guérison de sa blessure le lui permettrait, ne voulant plus compromettre par la dangereuse rivalité des deux beaux-frères son armée, dont il devait laisser le commandement supérieur au comte de Tavannes. Un grand nombre de partisans du prince lui reprochèrent cependant comme une faute l'abandon de son armée, dont la supériorité numérique devait, sous un habile général, assurer des succès certains sur l'armée du maréchal de Turenne; la suite des événements a semblé justifier leur critique.

Le duc d'Orléans apprit la résolution imprévue du prince de Condé avec un sentiment très-marqué de mécontentement. La présence à Paris de son illustre cousin, grandi encore par sa victoire de Bléneau, ainsi que ses partisans étaient convenus de qualifier cette journée, menaçait de le réduire à un rôle effacé. Il eut recours à la ressource ordinaire de ses fréquentes perplexités; il envoya chercher en toute hâte son confident le cardinal de Retz, et s'écria en le voyant : « Vous me l'aviez bien dit; quel embarras! quel malheur! nous voilà pis que jamais. » Ces exclamations désespérées étaient un sensible triomphe pour le coadjuteur, puisqu'elles étaient l'aveu indirect de la part de Monsieur qu'il se repentait amèrement de n'avoir pas suivi la politique du tiers-parti. Comme le cardinal était homme de ressources, il conseilla au prince de paraître satisfait de ce qu'il ne pouvait plus empêcher; mais Monsieur obligea le coadjuteur à lui promettre, malgré la résistance qu'il y fit, ne croyant pas que cette précipitation fût de bonne politique, de manœuvrer de telle sorte que M. le Prince fût mis dans la nécessité de quitter Paris presque aussitôt qu'il y serait entré.

Pour tenir sa promesse, le cardinal de Retz ménagea secrètement Le Febvre, prévôt des marchands, qui lui devait sa charge, et le maréchal de l'Hôpital [1], gouverneur de Paris, tout dévoué à la cour, afin de tenir une assemblée à l'Hôtel de Ville, dans laquelle il fut résolu que le gouverneur irait trouver Monsieur pour lui exprimer combien il serait inconvenant que M. le Prince fût reçu dans Paris tant qu'il ne se serait pas justifié de la déclaration royale vérifiée en parlement contre lui. Monsieur, au comble de la satisfaction, répondit au maréchal venant remplir sa mission, que le prince de Condé ne voulait venir à Paris que pour conférer avec lui sur quelques affaires particulières, et qu'au bout de vingt-quatre heures il en serait sorti.

Après le départ du maréchal, Monsieur remerciant son confident avec effusion, celui-ci lui répondit : « Je ne vous ai jamais, Monsieur, si mal servi ; souvenez-vous, s'il vous plaît, de ce que je vous dis aujourd'hui. » Cette joie devait en effet aboutir à une prompte déception.

---

[1] François de l'Hôpital, maréchal de France, gouverneur de Paris en 1649, mort le 20 avril 1660.

Chavigny, d'autant plus furieux de l'assemblée de l'Hôtel de Ville et de ses conséquences probables qu'il était par ses conseils le principal auteur de la résolution du prince de Condé, ne ménagea pas les plus insolentes bravades, déclarant que M. le Prince saurait tenir le pavé tant qu'il lui plairait, sans en demander la permission à personne. Il fit afficher dans les carrefours des placards violents semant des soupçons de trahison; par l'intermédiaire de Pesche[1], séditieux à gages, il suscita, aux cris de *Vive le roi! Vivent les princes! Mort au Mazarin!* une émeute sur le Pont-Neuf, qui inspira au duc d'Orléans un tel effroi, que ce prince fit une réprimande publique au gouverneur de Paris et au prévôt des marchands, pour avoir fait enregistrer au greffe de la ville une réponse qu'il ne leur avait faite qu'en particulier.

Une relation inédite[2] nous fournit sur ces désordres les détails suivants :

---

[1] Fameux séditieux que le cardinal de Retz, dans ses *Mémoires*, accuse d'avoir voulu le poignarder à cette orageuse séance du parlement où il avait failli être étranglé entre deux portes par le duc de la Rochefoucauld.

[2] *Relation de ce qui s'est passé en France depuis le 5 janvier* 1652 *jusqu'au 26 aoust* 1653; fonds de Sorbonne, n. 1257, à la Bibliothèque impériale.

« De Paris, 2 avril 1652.

« Les placards de Paris ont fait un tel effet, que pendant toute l'après-dînée une grande foule de peuple s'est tenue sur le Pont-Neuf, où elle a arresté tous les carrosses qui ont passé pour recognoistre ceux qui estoient dedans, les ayant néanmoings laissé passer après les avoir obligez de crier : *Vive le roi et les princes, et point de Mazarin !* Mais tout cela ne s'est pas passé sans quelque accident fascheux. Mme de Sully passant sur les deux heures dans un carrosse dont la housse ressembloit fort à celle de Mme de Chevreuse, on l'a prise pour celle-cy, et après lui avoir dit des injures telles que vous pouvez juger, on ne parloit pas moins que de la jeter dans la rivière, quoiqu'elle criast qu'on se mesprenoit et qu'elle estoit la duchesse de Sully[1] ; mais Son Altesse Royale ayant passé dans ce temps-là, l'a mieux fait cognoistre ; l'on luy a faict de grandes excuses. Elle y a passé depuis en si grande seureté, qu'au contraire on lui faisoit très bon accueil. Mme de Châ-

---

[1] Charlotte Séguier, duchesse de Sully, belle-fille du surintendant des finances, et fille du chancelier Séguier ; c'était pour la seconde fois que les émeutes populaires mettaient son courage à de rudes épreuves. Voy. t. I, p. 198, 199.

tillon[1] et Mme de Ponches[2] ayant passé ensuite, en ont été quittes pour se démasquer et crier : *Vive le roi et les princes, et point de Mazarin!* Car on les a obligées à cela ; mais le carrosse de Mme la comtesse de Rieux[3] y ayant passé peu après, dans lequel estoit Mme la maréchale d'Ornano[4] avec d'autres femmes, aussytost qu'on a veu les couleurs de la maison d'Elbeuf, on a crié au Mazarin, et l'on a mis le carrosse en cent pièces. Néanmoins, les femmes qui estoient dedans n'ont point eu de mal, ayant esté reconnues et tirées de la foule par d'honnestes gens qui s'y sont rencontrés. Son Altesse Royale ayant ensuite repassé après ce désordre, ce peuple lui a demandé la permission de piller la maison du maréchal de l'Hospital et d'y mestre le feu, puisque c'estoit un Mazarin ; à quoi elle leur a respondu qu'ils s'en gardassent bien, et qu'il ne falloit piller personne. Ce soir,

---

[1] La duchesse de Châtillon, revenue de Montargis.

[2] Probablement Louise Le Vergeur, mariée à François de Boufflers, vicomte de Ponches.

[3] Anne-Élisabeth de Lannoy, mariée au comte de Rieux, fils du duc d'Elbeuf, dont nous verrons plus loin la querelle avec le prince de Condé.

[4] Marie de Raymond, comtesse de Montlor, veuve du maréchal d'Ornano, gouverneur de Monsieur, duc d'Orléans, impliqué dans la conspiration du comte de Chalais, et mère de Joseph-Charles, comte d'Ornano, maître de la garde-robe de Monsieur. Elle était veuve en premières noces de Philippe d'Agoult, comte de Sault.

quantité de gens ramassés de cette foule sont allés en sortant de là à l'hôtel de Nevers, où M. du Plessis-Guénégaud[1] loge depuis peu, pour le piller ; mais Son Altesse Royale ayant esté advertie, aussytost envoya tous ses gardes du corps, suisses et valets de pied, qui ont empesché ce désordre et fait retirer cette canaille sans coup férir, quoiqu'elle eût déjà rompu deux portes et même fait tomber le portail de cet hôtel. J'oubliois de vous dire que le comte de Brancas[2] ayant aussy passé sur le Pont-Neuf, a esté recogneu par quelqungs qui ont crié que c'estoit celuy qui avoit appelé en duel M. de Beaufort[3] ; et ayant arresté son carrosse, on le prit aux cheveux, luy ont déchiré la manche de sa chemise, mais ils n'ont peu avoir loisir de luy faire mal, parce que le cocher a si bien fouetté les chevaux, qu'il leur a fait prendre le galop. Il s'est sauvé de cette manière d'entre leurs mains. »

Ces manifestations populaires ne suffisaient pas pour aplanir tous les obstacles à la réception

---

[1] Henry du Plessis-Guénégaud, secrétaire d'État, marié à Élisabeth de Choiseul-Praslin.
[2] Charles de Villars, comte de Brancas, chevalier d'honneur de la reine.
[3] Le duc de Nemours et le duc de Beaufort, à la suite des dissentiments que nous connaissons, s'étaient plusieurs fois provoqués en duel avant la fatale rencontre dont on verra le récit.

du prince de Condé à Paris. Le parlement déclarait qu'il en refuserait obstinément l'entrée au prince et à ses troupes, avec d'autant plus de raison qu'il la refusait aux troupes royales, refus motivé pour celles-ci sur le mépris des arrêts rendus contre le cardinal Mazarin. Heureusement pour la réalisation des projets du prince de Condé, qu'il est parfois avec la magistrature des accommodements, surtout lorsque des arguments de procédure sont invoqués à propos; il n'est pas même nécessaire qu'ils soient bien concluants; en voici la preuve : Omer Talon, procureur général, fit remarquer en premier lieu que M. le Prince n'avait pris les armes que pour faire exécuter les arrêts rendus contre le cardinal Mazarin, motif qui pouvait lui donner des droits à l'indulgence de la compagnie; en second lieu, que les lettres-patentes rendues contre lui, bien qu'enregistrées, ne pouvaient avoir plus de force qu'une contumace mise à néant par la présentation que l'accusé fait de sa personne; que, par conséquent, M. le Prince, demandant à se justifier, avait droit d'être ouï dans sa défense. Après une argumentation de cette force, le parlement ne fit plus de difficultés à l'admission dans Paris du prince de Condé, ses troupes demeurant exceptées de cette autorisation.

Les obstacles étant levés, le duc d'Orléans, renfermant en secret son désappointement, se rendit lui-même au-devant du prince de Condé. Celui-ci, connaissant toutes les susceptibilités de Monsieur sur le rang, et désirant le ménager, lui rendit toutes sortes de déférences.

« Son Altesse Royale ayant advis que M. le Prince venoit icy avec M. de Beaufort, luy envoya un carrosse et feust au-devant de luy à cheval jusques au delà de la ville Juif, où l'on remarqua que M. le Prince mit pied à terre de loing avant que d'apercevoir Son Altesse Royale, laquelle descendit aussy de cheval, lorsqu'elle fut à dix pas de luy; et l'ayant fort embrassé et caressé, remonta à cheval et s'en vint en devisant avec luy dans le palais d'Orléans. M. le Prince ayant salué Madame et grand nombre de personnes de condition qui s'y trouvèrent, feut souper chez M. de Chavigny [1]. »

Le consentement donné par le parlement à l'entrée du prince de Condé ne devait pas mettre ce prince à l'abri de sensibles mortifications de la part des diverses cours souveraines. Lorsqu'il se rendit au parlement pour y prendre séance, et qu'il eut protesté que toute sa conduite n'avait nul autre but que le bien de l'État, le président de

---

[1] *Relation de ce qui s'est passé en France depuis le 5 janvier 1652 jusqu'au 26 aoust 1653*; fonds de Sorbonne, n. 1257, à la Bibliothèque impériale.

Bailleul[1] lui répondit : « que le parlement, quelque flatté qu'il fût de le voir siéger en sa place accoutumée, ne pouvait voir sans douleur un prince du sang criminel de lèse-majesté, en alliance déclarée avec les ennemis de l'État, siégeant sur les fleurs de lis, les mains encore tachées du sang des troupes royales. » Ces paroles furent suivies d'un grand tumulte, soulevé par les conseillers partisans du prince ; mais celui-ci ne les avait pas moins entendues.

A la chambre des comptes, la plupart des présidents, excepté Nicolaï, premier président, et Perrault[2], intendant des affaires de la maison de Condé, se retirèrent à l'entrée des princes. Perrochel[2], maître des comptes, osa même soutenir, en leur présence, l'opportunité de rendre un arrêt portant défense de lever aucunes troupes sans la permission du roi.

À l'Hôtel-de-Ville, Le Febvre, prévôt des marchands, présidant une réunion de notables bourgeois, prit ses mesures pour lever la séance avant

---

[1] Louis de Bailleul, marquis de Châteaugontier, président à mortier, marié à Marie le Ragois de Bretonvilliers.

[2] Jean Perrault, possesseur du château d'Augerville, dont une confusion de nom avec Angerville avait occasionné la méprise rapportée ; t. Ier, p. 289. Sa fille, Anne-Marie, épousa Louis de Beaupoil de Sainte-Aulaire, marquis de Lanmary, grand-échanson de France.

[2] Guillaume de Perrochel, marié à Françoise Busson, mort en 1655. Voy. Tallemant des Réaux.

qu'aucune délibération n'eût été prise en la présence des princes. Tout ce que ceux-ci purent obtenir fut qu'une lettre de cachet du roi, interdisant les réunions de l'Hôtel-de-Ville, serait négligée comme une pièce sans valeur, n'étant, fut-il dit, qu'une paperasse mazarine. Après la sortie des princes, la séance fut reprise. L'assemblée vota l'envoi au roi d'une demande pour solliciter son retour à Paris et l'expulsion du cardinal Mazarin ; mais elle décida qu'elle ne ferait aucune union et ne fournirait aucuns deniers pour assister les princes contre le roi, sous prétexte du renvoi du ministre. Cette assemblée de l'Hôtel-de-Ville fut loin, par conséquent, de donner aux princes la satisfaction qu'ils s'en promettaient.

A la cour des aides, le premier président, Jacques Amelot[1], fit entendre au prince de Condé les vérités les plus dures, lui reprochant de recevoir l'argent de l'Espagne et de faire des levées d'hommes dans Paris, malgré les défenses qui lui en avaient été faites. En terminant sa harangue, il adjura le duc d'Orléans d'apporter tous ses soins à rétablir dans la famille royale l'union de laquelle dépendait le salut public. La cour des aides désavoua les paroles hardies de son prési-

---

[1] Jacques Amelot, né en 1602, mort en 1668, de la branche aînée des Amelot, ancienne famille de magistrature originaire d'Orléans.

dent; mais le prince de Condé, qui pensait de voir prendre des ménagements, garda la honte de les avoir subies, politique faible, que lui reproche le cardinal de Retz toujours à l'affût de ses fautes pour en profiter.

Cette politique laissa, dès le commencement, lever la tête à une opposition qui ne pouvait que grandir, et qui conduisit ce prince, lorsqu'il voulut la surmonter, aux extrémités les plus déplorables.

Dans le même temps que les cours souveraines permettaient dans leur sein ces manifestations en faveur de l'autorité royale, elles ne cessaient, comme par le passé, de maintenir leurs déclarations contre le cardinal Mazarin et contre le principe du pouvoir absolu. Le ministre favori vint donner une nouvelle force à cette persévérante attitude par une grave imprudence. Interprétant en sa faveur le froid accueil fait au prince de Condé, il crut le moment favorable pour obtenir la révocation de la déclaration rendue contre lui au moment de la majorité du roi, et fit commander au parlement d'annuler tous les actes et tous les arrêts qui lui étaient contraires. Un inébranlable refus accueillit cette tentative. Cette maladroite précipitation fit dire à Le Coigneux de Bachaumont[1] que la cour avait trouvé le moyen de faire

---

[1] François le Coigneux de Bachaumont, fils de Jacques Le

Boislève frondeur. Boislève était connu et même décrié dans sa compagnie pour être le plus prononcé en faveur du cardinal Mazarin.

En réponse à ces exigences, le parlement, froissé, envoya à la cour le président de Nesmond et quatre conseillers, porteurs de nouvelles remontrances, qui commençaient ainsi :

« Sire,

« La déclaration de Votre Majesté, qui bannis-
« soit pour jamais de son royaume le cardinal
« Mazarin, ayant suivi d'un jour la séance que
« Votre Majesté prit en son lit de justice, pour sa
« majorité, nous ne pouvions douter de cette pro-
« messe faite à vos sujets à la vue de toute la
« France. Nous, dépositaires de la foi publique,
« eussions cru commettre un crime de nous en
« défier, et cependant cet homme ambitieux et
« perfide s'est rapproché de votre personne, et a
« été reçu dans vos conseils.

« Ce changement de vos résolutions, Sire, rem-
« plira d'étonnement toute l'Europe, comme il a

Coigneux, président à mortier, et lui-même conseiller au parlement, exerçait sans cesse sa verve contre le cardinal par des épigrammes. Il passe pour être l'auteur de la comparaison qui fit baptiser les mouvements politiques de cette époque du nom historique qui leur est resté.

« déjà fait toute la France ; nous ne pouvons
« l'imputer qu'aux artifices du cardinal Mazarin,
« parce qu'il est homme sans foi, et veut établir
« la fourberie par des maximes abominables, qui
« vont à la destruction des monarchies, en rom-
« pant tous les liens de la société civile.

« Le cardinal Mazarin a bien osé dire *que la*
« *bonne foi ne doit être en usage que parmi les*
« *marchands... Que l'honnête homme n'est point*
« *esclave de sa parole... Qu'il n'y a point de dan-*
« *ger à mentir, pourvu que le mensonge ne soit*
« *connu qu'après qu'il a réussi.....* Et déjà nous
« avons vu les effets de ses damnables leçons,
« quand il a fait écrire à Votre Majesté que votre
« intention était de maintenir les déclarations ren-
« dues contre lui au moment même où il rentrait
« dans le royaume en vertu d'autres lettres obte-
« nues de Votre Majesté. Nous osons le dire, Sire,
« jamais une plaie si mortelle n'avait été faite à la
« dignité royale..... Et l'auteur de cet attentat
« porte la qualité de surintendant de l'éducation
« de Votre Majesté !

« Éloignez de vous, Sire, cet esprit pernicieux,
« qui mesure la durée de l'empire à celle de son
« crédit ; qui s'efforce de persuader à Votre Ma-
« jesté que les plaintes contre l'insolence de sa
« fortune sont des conspirations contre l'État,
« selon la pratique commune à tous les favoris,

« de faire croire aux rois qu'on offense leur per-
« sonne lors qu'on attaque leurs ministres!

« Sire, il est nécessaire que Votre Majesté re-
« connoisse bien le véritable état de la monarchie
« de France. On ne doit proposer à Votre Majesté
« que les exemples des bons et sages rois, comme
« celui de Henri le Grand, votre aïeul, lequel
« étant pressé de faire vérifier, dans son parle-
« ment, un édit nouveau, et ayant appris, par la
« bouche de M. de Harlay, premier président,
« que ce qu'il désiroit ne pouvoit se faire qu'en
« employant la puissance absolue, répondit par
« ces paroles, dignes d'un prince juste et clément :
« *A Dieu ne plaise que je me serve jamais de cette*
« *puissance absolue qui se détruit en la voulant*
« *établir, et à laquelle je sais que les peuples*
« *donnent un mauvais nom!* »

Ces remontrances continuaient par l'énuméra-
tion des actes coupables et tyranniques imputés
à l'administration du cardinal Mazarin. Les députés du parlement, admis dans le cabinet du
roi, ne purent obtenir de donner lecture de ces
remontrances. Tandis que la reine-mère leur reprochait avec aigreur leur obstination, le jeune
roi leur répétait avec colère, jusqu'à ce qu'ils
eussent obéi : *Messieurs, retirez-vous.* Louis XIV
était nourri dans ces maximes du pouvoir absolu
qui devaient produire, il est vrai, la grandeur de

son règne, mais, après lui, la décadence et la chute de la vieille monarchie. L'enfant qui repoussait le président de Nesmond devait naturellement devenir le vieillard qui disgracierait Fénelon !

L'insuccès de cette mission affligea le parlement et les cours souveraines sans les décourager. Cette ténacité prouve quelle eût été la puissance du tiers parti, imaginé par le cardinal de Retz, si le duc d'Orléans eût voulu se mettre à sa tête. De ce côté était, dans la capitale, le courant de l'opinion; c'était l'idée de la prédominance exclusive, égoïste et jalouse de la bourgeoisie, aspirant à devenir maîtresse du gouvernement de l'État. Une monarchie de 1830, dont on peut faire remonter le germe jusque-là, avait son éclosion toute prête; mais cet œuf, couvé avec soin, pendant quinze années de la Restauration, par le duc d'Orléans de 1830, et de la coquille duquel est sorti, florissant, le coq gaulois, qui a chanté pendant dix-huit autres années les heures d'un système éphémère, ne trouva pas les mêmes soins assidus de la part du duc d'Orléans de 1652. Celui-ci, sans persévérance, passant sans cesse d'un plan à un autre plan, d'une conspiration à une autre conspiration, manqua toujours ses couvées politiques. Il est indubitable que si la combinaison du tiers parti eût été alors soutenue par le duc d'Orléans, elle aurait eu un irrésistible succès; mais sa base étroite et insuffisante n'eût pas tardé, ainsi que l'expérience s'en est faite plus tard, à entraîner de même l'édifice, renversé par un souffle, sous le poids de ses propres ruines. Quelle différence entre une réforme sur la base du tiers parti, et une réforme sur celle des États Généraux qui représentaient le pays tout entier!

Quelque erronée que fût donc la constitution d'un tiers parti comme principe d'un système politique, les idées fausses n'étant jamais celles qui ont le moins de chances de prévaloir, nous trouvons encore la preuve des probabilités du succès de ce parti dans un certain mouvement d'émancipation pour obtenir une liberté plus grande de culte et de conscience, qui s'opérait parmi les protestants du Midi. Ce mouvement cherchait son appui dans l'accord politique du duc d'Orléans, du parlement de Paris et de la bourgeoisie. La lettre suivante, du duc de Lesdiguières, gouverneur du Dauphiné, au ministre Le Tellier, contient sur cette tendance, qu'il parvint à déjouer, une intéressante révélation [1].

---

[1] Nous avons tiré cette lettre inédite des *Archives du Ministère de la guerre*, vol. CXXXIII.

« Monsieur,

« J'ay fraichement receu quelques lettres du Vivarez, par lesquelles on me donne advis qu'un gentilhomme, nommé M. d'Antrevaux, qui avoit esté député par ceux de la religion prétendue réformée, pour demander le restablissement de leur exercice en divers endroits de ce pays-là, s'estant adressé à Monsieur le duc d'Orléans et à Messieurs du parlement de Paris, desquels il a obtenu tout ce qu'il désiroit, il n'a pas été advoüé à son retour par ceux soubz le nom desquels il avoit agy, qui déclarèrent de ne vouloir accepter aucune grâce que de la main du Roy; et la députation avoit esté faite du consentement des villes de Montpellier et de Nismes. Ils y ont envoyé pour prendre leurs sentiments. Après quoy, comme j'ay plusieurs amys de cette religion, quelques-uns croyent qu'ils pourront rechercher mon entremise pour obtenir de Sa Majesté la grâce qu'ils desirent; de quoy j'ay jugé à propos de vous donner advis par advant, ne croyant pas, si j'en suis prié, de devoir refuser une chose dont le succès ne peut estre qu'utile au service du Roy. Je continueray de vous escrire particulièrement ce que j'apprendray, tant sur cela que sur toutes les autres affaires qui regarderont l'intérêt de

Sa Majesté; et tousjours je vous susplieray de me croire,

« Monsieur,

« Vostre très-affectionné serviteur,

« Lesdiguières. »

« A Grenoble, ce 7 avril 1652. »

Si le duc de Lesdiguières, administrateur habile, avait réussi à faire désavouer le mandataire par ses mandants, ce n'était, en définitive, qu'au prix de la concession qu'il demandait à l'autorité royale de tout ce qui faisait l'objet des vœux des protestants, et cette attraction d'un grand nombre pour la formation d'un tiers parti n'en est pas moins constatée d'une manière irrécusable. Cette démarche, au nom des protestants, est d'autant plus remarquable, que jusqu'alors ils s'étaient montrés plus favorables au parti du cardinal Mazarin qu'au parti de la Fronde, le premier représentant, au point de vue politique, l'opposition avec la cour de Rome.

Il était donc facile de former un tiers parti puissant avec les parlements et la bourgeoisie, fortifié par l'accession des protestants, tous sous le giron du cardinal de Retz, le favori de la cour de Rome ! Étrange confusion des ambitions et des révolutions, et de cette déplorable politique des intérêts de vieille tradition, hélas! cette politique, prônée de nos jours encore par certains esprits guidés cependant par les plus honorables intentions, nous a conduits au chaos des principes et des choses, inextricable labyrinthe pour sortir duquel la société a perdu le fil d'Ariane.

Le cardinal de Retz échoua dans sa tentative par la timidité du duc d'Orléans; et il ne parvint, en définitive, sans rien constituer, qu'à miner de plus en plus le terrain sous les pieds du prince de Condé dont la politique, sans principes également et toute personnelle, se montrant davantage à découvert, créait l'isolement autour de lui. Plus d'une fois, sans doute, ce prince dut regretter la résolution inconsidérée qui lui avait fait quitter son armée, alors qu'en restant à sa tête, il eût pu pousser vivement les conséquences du combat de Bléneau. Il avait été maladroitement engagé dans cette voie par ses conseillers, et il n'avait encore que les mêmes hommes autour de lui pour l'assister dans les circonstances difficiles où ils l'avaient placé; pauvre ressource pour suppléer à sa propre insuffisance.

Son conseil se composait de Léon le Bouthilier, comte de Chavigny, qui, ambitieux et léger, ne voulait au fond que rentrer dans le ministère par une route quelconque; créature, comme son père, du cardinal de Richelieu, il était naturellement nourri dans les maximes du pouvoir absolu qui plaisaient tant au prince de Condé, pourvu que l'application n'en fût pas tournée contre lui; de Goulas, secrétaire du duc d'Orléans, qui ne voyait que par les yeux de Chavigny; du duc de la Rochefoucauld, brave au combat et penseur dans le cabinet, mais qui n'était pas de l'étoffe dont on fait les ministres; enfin du duc de Rohan-Chabot, qui venait de perdre Angers et avait donné dans cette occasion des preuves assez équivoques de dévouement à son bienfaiteur; il paraissait même s'attacher chaque jour davantage à la personne du duc d'Orléans. Il avait su néanmoins conserver sa faveur auprès du prince de Condé; il lui plaisait par une élégance de manières à laquelle ce prince n'était pas insensible; cet avantage devait être le principal qu'il possédât. S'il faut s'en rapporter au cardinal de Retz, le seul talent qu'il ne lui refusât pas était celui de bien danser[1]. Comme la connaissance approfondie des personnages historiques est toujours intéressante, et que le duc de Rohan a joué un rôle dans les événements de cette époque, nous lui laisserons le soin de se faire juger lui-même par la lettre

---

[1] « M. de Rohan, qui n'estoit à parler proprement bon qu'à danser, ne se croyoit lui-mesme bon que pour la cour. » *Mémoires du cardinal de Retz.*

suivante dans laquelle il menace de représailles, peu sanglantes du moins, tous les carrosses ennemis, en paraissant porter un peu loin le chagrin de la perte du sien, qui l'afflige davantage que le retrait de son autorité dans son gouvernement d'Anjou.

A M. le Tellier[1].

« De Paris, le 19 mars 1652.

« Monsieur,

« J'ay apris en arrivant icy qu'on m'a confisqué à Saumur un carrosse avec celuy de M. de Clérembault[2] que nous faisions venir à Angers, après l'avoir demandé à M. de Cominges[3] par un des miens qui m'assura que je le pouvois en suretté, et, en cela, Monsieur, je vous demande que vous me fassiez l'honneur de me faire savoir par quel ordre et à qui on l'a donné. Il me coustoit deux mil francs, et, sy je ne le puis ravoir, je vas arester

---

[1] Nous avons tiré cette lettre inédite des *Archives du Ministère de la guerre*, vol. CXXXIII, p. 157.

[2] Probablement Jacques de Clérembault, frère de Philippe de Clérembault, comte de Palluau; celui-ci servait le parti du roi, et devint maréchal de France.

[3] Gaston-Jean-Baptiste, comte de Cominges, capitaine des gardes-du-corps de la reine Anne d'Autriche, gouverneur de Saumur.

tous ceux que je trouveroy icy dans les maisons de ceux qui sont à la cour, et sy l'on autorise des choses que la bienséance ne permet pas entre les plus cruels ennemis, chacun en fera de son costé. Je vous demande pardon sy je vous importune d'un sy petit intérest, je confesse qu'il me pique plus que la commission qu'on a donnée à M. de La Meilleraye de commander dans mon gouvernement où j'aprends qu'on viole tous les articles portés par mon traité. C'est un desmeslé entre M. d'Hocquincourt et moy qui m'a donné des paroles qu'il ne violera pas ; il est plain d'honneur et de générosité et ne voudroit pas ruiner la réputation qu'il en a aquise en meanquant à un homme qui c'est confié en luy et qui est son amy, et j'ay paine à croire que monsieur le cardinal velie se moquer du mareschal de France qui a traité et signé au nom du Roy. Sy j'estois assez heureux, Monsieur, pour vous pouvoir tesmoigner l'estime que je fais de vostre amitié, il n'y a rien que je n'entreprise pour cela et je vous assure qu'il ne se peut rien ajouter aux sentimens avec lesquels je suis,

« Monsieur,

« Votre très humble et obéissant serviteur,

« ROHAN. »

« De Paris, ce 19 mars 1652. »

« Je vous suplie de me faire l'honneur de dire à M. de Senecterre[1] que je ne puis me défandre d'estre toujours son très humble serviteur et à M. de Champlâtreux[2] que je l'honore toujours passionément. »

Tandis que le prince de Condé et son conseil, trop au-dessous de la gravité des circonstances, faisaient de vains efforts pour concilier à leur politique les compagnies souveraines, les négociations avec la cour étaient loin d'être négligées par eux. Jamais peut-être elles ne furent plus entre-croisées, plus actives, plus inconséquentes; elles marchèrent de front avec les événements de la guerre jusqu'au jour qui précéda le combat du faubourg Saint-Antoine. Ces négociations étaient dignes d'un tel conseil, portant la double empreinte de l'insuffisance des conseillers et de l'égoïsme de leurs vues. Chavigny et Rohan surtout poussaient le prince dans cette voie, au bout de laquelle le premier entrevoyait le ministère, but que se proposait son ambition, et le second l'éclat de la cour, dont il trouvait que le reflet

[1] Henri de Senneterre ou Saint-Nectaire, duc de la Ferté, maréchal de France de la promotion de l'année 1651, avec les maréchaux d'Aumont, d'Estampes et d'Hocquincourt.

[2] Jean Molé de Champlâtreux, conseiller d'État, fils du premier président Molé et de Renée de Nicolaï, qui avait sauvé la vie au coadjuteur. Voy. t. I, p. 280.

manquait à ses talents. Tous les deux, accompagnés de Goulas, secrétaire du duc d'Orléans, agissant au nom de son maître, qui n'entendait nullement être mis en dehors des négociations[1], bien que, à part l'expulsion du cardinal Mazarin, il ne sût pas précisément, ni ce qu'il voulait, ni ce qu'il espérait[2], se rendirent, le 25 avril, à Saint-Germain, où était la cour. Leurs instructions portaient de s'aboucher avec la reine; mais de n'avoir aucun rapport avec le cardinal Mazarin, puisque le but principal de leur mission était de demander son exil. Ils furent reçus par la reine et par le jeune roi; mais le cardinal Mazarin assistait à l'entrevue. Ils demandèrent que le cardinal se retirât, parce qu'ils ne pouvaient parler librement en sa présence; mais le jeune roi, auquel la leçon avait été faite à l'avance, s'y opposa formellement. Le cardinal présent imprima par son adresse à la conférence une tournure bien différente de celle qu'elle devait avoir, d'après les instructions données par les mandants à leurs mandataires:

[1]
> Gaston, de nos maux étant las,
> Députa Rohan et Goulas,
> Vendredi dernier, ce semble...
>   (*Muse historique*, lettre du 28 avril.)

[2] Le cardinal de Retz interrogeant le duc d'Orléans sur son but et son espoir dans le succès de cette négociation, Gaston lui répondit en sifflant : « Je ne le crois pas; mais quoi? tout le monde négocie; je ne veux pas demeurer seul. » (*Mémoires du cardinal de Retz.*)

l'exil du cardinal fut écarté; et les négociateurs s'engagèrent à obtenir l'adhésion des princes et à les désarmer par la promesse de la création d'un conseil de gouvernement semblable à celui qui avait été établi à la mort de Louis XIII. Bien entendu, Chavigny s'était réservé une place dans ce conseil, et l'honneur d'accompagner le cardinal Mazarin à la frontière pour traiter de la paix avec l'Espagne. Les maladroits négociateurs étaient dupes de l'habileté du cardinal, qui, dans cette combinaison, gardait toujours le suprême pouvoir. En outre, si cette combinaison n'aboutissait pas, en affectant de traiter publiquement avec les envoyés des princes, le cardinal n'ignorait pas qu'il rendait les princes suspects à leurs propres partisans, mis en crainte d'être trahis par eux.

Quand les négociateurs furent de retour à Paris avec leurs propositions, le prince de Condé trouva qu'ils étaient revenus les mains vides de tous les avantages qu'il s'attendait à leur voir rapporter en retour de la paix qu'il proposait, et ne voulut pas entendre parler de semblables arrangements. Sans disgracier complétement Chavigny, sur le compte duquel il était trop aveuglé pour ouvrir complétement les yeux, il ne plaça plus en lui désormais la même confiance. Il s'obstina à croire que l'échec de la négociation provenait uniquement de l'impéritie des négociateurs, tandis qu'elle n'en était pas l'unique cause. La vérité oblige de faire une grande part à la résolution inébranlable de la reine de ne jamais retirer sa confiance, ni le pouvoir, à son ministre, et à l'ambition intéressée de celui-ci, qui préférait la continuation des troubles à un accord avec le prince de Condé. Cet accord eût rendu ce prince maître de la situation, tandis que le cardinal prétendait au contraire par sa politique qu'il maniait lui-même, et par ses armes confiées aux mains du maréchal de Turenne, réduire Condé à sa merci.

Le prince de Condé crut donc que, pour réussir, il n'avait qu'à changer de négociateurs. Il fut du reste vivement poussé à une tentative nouvelle par la duchesse de Châtillon. Le duc de Nemours, la Rochefoucauld, Gourville, travaillèrent avec le prince aux nouvelles propositions; Gourville en fut le porteur. Les principaux articles étaient : 1° l'éloignement du cardinal Mazarin : cet article n'avait d'autre but que de couvrir les apparences; le prince de Condé était disposé à renoncer à l'éloignement du cardinal; il pensait qu'en consentant en principe à partager le pouvoir avec lui, il ne lui serait pas difficile ensuite de le dominer par son ascendant; 2° un pouvoir, conjointement avec le duc d'Orléans, pour traiter de la paix avec l'Espagne ; 3° la formation d'un ministère composé de personnes agréables aux princes ; 4° l'amnistie pour la Guyenne ; 5° le rétablissement des adhérents des princes dans leurs biens, charges et gouvernements. Cet article était suivi de plusieurs autres permettant au prince de Conti d'échanger avec le duc d'Angoulême son gouvernement de Champagne contre celui de Provence, promettant au duc de Nemours le gouvernement d'Auvergne ; au duc de la Rochefoucauld celui d'Angoumois et de Saintonge, ou cent vingt mille écus avec brevet d'altesse, pareil à celui de MM. de Bouillon et de Rohan-Guéménée ; un semblable brevet pour le prince de Tarente, avec des dédommagements pour la ruine de Taillebourg ; le rétablissement du duc de Rohan dans son gouvernement d'Anjou, avec adjonction de celui des Ponts-de-Cé ; le rétablissement du duc de la Force dans son gouvernement de Bergerac ; deux bâtons de maréchaux de France pour les comtes de Marsin et du Dognon ; le collier de l'ordre pour le marquis de Sillery, avec cinquante mille écus pour l'achat d'un gouvernement ; à Viole, l'agrément pour acheter une charge de secrétaire d'État ou de président à mortier, avec la somme nécessaire pour cette acquisition. Lorsque toutes ces conditions auraient reçu leur accomplissement, le prince de Condé promettait de déposer les armes, et, trois mois après, un article secret permettait au cardinal Mazarin de rentrer en France et de reprendre son poste au ministère.

La convocation des États Généraux, l'établissement de la monarchie sur des bases fixes et stables, avec des garanties contre les abus du pouvoir absolu, étaient des intérêts trop secondaires aux yeux du prince de Condé, ou qui lui étaient même trop antipathiques, pour qu'il les eût fait entrer dans les conditions du traité projeté; ils furent passés sous un complet silence. Jamais traité peut-être n'a porté un tel cachet de duplicité, d'imprévoyance, de vues étroites et égoïstes, d'appétits ambitieux. Il ne pouvait sous aucun aspect être à la convenance du cardinal Mazarin; mais, pour décrier davantage le prince de Condé, en rendant publiques ses tentatives de négociations, le cardinal fit bon accueil à Gourville et affecta de se montrer avec lui. Quant à la négociation elle-même, il lui fut suffisant, pour la faire échouer, de susciter quelques ambitions rivales au sujet des grâces demandées, et de soulever quelques difficultés de détail pour leur exécution, particulièrement en ce qui concernait le duché d'Albret, promis au duc de Bouillon en échange de la principauté de Sedan, duché qui se trouvait possédé par le prince de Condé. Pour seconder ses vues, Mazarin rencontra encore d'autres auxiliaires de bonne volonté : le cardinal de Retz, qui trouvait dangereux pour ses intérêts que la paix fût conclue par toute autre entremise que par la sienne, et qui n'eut pas de peine à convaincre le duc d'Orléans que ce projet de traité le sacrifiait; Chavigny, qui eût été jaloux de voir réussir Gourville dans une négociation où lui-même avait échoué. Avec ce concours des circonstances les plus diverses, cette tentative de paix s'évanouit comme la précédente.

Le prince de Condé, sans se décourager par ce double insuccès, revient à la charge par un nouvel intermédiaire, le comte de Gaucourt, négociateur habile, qui avait conclu avec tant d'adresse son traité d'union avec le duc d'Orléans. Il l'envoie auprès de la cour. Même accueil de la part du cardinal, même manége pour rendre publiques les tentatives de négociations, aidé en cela par le rang même du messager qui donne à sa mission plus d'éclat que n'avait eu celle remplie par Gourville; et comme les intérêts et les situations ne sont nullement changés, finalement, même échec.

On aurait pu croire le prince de Condé à bout de négociateurs après en avoir vainement tant usés à ses négociations, lorsqu'il en avise un nouveau, qui accepte avec empressement, et passe instantanément du rang de conseiller à celui d'ambassadeur : c'est la duchesse de Châtillon, qui était revenue à Paris aussitôt que le prompt rétablissement du duc de Nemours lui eut permis d'y revenir lui-même[1]. En Berry, l'année précédente, la duchesse de Longueville a accepté, provoqué même les hommages du duc de Nemours; par un sentiment d'amour froissé, la belle veuve a juré, au prix même d'une part de son attachement pour le duc de Nemours, d'enlever le prince de Condé au parti de sa sœur. Le duc de la Rochefoucauld, qui, lui aussi, veut se venger de la duchesse de Longueville, devient l'instigateur, près de madame de Châtillon, de ce plan peu digne, il faut le dire, qui la place dans la nécessité de ménager à la fois et Condé et Nemours. Le duc de

---

[1] La duchesse de Châtillon,
Dont sans amoureux aiguillon
Le plus sévère et le plus sage
Ne saurait lorgner le visage,
Est revenue en cette ville,
Accompagnée en bel arroi
Des gens des princes et du roi;
Mais outre ces braves gens d'armes,
Dix mille amours, dix mille charmes,
Dix mille attraits, dix mille appas,
La suivoient aussi pas à pas;
Et ce fut avec cette escorte,
Moitié charmante et moitié forte,
Ainsi que plusieurs m'ont appris,
Que la belle entra dans Paris.
(*Muse historique*, lettre du 28 avril 1652.)

Nemours se prête lui-même à cette partie, dont alors il connaissait mal l'enjeu, ainsi que sa jalousie le témoigna plus tard. Le duc de la Rochefoucauld, comme récompense anticipée, engage enfin le prince de Condé à donner à sa négociatrice, dont la fortune était plus que médiocre, la propriété entière de la terre de Merlou, en qualité de sa parente par la maison de Montmorency[1].

La duchesse de Châtillon se rend à la cour, apportant dans son désir de conclure la paix l'ardeur d'une cause personnelle. La reine reçoit la duchesse avec la bienveillance la plus encourageante, le cardinal témoigne toute sa reconnaissance pour le zèle qui dicte ses démarches, et toute sa bonne volonté pour les faire aboutir, mais avec l'intention secrète, toujours invariable, de les faire avorter. Le rusé ministre traîne les pourparlers en longueur pour amuser le prince de

---

[1] Isabelle-Angélique de Montmorency, fille de François de Montmorency, comte de Bouteville, que sa passion pour le duel avait conduit à l'échafaud, en 1627, et sœur de l'illustre maréchal de Luxembourg, avait épousé, en 1645, le dernier des Coligny, duc de Châtillon, tué, en 1649, au combat de Charenton. La duchesse était demeurée veuve à vingt-trois ans. La princesse douairière de Condé, sœur du duc de Montmorency décapité à Toulouse en 1632, n'avait donné, par son testament, à madame de Châtillon, que la jouissance viagère du château et de la terre de Merlou; le don du prince de Condé lui en assura l'entière propriété.

Condé, et gagne ainsi un temps précieux pendant lequel le maréchal de Turenne, manœuvrant habilement, comme nous le verrons en son lieu, parvient à couper à l'armée du prince le chemin de Paris.

Comme, dans ce feu croisé de négociations, chacun craignait que la paix ne se fît sans lui, le parlement de Paris et les autres cours souveraines se mirent aussi à négocier. Elles députèrent auprès de la reine, à Saint-Germain, mettant toujours à leurs propositions de paix la condition de l'éloignement du cardinal Mazarin. C'est dire assez que leurs propositions, moins écoutées encore que celles du prince de Condé, n'eurent pas plus de succès.

Bien que la ville de Paris fût entre les mains des ennemis de la cour, celle-ci n'y conservait pas moins de certains dehors d'autorité qui mettaient la capitale dans la situation difficile d'avoir à répondre à deux gouvernements à la fois. Le maréchal de l'Hôpital continuait d'exercer les fonctions de gouverneur, et son attachement à la cause royale n'était pas douteux. Il était l'intermédiaire des ordres, assez rarement écoutés, que la cour continuait à transmettre au corps de ville et aux cours souveraines; il donnait aussi à la cour les conseils qu'elle réclamait, en la tenant exactement au courant de toutes choses, ainsi que le démontre la lettre suivante du maréchal au jeune roi[1] :

« Paris, 26 avril 1652.

« Sire,

« J'ai receu la lettre dont il a pleu à Votre Majesté de m'honorer, laquelle je ne manquerai pas de communiquer à MM. le prévôt des marchands et échevins et conseillers de la ville. Quant à ce qu'elle me commande de donner mon advis sur ce qui regarde le nombre des gens de guerre qu'Elle doibt retenir auprès de sa personne, je croy, Sire, qu'Elle ne peut pas moins avoir que son régiment des gardes française et suisse, ses gens d'armes et chevaux légers et ceux de la Reyne : les princes ayant sept ou huict cents chevaux et autant d'infanterie dans Paris ou bien proche, l'infanterie très-mauvaise, et la plus grande partie de la cavalerie de filous. Il est vray qu'il y a nombre d'officiers de leur armée. Je ne manqueray pas de tenir Votre Majesté advertie de tout ce qui se passera, et de vivre et mourir

---

[1] Nous avons tiré cette lettre inédite des *Archives du Ministère de la guerre*, vol. CXXXIII.

« Votre très-humble, très-obéissant et très-fidelle suject et serviteur,

« Lospital[1]. »

L'échec de ses négociations avec la cour obligeait le prince de Condé ou à une soumission absolue sans conditions, telle que l'entendait le cardinal Mazarin, ou à se jeter plus que jamais dans les voies de la résistance et de la guerre. Il adopta ce dernier parti, qu'il trouvait plus conforme à sa sûreté et aux vues de son ambition. Pour s'efforcer de gagner les sympathies des cours souveraines, il continua quelques jours encore à pratiquer vis-à-vis d'elles une modération si grande, qu'elle était pour son caractère une constante humiliation; mais les tentatives faites par ces corps judiciaires pour conclure la paix sans sa participation, lui paraissant un danger qu'il fallait à tout prix conjurer, il résolut de les abattre à ses pieds, et de se rendre maître de Paris en l'effrayant.

La scène qui se passa au parlement, le 26 avril, suffit pour donner une idée des rapports très-

---

[1] Le maréchal de l'Hospital ou de l'Hôpital ne signait pas, on le voit, conformément à l'orthographe consacrée pour son nom. Ce fait ne présente rien de surprenant, à une époque où l'orthographe des noms propres, et même celle de la plupart des mots, se bornait généralement, comme règle, à la reproduction de leur consonnance euphonique.

tendus qui existaient entre le prince et un grand nombre de conseillers. Le prince reprocha au président de Novion, après avoir été grand frondeur, de s'être retourné par des motifs intéressés. Le président protesta; le prince, insistant, ajouta que ce n'était pas être homme d'honneur que d'abandonner ses amis pour un intérêt payé. Le président répliqua : « Monsieur, vous me traitez trop mal, et j'élèverai ma voix pour me plaindre à la compagnie. » M. le prince repartit : « Et moi, quand je lèverais la main sur vous, il y a assez de différence entre vous et moi pour qu'il n'en fût autre chose [1]. »

Un vieux moyen toujours nouveau, puissant levier pour émouvoir le peuple, fut employé par le prince de Condé pour en venir à ses fins; des inquiétudes sur les subsistances furent répandues, et la population répondit naturellement à ces bruits par une dangereuse effervescence. Quelques milliers de vauriens et de bandits, organisés pour le désordre, sortant, pour ainsi dire, sous chaque pavé, encombrent les principales rues et les places publiques; des conseillers au parlement, de notables habitants sont journellement

---

[1]. Nous empruntons cette scène au manuscrit inédit : *Relation de ce qui s'est passé en France depuis le 5 janvier* 1652 *jusqu'au 26 avril* 1653.

insultés et menacés; les carrosses surtout ne peuvent plus circuler sans danger.

A la barrière des Incurables, au faubourg Saint-Germain, le carrosse de M. de Béringhem, premier écuyer de la petite écurie du roi, est assailli; ce carrosse appartenait au roi, avec des pages et des valets de pied portant ses livrées; il ne peut cependant se racheter du pillage qu'en payant une rançon de dix ou douze pistoles. La duchesse de Bouillon[1], voulant sortir de Paris avec ses enfants, est arrêtée dans son carrosse, et forcée de demeurer. Le carrosse de la comtesse de Miossens[2] n'échappe que par la vitesse de son attelage; mais celui de son frère, du Plessis-Guénégaud, est arrêté, et lui-même est forcé de se réfugier dans le logis du comte de Flamarins, où la populace le tient assiégé pendant plusieurs heures. Le carrosse de Molé-Sainte-Croix, évêque de Bayeux, fils du premier président, est arrêté et pillé dans le faubourg Saint-Germain; un exempt et quatre gardes du duc d'Orléans se rencontrent à propos pour arracher le prélat aux mains des assaillants; ils se jettent avec lui dans

---

[1] Éléonor-Fébronie de Bergh, duchesse de Bouillon. Voyez t. I, p. 73.

[2] Femme d'Amanieu d'Albret, comte de Miossens, celui qui avait conduit les princes dans le donjon de Vincennes, et qui fut tué en duel en 1672.

une maison voisine. L'émeute grondante en entreprend le siége ; la maison est sur le point d'être forcée, lorsque des compagnies bourgeoises, accourues, dégagent le prélat, et, pour le mettre en sûreté, le conduisent chez le duc d'Orléans, au palais du Luxembourg. L'émeute, qui a suivi, sans égard pour le prestige ordinaire de popularité de Monsieur, veut enfoncer les portes du palais, et dirige contre elles des coups de pierre et de fusil. Goulas, secrétaire de Gaston, cache l'évêque éperdu dans son appartement. Le duc d'Orléans, non moins éperdu du vacarme et du péril, était dans une indicible fureur contre l'exempt et les gardes qui, en dégageant l'évêque, lui avaient procuré cet hôte dangereux, et jurait de les casser ; la duchesse, pour tout sauver, l'évêque excepté, opinait à le rendre à la populace pour la contenter, lorsque celle-ci finit par se dissiper d'elle-même. A la porte Saint-Victor, madame de Beauvais [1], première femme de chambre de la reine, fut arrêtée avec mademoiselle de Saint-Mégrin [2] et quelques autres personnes, malgré un passe-port du duc d'Orléans et l'escorte de

---

[1] Catherine-Henriette Bellier, femme de Pierre de Beauvais; elle était borgne, mais fort recherchée, dit-on, à cause de l'influence que sa position lui donnait sur la reine. Elle passe pour avoir eu les premières faveurs de Louis XIV.

[2] Sœur du marquis de Saint-Mégrin, tué au combat du faubourg Saint-Antoine.

quelques-uns de ses gardes; il y eut deux ou trois hommes tués avant qu'elle pût continuer son chemin [1].

Dans les salles même du palais, le procureur du roi de la ville et deux échevins furent sur le point d'être massacrés, et ne durent leur salut qu'à l'intervention du duc de Beaufort. Le prévôt des marchands, en sortant de chez Monsieur, fut assailli, dans la rue de Tournon, avec les personnes qui l'accompagnaient; des secours demandés au palais du Luxembourg et à l'hôtel de Condé, qui étaient également proches, ne leur furent point envoyés. Ils échappèrent comme par miracle, en se jetant dans le cabaret du *Riche Laboureur,* qui, donnant sur les fossés de la ville, avait une issue dans la campagne. Du reste, le duc d'Orléans était de facile composition avec le désordre pourvu qu'il ne vînt pas gronder trop près de ses oreilles. A la nouvelle que M. de Cumont [2], commissaire du parlement, était venu lui apporter, afin de solliciter une répression vigoureuse, qu'une émeute avait saccagé et pillé le

---

[1] Nous avons tiré la plupart des détails qui précèdent du *Journal des Guerres civiles,* par Dubuisson-Aubenay, tome VI, p. 149, manuscrit conservé à la bibliothèque Mazarine.

[2] Abimélech de Cumont, conseiller au parlement. Tallemant des Réaux prétend qu'il était si avare, « qu'il est mort dans son pourpoint faute d'une chemisette. »

bureau des entrées de la porte Saint-Antoine, il s'était borné à répondre : « J'en suis fâché ; mais il n'est pas mauvais que le peuple s'éveille de temps en temps ; il n'y a personne de tué, le reste n'est pas grand'chose. » Quélin [1], conseiller au parlement et capitaine de son quartier, ayant conduit sa compagnie au palais pour y monter la garde, fut abandonné par elle, tous ceux qui la composaient criant qu'ils n'étaient point faits pour garder des Mazarins.

Le système inauguré par le prince de Condé n'avait pas tardé, on le voit, à porter largement ses fruits. Le parlement, effrayé, interpella vainement les princes sur ces désordres ; ceux-ci ne manquèrent pas, il est vrai, de les désavouer, mais il ne demeura douteux pour personne qu'ils en étaient les instigateurs. A partir de ce moment, les princes furent maîtres absolus dans Paris.

---

[1] Nicolas Quélin, fils de la belle madame Quélin, l'une des nombreuses maîtresses de Henri IV. Il se disait fils de ce monarque : « Il est vray qu'il fait assez de tyrannies aux marchands de bois de l'isle Notre-Dame pour n'estre pas fils d'un particulier ; mais il n'a que cela de royal. » (Tallemant des Réaux.)

Guy Patin n'avait pas sur lui meilleure opinion : « Il a pour ses malversations toujours été suspect à MM. les présidents, qui ne lui ont jamais guère distribué de procès qu'il n'y ait esté fort éclairé, de peur qu'il n'y fist quelque fourberie. » (Lettre du 3 janvier 1659.)

Le recrutement, continué par les agents du prince de Condé, nonobstant toutes les défenses de l'Hôtel-de-Ville et du parlement, avait fourni quelques milliers de détestables soldats. Ceux-ci étaient instruits chaque jour au maniement des armes; ils eurent bientôt l'occasion de montrer leur savoir-faire.

Pour garantir la capitale des incursions des troupes royales cantonnées à Saint-Germain, une arche du pont de Saint-Cloud avait été rompue, et le passage était gardé par cent hommes du régiment de Condé. Sur la nouvelle que le comte de Miossens et le marquis de Saint-Mégrin, lieutenants-généraux, s'avancent de Saint-Germain à Saint-Cloud avec du canon, le duc de Beaufort parcourt tous les quartiers de Paris pour appeler aux armes ses soldats improvisés, qui se réunissent au nombre de huit ou dix mille, et le prince de Condé à leur tête, entouré seulement d'un escadron de noblesse, se rend, le 11 mai, au bois de Boulogne. Les troupes royales se retirent du bord opposé de la Seine après quelques coups de canon, sans avoir tenté de forcer le passage. Cette retraite sans combat paraissant mettre en veine l'ardeur des Parisiens, le prince de Condé juge à propos d'en profiter pour les conduire immédiatement à la prise de Saint-Denis, qui n'était protégé que par une garnison de deux cents Suisses. Ceux-ci, sommés de se rendre, refusèrent et firent une décharge qui n'atteignit personne. Il n'en fallut pourtant pas davantage pour mettre toute l'armée parisienne dans une déroute complète; le prince de Condé déclara que, de sa vie, il n'en avait vu de semblable. Comme le prince avait fait venir les régiments de Condé et de Bourgogne, il les fit avancer, et, sans coup férir, ils entrèrent par de vieilles brèches dans la ville, que les Suisses avaient abandonnée pour se retirer dans l'abbaye. Les bourgeois de Paris, à la vue des deux régiments pénétrant dans Saint-Denis, se hasardèrent, timidement d'abord, à revenir sur leurs pas, puis, apercevant les fossés à peine remplis d'eau et dégarnis de défenseurs sur leur escarpe, ils les franchirent tous à la fois avec une victorieuse ardeur. Il est certain même qu'ils se persuadèrent avoir emporté Saint-Denis de vive force, et qu'ils en conçurent un attachement plus vif pour le prince de Condé, dont ils s'imaginèrent avoir partagé le danger et la gloire. Les Suisses, retranchés dans l'abbaye, se rendirent au bout de deux heures, et le prince de Condé, avec l'armée parisienne, rentra dans Paris, après avoir laissé à Saint-Denis, sous le commandement de Deslandes, une garnison de deux cents hommes tirés du régiment de Condé. Ce succès eut un résultat si éphémère que, dès le lendemain, le marquis de Saint-Mégrin reprit Saint-Denis, et Deslandes, retranché dans l'église, fut obligé de se rendre après trois jours de résistance.

CHAPITRE XIV.

Marche de l'armée des princes pour se rapprocher de Paris. — Marche de l'armée royale pour couper le chemin de la capitale à l'armée des princes. — L'armée des princes se rabat sur Étampes, où sont réunis de grands approvisionnements. — Six lettres inédites du maréchal de Turenne relatives à la marche de l'armée royale. — Funeste résultat pour l'armée des princes du passage de mademoiselle de Montpensier à Étampes. — Lettre inédite du maréchal de Turenne après le succès que lui a procuré le désordre causé par le passage de la princesse. — Trois lettres inédites du maréchal de Turenne sur un échange de prisonniers, sur des fournitures, sur la situation de l'armée des princes. — Préparatifs de l'armée royale pour le siége d'Étampes. — Quatre lettres inédites du maréchal de Turenne sur ce sujet.

Après le choc de Bléneau, les deux armées opposées s'étaient momentanément éloignées l'une de l'autre, l'armée royale s'étant retirée sur Briare, celle des princes sur Châtillon. Pour celle-ci, Paris était l'objectif. Le prince de Condé, qui s'y était rendu en toute hâte dans l'espoir de frapper par la politique seule un coup décisif à ce point central, avait besoin de l'avoir à sa portée, soit pour consolider un succès obtenu sans elle, soit pour l'obtenir par elle, si son apparition seule n'avait pas suffi. De Châtillon, l'armée des princes se dirigea sur Montargis, divisée en trois corps, sous les ordres de Tavannes, de Clinchamp et de Valon. Cette marche révélant au maréchal de Turenne l'intention de cette armée de se rapprocher de Paris, il se mit à manœuvrer de manière à lui en couper le chemin. Cette manœuvre n'était pas précisément facile, l'armée des princes se trouvant placée entre l'armée royale et Paris ; il fallait intervertir leurs positions respectives. Pour y réussir, le maréchal contourna au midi l'armée ennemie jusqu'à la rivière de l'Yonne ; de ce point, remontant vers le nord, il traversa la forêt de Fontainebleau et prit position à la Ferté-Alais, puis à Chastres, à moitié chemin entre Étampes et Paris. Il prit position à Chastres et non à Chartres, ainsi que l'ont écrit les historiens et les éditeurs de Mémoires, depuis 1720, époque à laquelle la seigneurie de Chastres fut érigée en marquisat d'Arpajon en faveur d'un membre de la maison d'Arpajon. La trace du vieux nom s'étant perdue, les historiens et éditeurs ont cru qu'il s'agissait de la ville de Chartres, sans s'embarrasser autrement de l'énormité qu'il y avait à dire que l'armée royale avait pris position dans cette ville pour intercepter la route entre Étampes et Paris. Plusieurs lettres du maréchal de Turenne nous permettent de rectifier cette erreur sur preuves authentiques[1].

Dans son camp retranché de Chastres, l'armée royale avait l'avantage de couvrir Melun et Corbeil, et de s'interposer entre Paris et l'armée des princes. Comment celle-ci se laissa-t-elle ainsi couper la direction qu'elle voulait suivre, en se laissant devancer?

Le maréchal de Turenne nous l'expliquera lui-même :

« Cette armée voulait gagner par la Ferté un ruisseau qui passe à Villeroy; mais ayant délogé trop tard, faute de chefs habiles, ainsi que le maréchal de Turenne l'avait prévu, l'armée du roi passa la rivière à Moret, et de là, passant par Fontainebleau, arriva à la Ferté une heure avant celle des princes, qui, n'osant plus continuer son chemin vers Villeroy, tourna à gauche vers Estampes, où elle se mit à couvert, après avoir laissé exécuter son dessein à l'armée du roi, qui se logea à Chastres, où l'on prit quantité de prisonniers, qui se rendaient de Paris à l'armée des rebelles[2]. »

---

[1] Napoléon lui-même a-t-il payé son tribut à cette erreur commune? Sa connaissance de la stratégie ne saurait permettre de le supposer de sa part; il dit cependant que le maréchal de Turenne alla camper à Chartres : tome VII, édition Bossange, 1830. Nous ne devons probablement accuser que son éditeur.

[2] *Mémoires du maréchal de Turenne.* Dans ce passage, re-

La faute commise par les généraux de l'armée des princes fut un peu compensée par l'avantage qu'elle trouva de se mettre à l'abri de la disette, si générale en cette malheureuse année 1652, disette dont souffrait l'armée royale de la plus rigoureuse manière. Des approvisionnements de blé très-considérables, provenant des contrées voisines, avaient été accumulés dans cette ville dans l'espoir de les y mettre à l'abri de la guerre[1]. Ces blés assurèrent la subsistance de l'armée des princes, tandis que l'armée royale, manquant de tout, ravageait et pillait comme en pays conquis. Cette armée commettait de si grands désordres, que deux lettres du roi au maréchal de Turenne lui en firent quelques reproches, et lui prescrivirent de tenir une garde à cheval à l'entrée de son camp, pour empêcher les maraudeurs de sortir dans la campagne[2].

Le passage que nous avons emprunté plus haut aux Mémoires de Turenne, contient tout ce qu'il

---

levé sur l'édition de *Michaud* et *Poujoulat*, nous avons corrigé l'erreur des éditeurs, qui ont écrit *Chartres*.

[1] Le comte de Tavannes se fait un mérite, dans ses *Mémoires*, d'avoir protégé la conservation de ces approvisionnements sans avoir voulu tirer de sa protection aucune somme d'argent, scrupule que n'avaient eu, à ce qu'il prétend, ni le duc de Beaufort, ni même le duc de Vendôme, gouverneur pour le roi de la ville d'Étampes.

[2] *Mémoires du maréchal de Turenne*, édition *Michaud* et *Poujoulat*.

dit sur les mouvements respectifs des deux armées; sa correspondance inédite, adressée à le Tellier, nous fournit l'inappréciable avantage de pouvoir compléter le célèbre maréchal par lui-même, en suivant pas à pas dans ses détails la marche qu'il a suivie et celle qu'il conseillait à la cour :

« Monsieur,

« On vient d'avoir nouvelle de deux ou trois endroits que les ennemis sont deslogés de Chastillon et marchent vers Montargis. Cela estant, la cour, sans prendre un si grand tour, pourroit bien venir coucher à Gien et à Cosne, et le lendemain à Saint-Fergeau, et nous marcherions en avant avec les trouppes qui nous viennent joindre. La cour prendroit le chemin qui a esté résolu. Je vous supplie de nous envoyer promptement le munitionnaire général ou un de ses commis, et faire partir la voiture de pain et munitions de guerre, ainsi que l'on estoit convenu avec M. de Bouillon.

« Monsieur,

« Vostre très-humble et très-affectionné serviteur,

« TURENNE.

« A Saint-Privé, le 14 avril 1652 [1]. »

[1] Nous avons tiré cette lettre inédite des *Archives du Minis-*

Le maréchal de Turenne insiste d'une manière toute spéciale sur le service des vivres; il était si mal fait et la disette était si grande, que ce cri: Du pain! du pain! s'échappe dans presque toutes ses lettres.

Le plan du maréchal se développe dans ses lettres, dans lesquelles il exprime en outre cette pensée qu'il faut essayer d'abord l'effet du prestige de la présence du roi sur les habitants de Paris, avant de les menacer de ses armes:

« Monsieur,

« Craignant que la lettre que je me donnai hier l'honneur de vous escrire ne vous ait pas esté rendue, je vous dirai qu'il me semble qu'à cette heure que l'ennemi est marché vers Montargis, la cour pourroit s'en venir deçà la Loire, logeant la première nuict à Bosni ou Cosne, et le lendemain à Saint-Fergeau, et prendre de là le droict chemin d'Auxerre. Nous demeurerions en ce temps-là entre l'armée des ennemis et la cour; mais quand la cour aura gagné la rivière d'Yonne,

---

tère de la guerre, vol. CXXXIII; elle est écrite de la main d'un secrétaire, la formule finale est de la main du maréchal. Elle porte, ainsi que les lettres suivantes, cette suscription: à M. Le Tellier, conseiller du roy en tous ses conseils, secrétaire de ses commandements.

nous tascherons de pousser les ennemis vers Paris, ou, s'ils s'avenssent devant nous, à leur gaguer le devant et nous mestre entre Paris et eux. Il seroit bien nécessaire qu'on donnast ordre de faire du pain sur la rivière d'Yonne.

« Je suis, Monsieur, vostre très-humble et très-affectionné serviteur,

« Turenne.

« A Saint-Privé, le 15 avril 1652 [1]. »

« 21 avril 1632.

« Je fais raccommoder le pont de Moret et en fais faire un de bateaux auprès de la ville. Je pense qu'il ne faudroit pas perdre de temps que Sa Majesté envoyast quelques compagnies de ses gardes et Suisses vers Melun et Corbeil pour approcher de Paris. Il vaut mieux commencer par la personne du Roy que par son armée. Sa présence agira contre celle des ennemis.

« Turenne [2]. »

[1] Cette lettre inédite, tirée des *Archives du Ministère de la guerre*, vol. cxxxiii, est en entier de la main du maréchal de Turenne ; les trois dernières lignes et la signature sont en retour sur la marge.

[2] Cette lettre inédite, tirée des *Archives du Ministère de la guerre*, est en entier de la main du maréchal.

La prolongation du séjour à Montargis de l'armée ennemie jeta le maréchal de Turenne dans quelque indécision sur les projets ultérieurs qu'elle pouvait avoir. Différents bruits se répandaient, entre autres celui que le prince de Condé, avec le duc de Beaufort, devait revenir se placer à la tête de ses troupes. Ce bruit, dont témoigne la lettre ci-après, devait être sans fondement; M. le prince était trop sérieusement engagé dans ses négociations avec le parlement et les diverses cours souveraines, qu'il voulait gagner à sa cause, pour songer en ce moment à s'éloigner de Paris :

« Ce lundi, 22 avril 1652.

« Monsieur,

« Nous avons eu nouvelle à ce matin que l'ennemi doit marcher de Montargis et prendre sa marche vers Sens ou Pont-sur-Yonne. Je crois qu'il seroit bien nécessaire que l'on envoiast en diligence quelqu'un en remontant la rivière auprès d'Auxerre et au-delà, afin qu'ils prissent garde aux passages. On nous rapporte de tous costés que l'ennemi ne marcha pas hier, et qu'il estoit encore à Montargis. M. le comte Broglio est allé à ce matin à Montreau qui vous aura informé de toutes choses. Je suis véritablement,

« Monsieur,

« Vostre très-humble et très-affectionné serviteur,

« Turenne. »

« M. le comte de Grandpré, qui estoit allé devant avec cent chevaux, a pris quelques prisonniers et les coureurs qui attendoient M. le prince et M. de Beaufort; ils sont encore à Paris [1]. »

Enfin l'armée des princes a quitté Montargis et sa marche se dessine vers le nord, ne laissant d'incertain que le point de savoir si elle tend vers Étampes ou vers Corbeil; mais l'étape de Puiseaux devait faire présumer la première direction. Par suite, le maréchal détermine la marche qu'il se propose de suivre lui-même; le manque de pain est toujours le plus grand obstacle à la réalisation de ses projets.

---

[1] Cette lettre inédite, *Archives du Ministère de la guerre*, vol. cxxxiii, est en entier de la main du maréchal.

« Monsieur,

« Comme nous allons marcher vers Nemours, nous avons receu nouvelle comme les ennemis sont partis de Montargis devant le jour et ont logé à Puiseaux, ce qui nous oblige à prendre nostre marche droict à Fontainebleau. Nous tirerons vers Milly, s'ils prennent le chemin d'Estampes, ou plus à main droicte vers Corbeil, en cas qu'ils eussent intention d'y aller. Le munitionnaire ne nous peut donner qu'une ration de pain aujourd'hui bien tard, de sorte que nous sommes obligés de marcher sans l'attendre. Si nous allons en descendant la rivière vers Corbeil, il nous sera bien aisé d'avoir du pain ; mais si nous marchons après eux dans la Beausse, nous en manquerons entièrement, si on ne presse force voitures de Melun pour nous en envoyer. En partant de Bléneau, on marcha sans pain, et depuis cela on n'en a eu qu'une ration ; cela faict perdre toutes nos mesures, et mine toute notre infanterie. Je suis très-véritablement,

« Monsieur,

« Vostre très-humble et très-affectionné serviteur,

« TURENNE.

« A Moret, ce 23 apvril au matin [1]. »

[1] Cette lettre inédite, *Archives du Ministère de la guerre,*

De Moret, le maréchal de Turenne se porta sur la route entre Étampes et Paris, de manière à intercepter les communications de l'armée des princes avec la capitale. Il établit son quartier-général à Chastres, d'où il adressa cette lettre à le Tellier :

« Monsieur,

« Ceux de Dourdan ont reçu vingt-cinq mousquetaires et trente chevaux qui ont déjà battu un parti de l'ennemi depuis qu'ils y sont. Cela sert à asseurer tout à fait cette ville-là, et à couvrir encore plus le chemin de Paris et celuy de Normandie. Nous faisons partir cette nuit quatre cents chevaux pour essayer de faire quelque chose aux fourrageurs.

« L'armée de l'ennemi est toujours à Estampes, ayant, à ce qu'ils disent, fort peu de nouvelles de Paris. Je croi que cette séparation-là est assez considérable, et peut produire, avec un peu de temps, beaucoup de bons effets. Je vous supplie de me croire très-véritablement,

« Monsieur,

« Votre très-humble et très-affectionné serviteur,

« TURENNE.

« A Chastres, 27 avril 1652 [1]. »

vol. CXXXIII, est de la main d'un secrétaire; la formule finale est de la main du maréchal.

[1]. Cette lettre inédite, *Archives du Ministère de la guerre*,

L'armée des princes s'était décidément dirigée sur Étampes, grenier ordinaire et marché dans lequel la Beauce envoyait dans ce temps, comme de nos jours, ses blés pour la mouture et la vente, et dont les approvisionnements étaient encore augmentés, comme nous le savons, de toutes les denrées qui y avaient été accumulées pour les mettre à l'abri de la guerre; elle y prit ses quartiers. Deux jours après, une circonstance toute fortuite fit fondre sur elle un fâcheux événement.

Mademoiselle de Montpensier, fière de ses débuts politiques et militaires dans la ville d'Orléans, et désireuse de continuer et d'agrandir son rôle, s'était aperçue de la nécessité de suivre la scène et les décors que le prince de Condé, le maréchal de Turenne et la cour rapprochaient à l'envi de Paris. Elle envoya donc prier le maréchal de Turenne de lui donner un sauf-conduit pour retourner dans la capitale. Le maréchal répondit galamment que, non-seulement il envoyait le sauf-conduit, mais qu'il rangerait son armée en bataille sur son passage pour lui faire honneur.

La princesse devait forcément traverser Étampes, et l'armée des princes ne pouvait moins faire aussi que de se ranger en longues lignes

---

vol. cxxxiii, est de la main d'un secrétaire; la formule finale est de la main du maréchal.

sur le passage de la princesse, circonstance dont le maréchal de Turenne s'apprêtait à profiter. La princesse fut accueillie dans Étampes par les jeunes officiers au milieu de l'éclat d'une fête militaire; ils reçurent avec solennité les comtesses de Fiesque et de Frontenac, *maréchales de camp*, titre que le duc d'Orléans leur avait déjà donné en plaisantant, et accompagnèrent la princesse et ses dames fort loin en dehors de la ville. Ils revinrent sans défiance sur leurs pas, dans la persuasion que le maréchal de Turenne, loin de s'occuper d'eux, fêtait à son tour la princesse. Le maréchal, en effet, avait donné des ordres à quelques-uns de ses officiers pour recevoir Mademoiselle à Chastres, et pour lui rendre les honneurs militaires. Il lui avait même fait préparer à dîner; mais la princesse, surprise de ne pas être accueillie par le maréchal en personne, ne voulut pas s'arrêter et continua sa route. A Bourg-la-Reine, elle trouva le prince de Condé, accouru à sa rencontre avec MM. de Beaufort, de Sully, de Rohan, et quantité de noblesse.

Le maréchal n'était pas à Chastres, où Mademoiselle s'attendait à le trouver à son passage, parce qu'il avait formé le dessein de tirer parti du désordre dans lequel il pensait que la réception de la princesse avait dû mettre l'armée des princes. Il a pris avec lui ses meilleures troupes, et, accompagné du maréchal d'Hocquincourt, il a marché secrètement, dans la nuit du 3 au 4 mai, de manière à se trouver le lendemain à portée de fondre sur l'armée des princes. Arrivant par le flanc du long faubourg d'Etampes, il peut approcher sans être signalé par les coureurs ennemis, et surprend cette armée sans défiance, alors qu'après le départ de la princesse elle continue gaiement la fête. En peu d'instants, il culbute les avant-postes, et portant son effort sur la partie la plus étroite du faubourg, au point où il se soude à la ville, il le coupe, et enveloppe les troupes restées dans le faubourg. Ce faubourg était principalement consacré au cantonnement des régiments du secours espagnol; il est forcé, et la plupart de ses défenseurs sont tués ou faits prisonniers. Le comte de Fustemberg, capitaine dans le régiment de cavalerie du duc de Wurtemberg; de Broue, sergent de bataille des troupes espagnoles; Rubel, capitaine dans le régiment d'infanterie de l'Altesse, furent du nombre de ceux qui perdirent la vie [1].

L'armée des princes tout entière était taillée en pièces si, pendant l'attaque du faubourg, la plus grande partie n'eût trouvé le temps de rentrer dans la ville et de se mettre à couvert derrière

---

[1] *Mémoires de mademoiselle de Montpensier.*

ses murailles, que le maréchal de Turenne n'était pas en état d'enlever par un coup de main. Une sortie sur les troupes royales, que le maréchal d'Hocquincourt avait imprudemment laissées se disperser au pillage dans le faubourg, eût sans nul doute tiré une vengeance éclatante de l'échec éprouvé; mais l'effroi était encore si grand qu'il ne fut pas possible de reformer assez promptement les troupes, et que le maréchal d'Hocquincourt eut le temps de rallier les siennes et de se retirer sans être inquiété. Cette dernière faute, après celle de Bléneau, acheva la disgrâce du maréchal d'Hocquincourt; le cardinal Mazarin s'effraya du danger de récompenser ses services, en le laissant dans un poste où sa présomption et son imprévoyance pouvaient à chaque instant tout compromettre, et exigea son départ pour son gouvernement de Péronne.

La surprise d'Étampes coûta à l'armée des princes plus de deux mille morts ou prisonniers.

Comme, dans cette guerre, les deux partis étaient toujours disposés à exagérer la portée de chaque succès, cette action brillante du maréchal de Turenne prit, de son côté, les proportions d'une victoire. La cour était au château de Saint-Germain; le maréchal de Villeroy, recevant la nouvelle dans la nuit, alla, dès la pointe du jour, heurter à la porte de la chambre du roi en criant : Victoire! Le roi se leva, suivi de la Porte, son valet de chambre, et tous trois, en bonnet et robe de chambre, allèrent porter la nouvelle au cardinal Mazarin. Celui-ci, se levant à son tour, les reçut en même équipage. La Porte, en crayonnant dans ses Mémoires ce tableau matinal, y joint cette réflexion qui a son prix : « Je commençai à faire tout mon possible pour paraître gai, car véritablement nous ne savions pas trop ce qu'il nous falloit, et lequel nous seroit meilleur de battre ou d'être battus. » Cette réflexion suffirait à expliquer la longue durée de la Fronde, due à l'indécision des partis, et révèle à quel point la personne et la politique du cardinal étaient peu sympathiques à ceux même qui, en servant la cause du roi, servaient forcément la sienne.

Le maréchal de Turenne s'empressa d'envoyer Gadagne à la cour, rendre compte verbalement des détails de cette affaire ; nous devons le regretter, sans cela sa lettre à le Tellier eût été plus complète.

« Monsieur,

« Je me remets à M. de Gadaigne pour ce qui s'est passé ; comme j'ay creu que l'on sera bien aise de le sçavoir promptement à la cour, je ne vous feray que ce mot par luy. Il y a asseurément plus de deux mille morts ou prisonniers, et quantité d'officiers. Je viens présentement de recevoir celle qu'il vous a plu m'escrire touchant ce poste de Neüilly; nous nous approcherons pour y aller à la main, et aussi n'ayant rien à faire icy qu'à assiéger Estampes, nous n'avons ni munitions de guerre ni vivres pour cela. C'est pourquoy je trouve bien plus raisonnable d'empescher à l'ennemi la communication de Paris, et avec cela estant ruiné comme il est, je croi qu'on en viendra à bout. Je ne vous mande point tous ceux qui ont bien servi en cette occasion; M. de Gadaigne y a très-bien faict.

« Je vous supplie de vouloir bien demander pour Blangy, qui avoit une compagnie dans Vaubecourt et qui a esté cassé, une compagnie dans Picardie, vacante d'aujourd'hui.

« M. le comte de Broglio [1] a très-bien agi, M. de Vaubecourt aussi [2].

« Je vous supplie de vouloir parler pour notre

---

[1] François-Marie, comte de Broglie, entré dans sa jeunesse au service de France, s'était attaché à la fortune du cardinal Mazarin.

[2] Le marquis de Vaubecourt, de la maison de Nettancourt.

pain, il finit demain. On ne peut pas subsister sans cela.

« Je demeure,

« Monsieur,

« Vostre très-humble et très-affectionné serviteur,

« Turenne.

« A Estrechi, le 4ᵉ de may au soir 1652 [1]. »

Quelques jours après, le maréchal de Turenne écrivait au ministre pour s'informer des intentions de la cour au sujet d'un échange de prisonniers de guerre :

« Monsieur,

« Estant bien aise de sçavoir la volonté du Roy sur un eschange que l'on me propose de faire du Sʳ du Rechau, guidon des gens d'armes de M. le prince, contre le Sʳ de Villeneufve, capitaine et major du régiment de Traci, lesquels sont tous deux prisonniers, je vous supplie très-humble-

---

[1] Cette lettre inédite, *Archives du Ministère de la guerre*, vol. cxxxiii, est de la main d'un secrétaire ; la formule finale est de la main du maréchal.

ment de me mander si le Roy l'aura agréable, de me faire la faveur de me croire,

« Monsieur,

« Vostre très-humble et très-affectionné serviteur,

« TURENNE.

« Du camp de Palaiseau, ce 10ᵉ may 1652[1]. »

Le maréchal, toujours préoccupé des questions se rattachant aux fournitures faites à ses troupes, adresse au ministre, écrite en entier de sa main, une lettre qui nous apprend, en outre, que si les troupes étrangères comptaient pour beaucoup dans l'effectif de l'armée des princes, elles étaient nombreuses aussi dans l'effectif de l'armée royale :

« Monsieur,

« Comme je n'envoie personne solliciter pour ces quatre régiments de cavalerie allemans et pour mon régiment d'infanterie, je vous supplie très-humblement que dans les lieux où estoient

---

[1] Cette lettre inédite, *Archives du Ministère de la guerre*, vol. CXXXIII, est écrite par un secrétaire; la formule finale est de la main du maréchal.

leurs quartiers, on donne les ordres nécessaires afin qu'ils puissent être payés des ustencilles[1]. Vous voyez bien, Monsieur, que la prétention est fort raisonnable; mais je vous supplie d'en vouloir user comme d'une chose que vous désirez qui réussisse; je vous en seray sensiblement obligé, et vous supplierai de me croire,

« Monsieur,

« Vostre très-humble et très-affectionné serviteur,

« TURENNE.

« A Palaiseau, ce 14 may 1652[2]. »

Les informations du maréchal lui ont appris que si le blé ne manque pas à Étampes, les fourrages y sont rares, inconvénient grave pour la cavalerie de l'armée des princes, qui comptait au moins trois mille chevaux; il a appris aussi que

---

[1] La règle moderne oblige les particuliers qui logent des soldats à leur fournir gratuitement l'ustensile (il se dit au singulier), c'est-à-dire l'usage de tous les petits meubles de cuisine, et, en outre, le feu, le sel et la chandelle. Il résulte de cette lettre un fait auquel on devait peu s'attendre, c'est que ce droit d'ustensile était autrefois moins étendu qu'il ne l'est aujourd'hui, le soldat ne pouvant l'exercer chez son hôte qu'à prix d'argent; puisque le maréchal de Turenne réclame des fonds pour l'ustensile, que ses troupes sont obligées de payer.

[2] Lettre inédite, *Archives du ministère de la guerre*, volume CXXXIII.

cette armée abandonne les faubourgs pour se retrancher dans la ville; il fait part de tous ces faits au ministre :

« Monsieur,

« Quoique je n'aye pas beaucoup de choses à mander, je ne perdrai pas l'occasion de ce valet de pied du Roy ; on m'a enmené encore aujourd'hui des prisonniers d'Estampes qui disent qu'ils ne manquent point de grain ; mais ils vont au fourrage assez loing, et sont tous dans la ville, où ils font travailler, ne prétendant plus garder ses fauxbourgs. C'est une assez grande réduction qu'une armée entière dans une ville.

« M. de Poudeau s'en va présentement à Melun voir ce qu'il pourra faire pour le pain de munition, qui va extrêmement mal.

« Je suis de tout mon cœur,

« Monsieur,

« Vostre très-humble et très-affectionné serviteur,

« Turenne.

« Palaiseau, ce 15ᵉ may 1652 [1]. »

[1] Lettre inédite écrite en entier de la main du maréchal, *Archives du Ministère de la guerre*, vol. cxxxiii.

L'intention du maréchal de Turenne était de revenir sous les murs d'Étampes avec des moyens d'attaque suffisants pour emporter la ville. Les lettres suivantes, adressées au ministre le Tellier, donnent le détail des préparatifs du maréchal et du secours qu'il demandait aux équipages même de la cour pour transporter son artillerie ; comme le siége d'Étampes lui paraît devoir être l'opération la plus importante de cette campagne, il ne veut rien hasarder. Il se préoccupe, non sans raison, de l'approche du duc de Lorraine, et de la nécessité d'entrer en négociations avec lui :

« Monsieur,

« J'avois attendu M. le comte Broglio pour respondre à la lettre qu'il vous a plû m'escrire. J'envoye M. de Lignville avec tous les chevaux de cette artillerie ici pour ramener le canon et les munitions qui sont à Poissy, prétendant qu'il sera aidé des attelages de la cour pour pouvoir tout enmener ici, nos chevaux ne suffisant pas ; ce qui retarderoit la marche de la cour jusqu'à mardi, les chevaux ne pouvant estre de retour à Saint-Germain que le lundi au soir. Si ce n'est que la cour faisant effort ne pût, en partant demain dimanche ou lundi, et venant à Chilly [1], enmener

[1] Très-beau et vaste château, près de Longjumeau, ayant ap-

tout le canon et les munitions, ce que l'on croit bien mal aisé. J'ay entretenu M. de Lignville des raisons pour lesquelles il estoit nécessaire que la cour fust sur la rivière de Seine avant que tout s'approchast plus près d'Estampes que nous ne sommes, estant ici au lieu de tous où l'on peut apparemment le mieux empescher la communication à Paris, et faire que la cour et toutes les munitions nécessaires viennent par derrière, pouvant y arriver plus aisément un accident, ou par la marche de leur armée vers Paris, ou par la séparation de la cour en quelque lieu que nous puissions estre hors celui-cy.

« Monsieur de Bordeaux est allé à Melun, et on m'a asseuré qu'il estoit monté jusques vers Sens. Je n'ay point eu de ses nouvelles depuis qu'il est parti. Je vous supplie de me continuer l'honneur de vos bonnes grâces, et me croire très-certainement,

« Monsieur,

« Vostre très-humble et très-affectionné serviteur,

« TURENNE.

« Au camp de Palaiseau, ce 18ᵉ may 1652 [1]. »

partenu au maréchal d'Effiat, dans lequel la cour pouvait facilement se loger.

[1] Lettre inédite, *Archives du Ministère de la guerre*, vol.

« Monsieur,

« J'ay escrit à M. le mareschal de l'Hospital comme les roues de deux vieux canons qui sont rompues nous ont empesché de marcher, et, en effet, tant pour cette raison-là que pour nos vivres, il est impossible de s'approcher d'Estampes sans estre asseurés que nous aurons à Melun, de Corbeil, des vivres asseurés et des chariots suffisants pour les porter au camp. Et puisque nous n'avons point d'équippages assez grands pour cela, il est impossible de le faire qu'avec le charroy de la cour. Il y a certainement abondance de grain dans Estampes, de sorte que vous jugez bien, Monsieur, que s'approcher d'une armée qui est dans une ville, et sur laquelle, par cette raison, on ne peut rien entreprendre si promptement n'ayant pas un jour de pain devant soy, ni moyen de faire venir qu'une ration l'une après l'autre, de sept ou huict lieues de là ; ce seroit vouloir perdre une armée pour plaisir.

« Comme ceci est la plus importante chose de cette guerre ici, il ne la faut pas entreprendre sans fondement. Nous ne sommes ici qu'à une lieue et demie de la rivière ; nous avons esté trois

---

cxxxiii, écrite par un secrétaire ; la formule finale est de la main du maréchal.

jours sans pain; et on n'en peut porter qu'une ration, qui est une belle avance pour une marche.

« On n'a point voulu recevoir M. l'intendant à Melun, lequel est monsté plus haut pour voir quels magazins il pourra faire. Je n'ay point eu de ses nouvelles depuis qu'il est parti. Il attend assurément d'estre jusques à Sens pour m'en mander.

« J'envoye les quaissons à Saint-Germain; je vous supplie d'ordonner que l'on fasse tous les efforts possibles afin de les faire charger de pain ou de farine, ou mesme de grain, s'il n'y avoit pas de ces deux-là, et qu'ils s'en viennent avec la cour.

« J'envoye présentement à Corbeil M. de Renneville[1], afin que l'on convertisse en farine le plus de bled que l'on pourra.

« J'ay envoyé un officier avec des mousquetaires à Hautebruyère dès que j'eus de vos nouvelles.

« M. de Navailles[2] fut hier avec trois ou quatre cents chevaux faire une embuscade aux fourrageurs de l'ennemi. Il prit plus de deux cents chevaux. Tous les prisonniers rapportent qu'ils ont beaucoup de grain dans Estampes. Quelque cava-

---

[1] Cité dans les *Mémoires de mademoiselle de Montpensier* comme ayant commandé l'un des escadrons qui reprirent Saint-Denis.

[2] Philippe de Montaut, comte, puis duc de Navailles.

lerie qui estoit dans un fauxbourg se ressera hier dans la ville. Il y a certainement une grande mésintelligence entre les Allemands et les François.

« Dès que les chevaux de l'attirail de la cour auront repeû, je les feray partir, afin que la cour puisse partir demain. Je vous supplie de me continuer l'honneur de vos bonnes grâces, estant,

« Monsieur,

« Vostre très-humble et très-affectionné serviteur,

« Turenne.

« Au camp de Palaiseau, ce xx{{e}} may 1652. »

« J'ai eu une pensée que si la présence de M. le maréchal de la Ferté n'estoit pas nécessaire en Lorraine, on pourroit le faire venir sur la Marne. Je vous asseure qu'un corps de trois mille hommes empescheroit M. de Lorraine de marcher vers Paris. On pourroit négocier tout de mesme avec luy, ou mesme l'y laisser venir pour sa personne, pourveu que son armée n'en eust pas le chemin libre [1]. »

[1] Lettre inédite, *Archives du Ministère de la guerre*, vo-

« Monsieur,

« J'escrit à M. l'intendant comme en faisant toutes les diligences possibles et travaillant à Chilly et au port avec tous les ouvriers du pays, nous ne pouvons marcher que sabmedi au matin. De sorte qu'il est nécessaire de nous envoyer demain vendredi tous les charrois de la cour, qui prennent tout le pain qui est à Corbeil et celuy qui est sur les batteaux, n'en faisant prendre aujourd'huy qu'une ration, afin que nous ayons tout icy demain. Je vous supplie de vouloir aussi presser pour les outils. La nouvelle se confirme comme Monsieur de Lorraine arrive à la Ferté-Milon. Cela ne faict point changer en rien ; mais cela doit faire cognoistre que luymesme ne sçait pas s'il retournera en Flandre, s'il advancera vers Paris, ou s'il demeurera en Champagne. Tout le fondement qu'il y a à prendre sur luy, c'est qu'il a bien envie de faire continuer les désordres de France par quelque

---

lume cxxxiii ; elle est écrite par un secrétaire, mais la formule finale et le *post-scriptum* sont de la main du maréchal. Ce *post-scriptum* important est placé sur la première page, partie sur la marge, partie en tête du papier, et écrit en sens inverse de la lettre.

manière que ce puisse estre. Je suis très-véritablement,

« Monsieur,

« Vostre très-humble et très-affectionné serviteur,

« Turenne.

« Au camp de Palaiseau, le 23 may 1652 [1]. »

« Monsieur,

« Monsieur l'intendant arriva hier au soir ici, et tous ces Messieurs de la cour. Je trouve très à propos la pensée de faire marcher les vivres par batteaux au Mesnil-Cornuel. J'y feray demeurer de la cavallerie et quelques mousquetaires. On faict voir le long de la rivière s'il y aura des batteaux. Je crains qu'il ne s'en trouve point, de sorte que si ceux de la Seine n'y sont pas propres, il faut songer aux charrois. Je ne laisseray pas tousjours de faire venir de la cavallerie et de l'in-

---

[1] Lettre inédite, tirée des *Archives du Ministère de la guerre*, vol. cxxxiii; elle est écrite par un secrétaire; la formule finale est de la main du maréchal.

fanterie au Mesnil-Cornuel, afin que les charrois viennent à couvert de la rivière d'Estampes jusques-là, c'est-à-dire du costé de Melun, et de là passent le pont pour s'en venir à Estrechy, où je laisserai quelques gens.

« Encore qu'il y eust des voitures, on ne nous faict voir qu'une ration de pain à voiturer à la fois. Il faudroit que Jacquier[1] manquant à cela, on fict un fonds de cinq ou six rations. Il ne manque autre chose que de l'argent pour cela, pouvant, dans le haut de la rivière, faire assez de farines; et ainsi Jacquier fournissant le journallier, on se mettroit en advance de quatre ou cinq rations que l'on auroit tousjours devant soy. Ce n'est pas grand chose qu'un fonds de cinq à six rations une fois payé.

Il n'y a rien autre chose d'Estampes, sinon qu'ils ont bruslé des maisons du fauxbourg en nous voyant approcher. Je ne sçay point encore comment nous nous logerons. Il me semble qu'il n'y auroit point d'apparence que si le Roy veut venir ici, que ce fust avant que l'on fust logé et les postes pris. Je vous supplie de parler pour ce pain et faire résoudre cette dépense. Il peut y ar-

---

[1] Fournisseur de l'armée, aïeul, probablement, du père Jacquier, savant mathématicien, né à Vitry-le-François, l'un des auteurs de la consolidation de la coupole de Saint-Pierre de Rome au moyen d'une armature en fer.

river mille accidents par là. Le moindre convoy qui manquera, nous perdrons beaucoup d'infanterie. Je croi que l'on juge assez la conséquence de cette affaire ici à la cour, afin que nous ne manquions pas de vivres. Il faudra que nous soyons incessamment sur les armes, et pour cela il faut avoir des vivres. Seguin[1] vient présentement d'arriver. Il a pris deux cent trente chevaux et cent prisonniers. Je suis de tout mon cœur,

« Monsieur,

« Vostre très-humble et très-affectionné serviteur,

« TURENNE.

« A Étrechy, le 25ᵉ may 1652. »

« L'abbé Duonet a passé icy, je lui ai donné escorte. Il ne faut point faire de fondement sur ce pain de Dourdan[2]. »

---

[1] Ce nom se rencontre peu dans les fastes historiques ou nobiliaires; nous ne l'avons trouvé cité qu'une seule fois dans l'*Histoire généalogique du P. Anselme*, où il est dit que Marthe d'Albret épousa, au treizième siècle, Guillaume Séguin.

[2] Lettre inédite, tirée des *Archives du Ministère de la guerre*, vol. CXXXIII; elle est écrite par un secrétaire; la formule finale et le *post-scriptum* sont de la main du maréchal.

Pendant que le maréchal de Turenne achève ses préparatifs pour le siége d'Étampes, nous allons fixer notre attention sur le grave incident produit par l'entrée en France du duc de Lorraine.

CHAPITRE XV.

Entrée en France du duc de Lorraine à la tête d'une armée. — Dissentiment entre les maréchaux de Turenne et de l'Hôpital sur la marche que doit suivre l'armée du maréchal de la Ferté. — Lettre inédite du maréchal de l'Hôpital à ce sujet. — Négociations de la cour avec le duc de Lorraine. — Mission de M. de Saint-André; sa lettre inédite; curieux détails. — Singulier caractère du duc de Lorraine. — Il laisse son armée à Lagny et se rend presque seul à Paris. — Sa politique et ses boutades. — Sa résolution de faire lever le siége d'Étampes. — Il devient de bon ton de l'aller visiter dans son camp de Villeneuve-Saint-Georges. — Spectacle étrange de ce campement.

Les lettres du maréchal de Turenne datées du 20 et du 23 mai nous ont appris qu'il se préoccupait, et avec raison, de l'entrée en France du duc de Lorraine à la tête d'une armée; mais que, connaissant son caractère, il ne croyait pas impossible de l'amener, par des négociations, à servir la cause du roi. Dans cette pensée, pourvu que des mesures suffisantes empêchassent l'armée lorraine d'approcher de Paris, il ne voyait pas d'inconvénients à laisser le duc entrer de sa personne dans la capitale. Il avait quelque espoir que le contact peu sympathique du duc avec le prince de Condé amènerait une rupture. Ce calcul, révélé par la correspondance du maréchal, explique un point que les historiens n'ont même pas tenté d'éclaircir, c'est-à-dire comment, avec une faible escorte, le duc de Lorraine put, sans obstacles, se rendre à Paris, alors que tous les alentours en étaient occupés par les troupes royales. Afin d'empêcher plus sûrement l'armée lorraine de suivre le chemin laissé libre à son général, le maréchal de Turenne jugeait nécessaire d'envoyer au maréchal de la Ferté [1] des ordres pour quitter la Lorraine et venir prendre position sur la Marne.

Le maréchal de l'Hôpital, gouverneur de Paris, partageait la manière de voir du maréchal de Turenne sur l'importance extrême de tenir l'armée lorraine à distance de la capitale. Ce maréchal comptait également sur l'armée du maréchal de la Ferté pour obtenir ce résultat; mais il se plaignait des désordres et des ravages commis par cette armée, et il était en dissentiment avec le vicomte de Turenne sur ce point stratégique, qu'il

---

[1] Henri de Senneterre ou de Saint-Nectaire, duc de la Ferté, né en 1600, mort en 1681, militaire distingué, mais jaloux de la gloire du maréchal de Turenne ; le cardinal de Retz a dit de lui qu'il était sans contredit le plus habile homme de la cour. *Voy. sur lui la note de la page* 132.

trouvait préférable de faire prendre à cette armée position sur l'Aisne, plutôt que sur la Marne, le premier poste permettant de prendre l'armée lorraine entre deux feux.

Le maréchal de l'Hôpital va expliquer lui-même ses motifs dans la lettre suivante :

A M. Le Tellier, secrétaire d'État.

« Monsieur,

« L'alarme qui est dans la Champagne, du passage de M. le maréchal de la Ferté, dont les troupes ne font pas moins de désordre que celles des ennemis, ont fait que la noblesse et les principales villes m'ont envoyé des députés, afin de supplier très-humblement, comme je fais, Leurs Majestés de deux choses : la première, de vouloir lui commander de contenir son armée dans un meilleur ordre ; la seconde, de vouloir prendre sa marche du costé de la rivière d'Ayne, qui est la vraye. M. de Lorraine estant où il est, cela peut empescher qu'il ne s'advance du costé de Paris, luy donnant jalousie de sa retraicte, et de se veoir enfermé entre deux armées, sçavoir celle du Roy, que commande M. le maréchal de Turenne, et celle de mondit sieur le maréchal de la Ferté, à laquelle la noblesse de Champagne et les communes se joignant, feront un corps assez considérable pour l'empescher de s'advancer; qu'au contraire, prenant la marche par delà la rivière de Marne, il lui donne la liberté entière, et ruynera ce qui reste de meilleur dans la Champagne et la Brie. Je vous supplie, Monsieur, de vouloir considérer ces raisons, de les appuyer, et de me croire aussy véritablement que je le suis,

« Monsieur,

« Vostre très-humble serviteur,

« Lospital [1].

« A Paris, ce 26 mai 1652. »

Pendant que les généraux de l'armée royale discutaient les précautions nécessaires pour ne pas laisser ouvert à l'armée lorraine le chemin de Paris, la cour entretenait avec le duc des pourparlers incessants. M. de Saint-André [2], envoyé dans son camp pour le prier de faire cesser les dégâts commis par ses troupes, sut, avec adresse, s'étendre au-delà des limites de sa mission, en examinant toutes choses, et particulièrement en fai-

---

[1] Lettre inédite, tirée des *Archives du ministère de la guerre*, vol. cxxxiii.

[2] Alexandre du Puy-Montbrun, marquis de Saint-André, homme de guerre d'une grande bravoure.

sant causer le duc sur ses projets, sur ses griefs, sur ses prétentions; la lettre inédite suivante rend compte de ses observations[1]:

A M. Le Tellier, secrétaire d'Etat.

« Monseigneur,

« Il y a quatre jours que, par ordre de Monseigneur le mareschal d'Estrées, je feus voir Son Altesse de Lorraine, afin de luy dire que ses trouppes commettoient journellement tout ce que la guerre peut produire de plus cruel et de plus horrible, et que, s'imaginant qu'il estoit entré en France pour le service du Roy, il le supplioit d'y voulloir remédier; ce prétexte estant assez spécieux pour tascher d'apprendre de luy quelque chose de particullier. En effet, Monseigneur, je feus treuver sadite Altesse dans un village nommé Gernicourt, à une lieue du Bacqabberrg, sur la rivière d'Aisne, duquel je receus beaucoup plus de civillités que je ne m'estois proposé, comme aussy il me fist l'honneur de me parler de toutes les affaires de la sorte qui s'en suit :

« Sçavoir, qu'il n'estoit entré en France qu'avecq une ferme résolution d'y servir le Roy, sui-

[1] Lettre inédite, tirée des *Archives du Ministère de la guerre*, vol. CXXXIII.

vant le traicté qui luy avoit esté envoyé par Son Éminence, dans les termes duquel traicté on ne s'est pas absolument tenu, Son Éminence en ayant voulu altérer quelque chose, ce qui luy donne subject de plainte, aussy bien de ce que on l'a voullu abuzer par des apparences de nouveaux traictés, en luy envoyant tantost le sieur de Beaujeu[1], et tantost le sieur de Créqui[2]; que néantmoingt, quelques propositions qui luy aist esté faites de la part des princes, il n'a voulu encore signer aucun traicté, espérant que la bonté et la justice de la reine auctorizeront l'inclination parfaicte qu'il a de la servir le reste de sa vie.

« Que pour ce qui regarde l'argent qu'on désire qu'il donne à M. le mareschal de la Ferté, il ne s'en esloigne pas absoleument, pourveu qu'on ne l'oblige pas à donner tout comptant, et qu'enfin il se tiendra aux dernières chozes que Son Éminence luy a faict dire par le secrétaire qu'il luy

---

[1] Beaujeu était l'un des agents le plus fréquemment employés par la cour, dans ses négociations avec le duc de Lorraine.

[2] Charles, marquis, et depuis duc de Créqui, de la maison de Blanchefort-Créqui, premier gentilhomme de la chambre. Il était devenu depuis peu partisan du cardinal Mazarin. Le marquis de Montglat raconte, dans ses *Mémoires,* que « les marquis de Créqui et de Roquelaure étoient ceux qui le morguoient (le cardinal Mazarin) le plus hautement; et ne se contentant pas de ne le point voir chez lui, ils ne le saluoient point quand ils le rencôntroient; » il ajoute que le cardinal les gagna tous les deux en leur promettant des lettres de duc.

avoit envoyé; qu'il s'imagine bien que le temps qu'on luy faict perdre n'est que pour gaigner celluy de battre le reste des trouppes des princes, asprès quoy toutes les propositions qu'on luy auroit faictes demeureroient sans effect; mais qu'en ce cas il sçaist bien où il s'en doibt tenir, les Espagnols le pressant plus que jamais, voullant mesme augmenter les conditions de leur traicté. Il est vray qu'il y a auprès de luy un Espagnol nommé dom Rodrigues, qui ne le quitte point du tout, et le marquis de la Sablonnière y est de la part de Son Altesse Royale, et le sieur Le Grand, qui est aussy à luy, y arriva en mesme temps que moy, qui luy apporta un nouveau traicté que Son Altesse me fist voir signé de Son Altesse Royale et de Monsieur le prince, mais il me fist serment qu'il ne le signeroit point qu'il ne sçeust les dernières volontés de la Reyne, pour le service de laquelle il tesmoigna des passions extraordinaires, jusques-là que sy elle jugeoit son service inutille, et qu'à l'extrémité il feust contrainct de traicter avec Messieurs les princes, et que leurs armes eussent prospérité, il périroit mille fois plutost que de souffrir qu'elle reçeust aulcun desplaizir en sa personne, ny en celle du Roy; et, qu'en ce cas, luy et son armée luy serviroient de barrière. Il me pria instamment que la Reyne eust cognoissance de ces bons sentiments, et qu'elle sçavoit bien, en cousine, l'injustice qu'on luy avoit faicte en le despouillant de ses Estats, puisque mesme, en ce temps-là, elle eust la bonté de le plaindre, et que personne n'ignore le peu d'amitié et le peu d'intelligence qu'il y a entre luy et Monsieur le prince; et qu'au regard de Son Altesse Royale, il n'est pas en estat de luy faire de conditions conformes à son désir, et qu'en servant le Roy, il y peut trouver de la gloire, de la satisfaction et de l'utilité; que s'il avoit quelque chose de plus précieux que sa foy et sa parolle pour authorizer la sincérité de ces bonnes intentions, il l'offriroit avec ardeur et avec joye.

« Voilà, Monseigneur, ce qu'il a heu la bonté de m'apprendre de sa bouche, et ce qu'il m'avoit prié de dire à la Reyne et à Son Éminence; mais un accident qui m'est arrivé m'en ayant empesché, mondit seigneur le maréchal d'Estrées[1] m'a ordonné de vous en faire ma relation.

« Ce que j'ay remarqué en mon particulier a esté qu'il n'y a point de pain dans leur armée, et qu'ils pâtissent beaucoup. Il y a quantité de chevaux et de vaches, mais ils ne treuvent personne à qui les vendre. La brigade de Faulge[2] est cam-

[1] François-Annibal, duc d'Estrées, frère de la belle Gabrielle d'Estrées, créé maréchal de France en 1626, chargé des fonctions de connétable au sacre de Louis XIV, en 1654, mort en 1670, âgé de quatre-vingt-dix-huit ans.

[2] M. de Faulge, chef de ce corps, était lieutenant-général

pée à Fismes, et celle de Ligneville,[1] où campe Son Altesse, à Gernicourt. Ainsy que je vous l'ay desjà dict, ils font courre le bruict qu'ils sont neuf à dix mille hommes; mais, selon la remarque que j'en ay faicte, ils ne sont pas jusques à sept. Il commence à faire contribuer les chasteaux de cinq à six lieues à la ronde à luy porter de la farine. Messieurs de Rheims mesme luy en ont envoyé quelque peu. L'espouvante est universellement si grande en ce pays, que les villages sont déserts. C'est, Monseigneur, tout ce que j'ay à vous dire, n'ozant pas en cette rencontre vous parler de mes petits intérests, mais seullement de la fidellité aveq laquelle je seray inviolablement attaché au service du Roy, et de la passion que j'ay que vous remarquiez, par mes très-humbles respects, avecq combien d'ardeur je suis,

« Monseigneur,

« Vostre très-humble et très-obéissant serviteur,

« SAINT-ANDRÉ.

« A Soissons, ce 27 may 1652. »

dans l'armée du duc de Lorraine. (*Mémoires de Madame de la Guette.*)

[1] Commandée par le comte de Ligneville, seigneur d'Hoccourt, maréchal de Lorraine.

« J'oubliois de vous dire, Monseigneur, que le mesme jour que j'arrivay auprès de Son Altesse de Lorraine, les trouppes qu'il avoit envoyées pour le secours de Coucy estoient parties, il y avoit six heures, composées de huict régiments de cavallerie et de cinq d'infanterie, le tout de la brigade de Ligneville; tout cela faisoit deux mille cinq cents hommes.

« Je ne sçay pas comme quoy Son Altesse de Lorraine peut sçavoir si précisemment tout ce qu'il y a de trouppes dans cette province, et particulièrement ce qu'il y a dans Soissons; mais, à moins que d'y avoir intelligence, il est impossible d'en pouvoir parler précisemment comme il fait. Aussy il est vray, Monseigneur, qu'il y a beaucoup de mauvaises canailles en ce lieu, et mal intentionnées.

« Despuis ma lettre escrite, la nouvelle certaine est que leur armée marche des deux côtés de la rivière; une brigade vient à Vailly, et l'autre à Villiers-en-Bière, à quatre lieues de cette ville.

« Je croy, Monseigneur, que vous avez mémoire que, dès Poitiers, je vous dis que la Reine m'avoit accordé le brevêt de mareschal de camp, et que vous me fistes la grace de me promettre d'en parler. Je vous supplie, Monseigneur, de me faire la grâce de me l'envoyer, à la charge que je ne m'en serviray que quand il vous plaira. Je suis honteux que cent personnes l'ont, qui sont au-dessous de mes services, et qui ont tousjours esté au-dessous de mes emplois. »

Cette lettre nous montre le duc de Lorraine environné de négociateurs et de négociations ; des deux côtés des traités étaient dressés ; il ne lui restait que la peine d'y apposer sa signature. Il n'aurait donc eu que l'embarras d'un choix avantageux à faire, si, au milieu de ces complications, on n'eût cherché, de part et d'autre, qu'à se servir de lui, avec l'intention de lui tenir le moins possible les promesses faites pour l'attirer. Quelque rusé qu'il fût lui-même, il trouvait dans la partie engagée, du côté de la cour surtout, où Mazarin tenait les dés, un partenaire plus fin que lui. On peut remarquer même, non sans quelque étonnement, qu'à lui, prince errant et dépossédé, la cour demandait de l'argent, sans doute pour solder les troupes du maréchal de la Ferté, en échange, certainement, de quelque future promesse de restitution de son duché de Lorraine. Le duc avait, en effet, des sommes considérables déposées dans les banques de Hollande, et il n'était pas trop maladroit d'obtenir à la fois sa retraite du royaume et de l'argent. Cette dernière condition, toutefois, lui paraissait un peu dure, la lettre de M. de Saint-André en fait foi; mais, comme aucun document ne nous a fait connaître la réalisation de cette demande, nous croyons sans peine que l'oreille du duc resta fermée à cet endroit. Bien au contraire, il est établi par le récit de tous les historiens que ce fut lui qui, plus tard, lorsque sa retraite fut définitivement résolue, reçut une forte somme. Pour le moment, sans faire aucun refus, il n'accéda pas aux propositions de la cour; il désirait connaître à fond, avant de se décider, quels avantages il pouvait espérer du parti contraire, et tenait, pour s'en mieux assurer, à s'aboucher avec les princes eux-mêmes.

Charles IV, duc de Lorraine, qui donnait ainsi des inquiétudes et des espérances à tous les partis, dans l'attente de savoir dans quel plateau de la balance il jetterait le poids de son épée, présente une des physionomies les plus originales de cette époque. Dépouillé de son duché sous le règne de Louis XIII, il n'avait conservé de l'antique puissance de sa maison qu'une armée; sa dernière fortune, avec laquelle il perdait ou conquérait tour à tour quelques lambeaux de ses anciens États. Successivement champion de toutes les causes, ses services étaient acquis au plus offrant. Sa sœur, Marguerite, était devenue la seconde femme du duc d'Orléans, mariage qui s'était accompli sans le consentement de Louis XIII. En raison de ce lien de parenté, Monsieur avait appelé le duc à son aide, et il espérait trouver en lui un auxiliaire puissant. Charles IV, toutefois, s'avançait au cœur du royaume sans s'être encore précisément prononcé. Il gagnait, à l'incertitude qu'il laissait à dessein planer sur ses projets, de n'être nulle part inquiété dans sa marche, signalée cependant par le pillage, solde ordinaire qu'il donnait à ses troupes, et même il y trouvait la faculté de puiser dans les coffres des revenus royaux, la reine espérant que l'intérêt, son seul guide, le porterait à prendre le parti du roi.

Arrivé à sept lieues de la capitale, il prit position à Lagny, petite ville sur la Marne, entre Meaux et Paris, et, sans tenter de mener son armée plus loin, il la quitta momentanément pour se rendre de sa personne à Paris, accompagné seulement d'un certain nombre de ses officiers.

Les princes se portèrent à sa rencontre, et lui firent faire avec eux, le 1er juin, une sorte d'entrée solennelle, pendant laquelle le peuple, passionné pour tous les spectacles, laissa éclater, il faut le dire à regret, un vif enthousiasme. Le parlement, plus digne, refusa de lui donner séance, le considérant comme un ennemi de l'État. Le duc d'Orléans, outré du refus du parlement, et s'adressant au cardinal de Retz, le confident de ses nombreux désappointements, lui dit : « Eussiez-vous cru que le parlement m'eût fait cette réponse? » Le cardinal repartit : « J'aurois bien moins cru, Monsieur, que vous eussiez hasardé de vous l'attirer. » Alors Gaston, en colère, de s'écrier : « Si je ne l'eusse hazardé, M. le prince eust dit que j'eusse esté *Mazarin*[1]. »

L'entraînement populaire pour le duc de Lorraine gagna néanmoins, à un certain degré, les classes plus élevées. Les dames l'accueillaient avec une bienveillante curiosité : la duchesse de Châtillon, pour nouer, sans doute, quelque intrigue de son goût, de nature à réparer sa récente négociation manquée, lui faisait des avances; la duchesse de Chevreuse conférait avec lui, et il trouvait la comtesse de Frontenac fort à son gré. Le prince les amusait toutes par une liberté de conversation qui ne les effarouchait guère ; il était convenu de passer beaucoup de choses à son originalité; il les effrayait par des contes extravagants, qu'elles prenaient plus ou moins au sérieux : ses soldats ne mangeaient pas seulement des chiens et des chevaux, mais ils étaient anthropophages; ils avaient déjà mangé plus de dix mille prisonniers, et un jour, dans un couvent, ayant trouvé deux religieuses trop vieilles et trop maigres pour tout autre usage, ils en avaient fait

---

[1] *Mémoires du cardinal de Retz.*

du bouillon. Il disait toutes ces choses avec un sérieux qui faisait presque douter de leur réalité, et comme ces contes, qui étaient dans ses habitudes, se répandaient dans les classes populaires et crédules, l'armée lorraine répandait autour d'elle une terreur qui ajoutait singulièrement à sa force.

Tout en causant beaucoup et avec un abandon apparent, le duc de Lorraine avait l'art de rester impénétrable. Il se montrait affable et prévenant, mais ses gracieusetés n'étaient pas pour tout le monde indistinctement. Il affectait d'être fier et impoli avec le prince de Condé, auquel il reprochait d'avoir profité des dépouilles de sa maison : Stenay, Clermont et Jametz, démembrements de la Lorraine. Pour éviter entre les deux princes des querelles d'étiquette, on dut changer, au palais du Luxembourg, les tables carrées pour les remplacer par des tables rondes. A ceux qui voulaient entamer avec lui des conversations sérieuses sur la conduite à tenir dans les présentes conjonctures, le duc de Lorraine répondait par des plaisanteries ; il se mettait même à chanter ou à danser. Au moyen de ces apparences d'insouciante légèreté, il évitait de s'engager trop avant, et gardait le champ libre pour ses évolutions ; mais il lançait parfois des vérités qui portaient coup. Le cardinal de Retz, qui voulait le gagner à ses vues, reçut à brûle-pourpoint, au Luxembourg, le feu de l'une de ses boutades, juste et sévère leçon, à laquelle il ne manquait que de sortir d'une bouche plus autorisée : « Avec les prêtres, lui répondit-il ironiquement, il faut prier Dieu : qu'on me donne un chapelet ; ils ne doivent se mêler d'autre chose que de prier et de faire prier les autres[1]. » A mesdames de Montbazon et de Chevreuse, il dit, en accordant une guitare : « Dansons, Mesdames, cela vous convient bien mieux que de parler d'affaires[2]. » Le cardinal de Retz, plus piqué que découragé, revint à la charge auprès du duc de Lorraine. Comme l'étiquette ne faiblissait jamais, quand tant de consciences faiblissaient si facilement au milieu de ces troubles et de ces guerres, une question d'étiquette l'empêchait de se rendre chez le duc, les princes de la maison de Lorraine prétendant le pas sur les cardinaux, tandis que ceux-ci prétendaient ne point le céder. Pour ne rien compromettre, de part ni d'autre, sur cette importante question, ils se virent au noviciat des Jésuites. Charles IV demanda, sans autre préambule, au coadjuteur, si son nez lui paraissait propre à recevoir des chiquenaudes. Puis « il pesta tout de suite contre l'archiduc, contre Monsieur et contre Madame,

---

[1] *Mémoires de mademoiselle de Montpensier.*
[2] *Id.*

qui lui en faisaient recevoir douze ou quinze par jour, en l'obligeant de venir au secours de M. le prince, qui lui détenoit son bien [1]. » Après cette sortie, ils se firent réciproquement une foule d'ouvertures et de propositions, si embrouillées et si obscures, qu'ils se séparèrent sans s'être entendus et sans conclusion.

En ce temps de négociations entre-croisées, Charles IV était mieux disposé à s'accommoder avec la politique du cardinal Mazarin que ne le comportaient les apparences, car il conseillait en secret à son beau-frère de se détacher des intérêts du prince de Condé pour traiter ensemble avec la cour; sinon qu'il fallait lui procurer dix mille hommes, et de l'argent pour les entretenir six mois. Le duc d'Orléans, trop engagé avec le prince de Condé, n'osait rompre avec lui, et était dans l'impossibilité de fournir les dix mille hommes et l'argent demandés par son beau-frère. Alors le duc de Lorraine lui déclara qu'il se considérerait comme quitte de tout engagement, lorsqu'il aurait fait lever le siége d'Étampes. En conséquence, il sortit de Paris pour aller rejoindre ses troupes, qui avaient quitté, par ses ordres, leur poste de Lagny pour se rendre à Villeneuve-Saint-Georges.

---

[1] *Mémoires du cardinal de Retz.*

Il devint aussitôt de bon ton d'y aller visiter le duc de Lorraine et son armée; les dames étaient les plus empressées. Mademoiselle de Montpensier se garda bien de manquer à cet élégant rendez-vous, et s'y rendit à cheval, accompagnée de la duchesse de Sully, des comtesses de Fiesque, de Frontenac et d'Olonne[1], dont le mari, cornette de chevau-légers, était auprès du roi; d'autres dames la suivaient en carrosses. La princesse et sa suite trouvèrent le duc couché sur le sable; celui-ci, après leur avoir fait mille contes, leur donna le spectacle du passage de la Seine sur son pont de bateaux, par quelques régiments de cavalerie.

Ce campement de Villeneuve-Saint-Georges offrait un curieux spectacle par la composition de cette armée lorraine, sorte de peuplade nomade, avec ses guerriers, ses femmes, ses enfants, ses serviteurs, ses bagages, ses vivres, ses ustensiles, ses meubles, et même ses troupeaux; elle s'était largement approvisionnée par le pillage des contrées parcourues. On ne comptait que cinq ou six mille combattants; mais il y avait, disait-on, quarante mille bouches à nourrir. Les troupeaux se

---

[1] Catherine-Henriette d'Angennes de la Loupe, femme de Louis de la Trémouille, comte d'Olonne. Le comte de Bussy-Rabutin lui a consacré l'un de ses plus longs et l'un de ses moins édifiants chapitres de son *Histoire amoureuse des Gaules*.

composaient de quinze à vingt mille vaches ou moutons. Les soldats donnaient ces animaux à vil prix aux marchands venus de Paris, en payement de bottes, de baudriers, d'habits, et de tout ce dont ils avaient besoin [1].

[1] *Journal des guerres civiles*, par Dubuisson-Aubenay, t. VI, p. 149; manuscrit conservé à la bibliothèque Mazarine.

CHAPITRE XVI.

Siége d'Étampes. — Billet inédit du maréchal de Turenne demandant les outils nécessaires. — Demi-lune emportée. — Sorties pour la reprendre. — Batterie enlevée, canons encloués. — Le régiment de Turenne reprend brillamment la demi-lune. — Principaux officiers signalés. — Coup de fauconneau tiré sur le roi. — Le roi quitte le siége sans avoir distribué aucun secours aux blessés et aux malades. — A qui incombe cette faute? — Les ministres tout-puissants sont un malheur public. — Négociations avec le duc de Lorraine. — Lettre inédite du roi ordonnant au maréchal de Turenne de lever le siége d'Étampes. — Le maréchal va se porter à Étréchy. — Autre lettre du roi traçant au maréchal la conduite à tenir. — Conduite équivoque du duc de Lorraine. — Le maréchal de Turenne, par une marche rapide, se porte en présence de l'armée lorraine. — Il somme le duc de livrer bataille ou de se retirer hors de France en lui abandonnant son pont de bateaux. — Retraite du duc de Lorraine.

(1652.)

Nous retrouvons le maréchal de Turenne à son quartier d'Étréchy, terminant tous les préparatifs nécessaires pour le siége d'Étampes, et se portant sous les murs de cette ville, dont la prise eût été un succès décisif, puisqu'elle eût anéanti d'un seul coup l'armée des princes. Cette armée comptait environ sept mille hommes, répartis dans les régiments français de l'Altesse, de Condé, de Conti, de Bourgogne, et cinq autres, et dans les régiments étrangers de Berlo, Pleur, la Motte, Vange, Pelnitz, et quelques autres. L'armée assiégeante se trouvait dans des conditions inégales, parce qu'elle était à peine plus nombreuse que l'armée assiégée. Le maréchal de Turenne fondait néanmoins l'espoir du succès de son entreprise sur le délabrement des murailles, ruinées sur plusieurs points, et surtout sur la mauvaise assiette de la place, qui, suffisante au moyen âge, était détestable avec la tactique nouvelle. Le haut et vaste plateau des plaines de la Beauce, s'échancrant en dentelures qui dominent la vallée de la Juine et la ville, placée sur ses bords, n'offre que l'embarras du choix de l'emplacement pour dresser les batteries, tandis que la place elle-même est dépourvue d'artillerie. Le vieux et curieux donjon aux quatre faces demi-sphériques, construit sur un mamelon pour protéger la ville ou la tenir en respect, selon l'occurrence, démantelé sous le règne de Henri IV, n'était déjà plus que le vain simulacre d'une force passée.

Les lignes de circonvallation furent commencées, le 26 mai, sur la rive gauche de la Juine; mais, faute de forces suffisantes, toute la rive droite fut laissée libre, de sorte que la ville était, en réalité, plutôt attaquée qu'assiégée[1]. La cavalerie de l'armée des princes, qui manquait de fourrages, pouvait, en traversant la Juine, aller librement se répandre dans la campagne; sans cette ressource, une prompte capitulation eût été inévitable. Le maréchal de Turenne fit établir une batterie de six grosses pièces de canon du côté de la porte d'Orléans, dans un lieu assez dominant pour pouvoir battre jusqu'au pied des maisons. Le lendemain, à neuf heures du matin, la ville fut saluée des premières volées.

L'insuffisance des engins nécessaires pour l'ouverture des tranchées, et surtout l'insuffisance des approvisionnements de pain, sont toujours la grande préoccupation du maréchal de Turenne; son caractère froid et mesuré se laisse emporter à quelque impatience dans le billet suivant au ministre le Tellier, tracé en entier de sa main :

« Monsieur,

« Comme je dois demeurer icy aujourd'huy, je vous supplie très-humblement d'ordonner que si

---

[1] A part la disproportion pour l'importance de la place et pour l'effectif des armées engagées, le siége de Sébastopol nous a récemment offert, sous ce rapport, quelque analogie avec le siége d'Étampes.

vous avez du pain prest, que l'on face charger des bateaux et qu'on les face monter à Mesnil et Étréchi, afin que s'il se peut, une fois en une vie, nous puissions estre en avance d'un jour de pain. Je suis véritablement,

« Monsieur,

« Vostre très humble et très affectionné serviteur,

« Turenne. »

« Ce 30 mai 1652. »

« Je vous supplie très-humblement de nous faire avoir des outils, et principalement des pics [1]. »

L'outillage était si incomplet qu'il était impossible de creuser suffisamment le sol; aussi les lignes de circonvallation étaient-elles si peu larges et profondes, que les chevaux ennemis, à chaque sortie, les franchissaient d'un seul bond.

Dans le cours des opérations, une demi-lune ayant été emportée, les assiégés, pour la reprendre, firent une sortie de trois ou quatre mille hommes, sous les ordres de Tavannes et de Clinchamp. Cette colonne reprit possession de la demi-

---

[1] Billet inédit, tiré des *Archives du Ministère de la guerre*, vol. CXXXIII.

lune, et s'élança au-delà, pour aborder la batterie établie par le maréchal de Turenne; elle arriva sur elle malgré son feu, tua ou dispersa sa garde, composée de quatre-vingts mousquetaires, et encloua trois pièces de canon. La demi-lune, par un retour offensif non moins brillant, fut reprise par le régiment de Turenne, marchant enseignes déployées.

Après cette infructueuse tentative, les assiégés ne firent plus de grandes sorties; ils s'attachèrent uniquement à réparer les brèches et à élever de nouveaux obstacles à la place de ceux qui étaient ruinés. De petites sorties avaient lieu seulement pour empêcher ou pour détruire les travaux des assiégeants. Dans l'une d'elles, dont le but était d'arracher le mineur attaché à la muraille, un capitaine du régiment de l'Altesse fut fait prisonnier.

Parmi ceux qui se distinguèrent ou qui reçurent la mort ou des blessures dans ces divers engagements, furent comptés, au nombre des premiers, Tracy[1] et le marquis de Richelieu[2]; parmi

---

[1] François d'Estut, seigneur de Tracy, exempt des gardes-du-corps.

[2] Jean-Baptiste-Amador, marquis de Richelieu, lieutenant-général, gouverneur du Havre. On sait que sa tante, la duchesse d'Aiguillon, furieuse de sa mésalliance (il avait épousé, par un entraînement de jeunesse, Jeanne-Baptiste de Beauvais, fille de madame de Beauvais, première femme de chambre de la

les seconds, le baron d'Aspremont, maréchal-de-camp, tous dans les rangs de l'armée royale. Dans l'armée des princes furent remarqués, outre ses trois chefs, le marquis de la Londe[1], lieutenant de la compagnie des chevau-légers du duc d'Orléans, tué dans la grande sortie.

Un incident qui fit grand bruit signala ce siége. Le jeune roi, curieux de voir l'attaque d'une place, s'y était rendu. Comme, pour aller d'un quartier dans un autre, il fallait passer à portée des murailles, le maréchal de Turenne envoya demander une suspension d'hostilités pendant le passage du roi. Il paraît que le comte de Tavannes, ne voulant pas accorder cette suspension, dans l'appréhension que la présence du roi ne fût un moyen d'entraîner la défection de la partie française de son armée, défection d'autant plus à redouter qu'une grande mésintelligence existait avec les troupes étrangères, envoya un officier allemand répondre au messager; en sorte qu'un refus délicat à faire pût être couvert par quelque confusion de langage. Le roi ayant voulu passer, néanmoins, un coup de fauconneau fut tiré sur lui du côté de la porte de Chastres. Ce fait fit

---

reine), tenta vainement de faire casser ce mariage comme clandestin. La reine Anne d'Autriche soutint de son crédit la validité du mariage.

[1] François de Bigars, marquis de la Londe.

contraste avec la conduite des Espagnols qui n'avaient jamais tiré sur le quartier du roi Louis XIII, ni à Hesdin, ni à Perpignan. Le comte de Tavannes, qui se justifie avec tant de soin, dans ses Mémoires, de l'imputation d'avoir donné l'ordre de tirer, en insistant sur ce qu'il se trouvait à ce même moment à la porte d'Orléans, fort éloignée de la porte de Chastres, n'en garda pas moins la responsabilité de cet acte, qui fut pour lui la cause d'une disgrâce dont il ne se releva jamais, alors même que pour tant d'autres le passé fut oublié.

Pendant la courte apparition du jeune roi au siége d'Étampes, un fait fut très-remarqué : il ne donna rien aux soldats, les uns blessés, les autres souffrant de la faim. La Porte, son valet de chambre, en donne l'explication : Le soir de la journée du coup de fauconneau, son jeune maître, un peu fier des louanges reçues pour un certain aplomb qu'il avait montré dans cette occasion, voulut savoir si son valet de chambre était aussi brave que lui; il lui demanda s'il avait peur des canons. La Porte répondit qu'on n'avait pas peur quand on n'avait pas d'argent. « Il m'enten-
« dit et se mit à sourire, ajoute la Porte; mais
« personne n'en devina la cause. Le roi voyait
« quantité de malades et d'estropiés qui couraient
« après lui, demandant de quoi soulager leur mi-
« sère, sans qu'il eût un seul douzain à leur don-

« ner; de quoi tout le monde s'étonnait fort. »
Le roi, ainsi que la Porte le dit plus loin, avait
cependant reçu du surintendant cent louis d'or
pour faire des libéralités; mais le cardinal Mazarin les lui avait pris [1].

Le premier ministre ne rougissait pas de laisser
le roi lui-même dans le dénûment, et tandis que
les armées manquaient de tout, même de pain,
que la misère régnait dans les provinces, il continuait à amasser chaque jour cette immense fortune personnelle dont sa mort fit surgir le monstrueux inventaire. Cette indigne pratique de certains ministres, tirant profit de l'exercice de leurs
fonctions, a été inaugurée en France par l'intronisation du ministérialisme centralisateur et absolu. Quand ces ministres n'étaient pas naturellement probes, quelle barrière pouvait arrêter leur
soif de s'enrichir, et leur penchant à livrer à leurs
familles les emplois et les honneurs? Ils étaient
devenus trop puissants pour que nul contrôle pût
être exercé sur eux; le roi lui-même devenait, à
certains égards, le subordonné et la première
victime de ces ministres, pareils à ces intendants
de maîtres opulents, qui, donnant à ceux-ci quelques parcelles de leurs revenus, font semblant
encore de leur avancer leur propre argent.

---

[1] *Mémoires de la Porte.*

Le duc de Lorraine, en exécution des promesses qu'il avait faites au duc d'Orléans, son beau-frère, prenait ses mesures pour s'approcher d'Étampes, en faisant franchir la Seine à son armée sur son pont de bateaux de Villeneuve-Saint-Georges ; mais, parallèlement à ces préparatifs, le duc, entretenant toujours ses négociations avec la cour, était arrivé à s'entendre avec elle sur les termes d'un accord à peu près conclu. En attendant la signature du traité, le roi d'Angleterre [1] avait entremis ses bons offices pour obtenir du duc de Lorraine une suspension d'armes. Une lettre du roi au maréchal de Turenne, datée de Melun, le 7 juin 1652, lui apporta la nouvelle de cette suspension d'hostilités, avec l'ordre de lever le siège d'Étampes [2] :

« Je vous fais cette lettre pour vous dire qu'aussitôt que vous l'aurez reçue, vous ayez à vous retirer avec mon armée de devant Étampes, dont vous ferez savoir la cause à ceux qui y commandent, sans que les apparences du bon succès de

---

[1] Charles II, alors réfugié en France avec sa mère Henriette de France, fille de Henri IV, et son frère le duc d'York, qui a régné sous le nom de Jacques II, qui servait comme volontaire dans l'armée du maréchal de Turenne. Les deux frères se faisaient un devoir de payer par leurs services leur dette de reconnaissance pour l'hospitalité royale.

[2] Lettre inédite, tirée des *Archives du Ministère de la guerre*, vol. CXXXV.

l'entreprise que vous faites, par le bon ordre que vous y avez donné, estant logé à la porte de ladite ville, ny aucune autre considération, vous fassent retarder vostre départ d'un seul moment; que de là vous alliez prendre le poste que vous jugerez le plus commode pour faire subsister mon armée pendant cette suspension, et pour l'employer ensuite, sur quoy je vous ferai savoir mes intentions; et parce que je charge le sieur de Varenne [1] de cette dépesche, je me remets sur luy de ce que j'y pourrois ajouter... »

L'ordre ne pouvait être conçu en des termes plus propres à ménager la susceptibilité militaire du maréchal de Turenne et des chefs qui commandaient sous lui; le roi leur demandait le sacrifice de faire l'abandon d'un succès assuré, tandis qu'il était, au contraire, plus que problématique. Les apparences étaient sauves, et le siége fut levé.

En exécution de l'ordre royal, le maréchal de Turenne alla se poster à Étréchy avec son armée, pour surveiller le duc de Lorraine, dont les engagements n'étaient pas ce qu'il y avait de plus sûr au monde. Le pont de bateaux que ce duc

---

[1] Fouquet, marquis de la Varenne; la duchesse de Bar avait fait entrer son père dans la maison du roi Henri IV comme officier de bouche.

avait jeté sur la Seine, alors qu'il avait l'intention de secourir Étampes, pont qu'il gardait encore, pouvait lui faciliter, en cas de revirement d'intentions, une agression dangereuse. Le poste d'Étréchy permettait au maréchal de Turenne de s'opposer à la jonction de l'armée du duc avec l'armée des princes, rendue libre de quitter la ville d'Étampes. Cet avantage pouvait être singulièrement contre-balancé par le danger de se placer entre deux feux, d'autant plus que Charles IV, pour se ménager des deux côtés, bien que s'étant engagé vis-à-vis de la cour à quitter la France, avait aussi promis aux princes de ne livrer qu'à eux son pont de bateaux. Ce pont lui permettait donc de passer lui-même la Seine, s'il jugeait à propos de manquer à sa parole; et, en tout cas, sa possession assurait aux princes la possibilité de faire venir leur armée à Paris, sans être dans la nécessité de commencer par remporter une victoire sur l'armée du roi. Le maréchal de Turenne avait donc à se préoccuper, pour le poste à choisir, moins de ses conditions défensives que des conditions de proximité qui rendaient possible, au moment opportun, une démonstration vigoureuse pour forcer le duc à effectuer la retraite promise.

Une seconde lettre du roi au maréchal de Turenne vint lui tracer la conduite à tenir, conduite pour laquelle la diplomatie devait avoir au moins autant de part que la guerre [1].

« A Melun, du 15 juin 1652.

« Mon cousin, vous savez comme j'avois envoyé le sieur de Beaujeu [2] vers mon frère le duc de Lorraine, et ledit Beaujeu m'ayant rapporté hier au soir l'asseurance qu'il se rendroit aujourd'huy près de moy avec mon frère le roi de la Grande-Bretagne, je renvoie présentement ledit sieur de Beaujeu vers mondit frère le duc de Lorraine, pour le convier d'effectuer ce dont il a donné parolle, et l'ayant chargé de vous aller trouver pour vous informer plus particulièrement de ce qui s'est passé avec ledit duc, j'ai bien voullu vous faire sçavoir que mon intention est que vous continuyez vostre marche avec mon armée que vous commandez, ainsi que je l'ai approuvé et résolu, et néantmoins sans faire aucun acte d'hostilité contre les troupes de mondit frère le duc de Lorraine, et qu'ayant commandé audit de Beaujeu de retourner vers vous ce soir, pour

---

[1] Lettre inédite, tirée des *Archives du Ministère de la guerre*, vol. cxxxv.

[2] Le baron de Beaujeu, de la maison d'Hennezay, en Franche-Comté, colonel du régiment de cavalerie de Beaujeu, taillé en pièces à Bléneau. Voy. la note de la p. 188.

vous faire sçavoir si ledit duc exécutera ce qu'il a promis, j'entends qu'en cas que ledit de Beaujeu vous rapporte qu'il n'est pas en résolution et en disposition de le faire, vous ayez à exécuter les résolutions qui furent hier prises avec vous, et sur ce je prie Dieu, etc. . . . . . »

Le maréchal de Turenne avait donc pour ligne de conduite d'imposer au duc de Lorraine l'accomplissement de ses promesses, non par des hostilités immédiates, mais en lui inspirant la crainte de ces hostilités. S'il était important de l'obliger à tenir son engagement vis-à-vis de la cour, il était non moins important de l'empêcher de remplir celui qu'il avait pris vis-à-vis des princes, de leur livrer son pont de bateaux. En conséquence, le maréchal de Turenne, le jour même de la réception de la lettre du roi, lève son camp d'Étréchy, et va passer la Seine à Corbeil, à cinq lieues au-dessus de Villeneuve-Saint-Georges. Par cette marche aussi rapide qu'imprévue, il paraît inopinément en vue de l'armée du duc de Lorraine; mais un cours d'eau profond, la petite rivière d'Yères, qui n'était guéable sur aucun point, ne pouvait lui permettre de l'attaquer. Le duc avait couvert les flancs de son armée d'un côté par la Seine et par la petite rivière, son affluent; de l'autre, par la forêt; son front étant facilement accessible par la plaine, il avait élevé six redoutes pour le couvrir. Le vicomte de Turenne, arrêté par l'obstacle de la rivière d'Yères, entreprend une marche de nuit pour en remonter le cours jusqu'à un pont éloigné, probablement à Brunoy, sur lequel il fait passer ses troupes. Au point du jour il se trouve dans la plaine, n'ayant plus d'autres obstacles à surmonter que l'enlèvement des redoutes, pour pouvoir aborder l'armée lorraine.

La conjoncture est plus décisive qu'il ne convient aux habitudes de temporisation et de duplicité du duc de Lorraine. Le maréchal de Turenne l'envoie sommer, ou de livrer bataille, ou de se retirer hors de France, en lui abandonnant la possession du pont de bateaux, qui eût assuré à l'armée des princes la communication de Paris. Le duc, pour gagner du temps, répond qu'il est dans les intérêts du roi, et qu'il faut bien se garder de toute agression. En recevant cette réponse, Turenne, qui n'ignorait pas que le duc était en état de négociations perpétuelles avec la cour, mais qui n'avait aucune connaissance que ces négociations eussent abouti à d'autres conventions que celles déjà stipulées de sa retraite hors du royaume, s'écrie : « Il nous trompe ; mais je n'ose prendre sur moi de l'attaquer. » Le maréchal envoie en toute hâte auprès du roi prendre des instructions nouvelles; elles lui reviennent avec ordre d'attaquer.

A peine le maréchal a-t-il fait la première démonstration agressive, que le duc de Lorraine, trop prudent pour vouloir risquer sur un coup de dé aventureux l'armée qui était son dernier bien, et accédant aux instances pressantes du roi d'Angleterre, qui s'était rendu dans son camp, lui envoie dire qu'il va se retirer. Aussitôt il commence sa retraite hors de France, en donnant des otages pour sûreté de sa promesse, et livre son pont de bateaux. La dévastation des provinces qu'il traverse accompagne ses pas.

Au moment où l'armée du duc de Lorraine abandonnait son campement, le 16 juin, l'armée des princes, arrivant d'Étampes, débouchait sur l'autre rive de la Seine; elle ne put qu'assister, impuissante, à la destruction du pont de bateaux et à la défection de son perfide allié.

CHAPITRE XVII.

Le prince de Condé rejoint son armée en toute hâte. — Le maréchal de Turenne surveille la retraite du duc de Lorraine. — Il opère sa jonction avec l'armée du maréchal de la Ferté. — L'armée des princes campe à Saint-Cloud. — L'armée royale campe à Saint-Denis. — Désordres dans Paris et jusque dans l'enceinte du parlement. — Le duc de Beaufort convoque et harangue les émeutiers à la place Royale. — Délibération du parlement pour la paix, suivie de nouveaux désordres. — Arrêt du parlement portant suspension de ses séances. — État des esprits d'après une relation inédite. — Ordre de la cour, ignoré jusqu'ici de l'histoire et inexécuté, pour chasser des Tuileries mademoiselle de Montpensier. — Périlleuse reconnaissance d'un pont sur la Seine, faite par le prince de Condé. — Appréciation inexacte faite par ce prince d'un mouvement de l'armée royale; ses graves conséquences. — Résolution de ce prince de conduire ses troupes de Saint-Cloud à Charenton. — Lenteurs et embarras de cette marche nocturne. — Lettre inédite du maréchal de l'Hôpital, assurant le roi que l'armée des princes ne sera pas reçue dans Paris. — Bataille du faubourg Saint-Antoine. — Pusillanimité du duc d'Orléans. — Mademoiselle de Montpensier à l'Hôtel-de-Ville. — La princesse fait ouvrir les portes de Paris à l'armée des princes et tirer le canon de la Bastille sur l'armée du roi. — Défilé de l'armée des princes dans Paris. — Bravoure du prince de Tarente couvrant la retraite. — Entrée du prince de Condé. — Le jeune Mancini, neveu du cardinal Mazarin, mortellement blessé. — L'armée des princes va camper entre le faubourg Saint-Marcel et le village de Gentilly. — L'armée royale se retire sur Saint-Denis.

(1652.)

La nouvelle de la défection du duc de Lorraine fut accueillie à Paris par un sentiment d'indignation générale; il eût été dangereux d'être reconnu pour Lorrain ou pour Anglais, la part active du roi d'Angleterre et de son frère, le duc d'York, dans la négociation, ayant confondu les noms des deux pays dans une animadversion commune.

« Oh! le méchant! oh! le traître! » s'écriait douloureusement le duc d'Orléans, sans sortir de son palais, tandis que le prince de Condé, courant au plus pressé, rejoignait son armée, redoutant qu'elle ne devînt la proie du maréchal de Turenne. Il résolut de la rapprocher de Paris, où il prétendait toujours, sans y réussir jamais, frapper le coup décisif; il la conduisit à Saint-Cloud, en passant par Bourg-la-Reine, et en évitant toute rencontre, inopportune pour ses desseins, avec l'armée du maréchal de Turenne. Celui-ci avait franchi la Marne à Lagny, et s'était avancé jusqu'à Dammartin pour surveiller la retraite du duc de Lorraine, et opérer, en outre, sa jonction avec le maréchal de la Ferté, qui amenait son armée pour agir de concert. Revenant ensuite sur ses pas, Turenne vint se poster à Saint-Denis.

Dès que l'armée des princes fut campée aux portes de Paris, les désordres de cette ville, secrètement soutenus par eux, afin d'intimider et de réduire au silence tous ceux qui inclinaient pour le parti royal, prirent une recrudescence nouvelle. Entre autres faits, le 23 juin, un attroupement arrêta, auprès de Saint-Jacques-la-Boucherie, un valet de pied de la reine, et l'ayant trouvé porteur de deux grenades et d'une paire de pistolets à deux canons chacun, le massacra impitoyablement[1]. Les conseillers au parlement, dont le plus grand nombre cependant ne pouvait être suspect de penchant pour le ministre favori, n'en étaient pas moins tous traités de *Mazarins*, par ce motif que leur désir de renverser le cardinal n'allait pas jusqu'à vouloir substituer l'autorité des princes à l'autorité du roi. Tout au contraire, les princes alors étaient généralement populaires. Les malheureux conseillers, assaillis, conspués, menacés dans les rues, jusque dans les salles du palais, se déguisaient pour échapper aux outrages, et n'osaient même plus se réunir.

Le parlement prenait pour texte de ses délibérations la recherche des moyens propres à procurer, par des négociations avec la cour, la paix et

---

[1] *Relation de ce qui s'est passé en France depuis le 5 janvier* 1652 *jusqu'au* 26 *avril* 1653; fonds de Sorbonne, n. 1257, manuscrits de la Bibliothèque impériale.

le retour du roi, sur le thème convenu de l'expulsion du cardinal Mazarin, sans pouvoir ramener à lui son ancienne popularité. Il s'occupait pourtant encore des secours à apporter à la misère créée par les malheurs de la guerre civile, et chaque président s'était taxé à deux cents livres, chaque conseiller à cent livres; il travaillait de plus à trouver les fonds nécessaires pour payer les cinquante mille écus promis à celui qui rapporterait la tête du cardinal Mazarin.

Une émeute populaire avait franchi le 21 juin au matin les portes du palais : les conseillers Vassan et Portail faillirent être massacrés dans l'une des salles; et le président Thoré, poursuivi dans la rue, eût été mis en pièces, si les habitants de la maison dans laquelle il s'était réfugié n'eussent pris les armes pour le sauver. Le duc de Beaufort voulut profiter de cette émotion pour accroître encore le désordre : il convoqua les séditieux à la place Royale par des placards affichés au coin de chaque rue pour aviser, y était-il écrit, aux moyens de faire cesser les désordres des gens de guerre et de chasser le cardinal Mazarin, afin de parvenir à la paix. Quatre ou cinq mille bandits répondirent à l'appel, et le duc de Beaufort les harangua au milieu et aux quatre coins de la place. Il leur dit : que l'armée des *Mazarins* était aux portes de Paris; que les princes faisaient tous leurs efforts pour l'éloigner, mais qu'ils n'étaient point secondés ; que le parlement les trompait, qu'il était, aussi bien que le conseil de l'Hôtel-de-Ville, rempli des partisans du cardinal. Il concluait à changer les colonels et les capitaines des quartiers, à faire des levées, à chasser de Paris les *Mazarins* dont il donnerait la liste, et à piller leurs maisons. Il termina ses harangues en leur donnant rendez-vous pour le lendemain matin, à cinq heures, au palais, avec des armes, pour obliger le parlement à faire un acte d'union avec les princes et à ordonner des levées.

Le lendemain les séditieux n'eurent garde de manquer au rendez-vous assigné ; mais il ne se trouva au palais que quelques conseillers des plus zélés frondeurs ; le plus grand nombre, effrayé, n'avait osé s'y rendre, et tous les présidents s'étaient abstenus. L'émeute, ne trouvant rien à faire au palais, se transporta aux portes du Luxembourg pour exposer au duc d'Orléans ses griefs et ses vœux, et voulut tuer le président de Maisons qui sortait en chaise de chez le prince. Les jours suivants se passèrent dans le tumulte, et, chaque nuit, les chaînes étaient tendues dans les rues.

A force de démarches et même de visites personnelles chez les présidents, les princes parvinrent à surmonter assez la frayeur du parlement pour obtenir qu'il se réunirait le 25 juin ; eux-mêmes se rendirent à la séance.

Il fut délibéré de conclure définitivement la paix avec la cour, en lui accordant toutes les satisfactions qu'elle avait demandées : le licenciement des troupes françaises et étrangères des princes, la remise de toutes les places dont ils étaient les maîtres, à la seule condition de l'expulsion du cardinal Mazarin. En conséquence, de nouveaux députés devaient être envoyés à la cour. Ce renoncement de la part des princes à toutes leurs prétentions était plus apparent que sincère ; c'était un leurre pour ménager le parlement et pour gagner le temps qu'ils jugeaient nécessaire pour faire réussir leurs négociations particulières autrement avantageuses, dont ils ne désespéraient pas encore.

Il ne fut rien dit de l'union du parlement avec les princes, pour contraindre la cour par la force, à défaut de son consentement volontaire, à l'expulsion du ministre, union qui était dans les vœux de la multitude, mais que les princes n'osaient pas encore poser au parlement comme demande formelle, ainsi qu'ils ne tardèrent pas à le faire. A l'issue de la séance, malgré les précautions qui avaient été prises, les membres du parlement furent encore poursuivis, maltraités ; les présidents Le Bailleul et Le Coigneux furent particulièrement exposés ; les compagnies bourgeoises convoquées pour les protéger prenaient elles-mêmes part à ces violences.

Le 27 juin, le président de Novion, ayant réuni dans la grand'chambre ce qu'il put trouver de conseillers, rendit avec eux un arrêt portant que le parlement ne s'assemblerait plus jusqu'à ce que l'Hôtel-de-Ville eût pris des mesures efficaces pour garantir sa sûreté. Quelques conseillers, grands frondeurs, affectèrent d'aller encore au palais les jours suivants ; et, pour rendre leurs collègues plus odieux et plus suspects, ils disaient que pour eux il ne fallait point de gardes pour rendre la justice. Le conseiller Broussel et le président Charton se signalaient parmi ceux qui tenaient les plus ardents propos.

Il paraît certain que, si le parlement n'eût pas été sous le coup de l'intimidation qui pesait sur lui, malgré ses répulsions contre le cardinal, la majorité, pour revenir au calme et à la sécurité, eût opiné, en mettant complétement de côté les intérêts des princes, pour la paix et pour le retour du roi avec le maintien du cardinal à son poste de premier ministre. Les princes ne pouvaient donc voir qu'avec une satisfaction secrète des violences devenues nécessaires au soutien de leur cause, tout en se gardant de les avouer.

La cour avait cru le moment favorable pour

se rapprocher de Paris, afin de déterminer un mouvement des habitants en sa faveur. Elle se trompait dans son attente : la lassitude des désordres et de la guerre, dont elle devait plus tard tirer parti à son avantage, n'était pas encore arrivée à l'apogée nécessaire. Le fragment suivant, écrit sous l'impression des préoccupations du moment, va nous transporter en pensée dans ce milieu incertain et agité.

« Leurs Majestés estant arrivées le 28 du passé (juin) à Saint-Denys, avec le cardinal Mazarin, y logèrent dans l'abbaye, et y sont encore avec toute la cour, s'estant approchées jusques là sur la division qui est dans l'esprit des Parisiens, pour tascher de faire pencher la balance du costé de ceux qui demandent la paix sans condition, lesquels sont, la plupart, de pauvres artisans qui ont grand peyne de vivre dans une conjuncture si malheureuse. Ils sont en partie gagés pour en faire des cris dans toutes les assemblées qui se font. Quant aux bons bourgeois, il y en a peu qui ne veuillent l'exclusion du cardinal Mazarin ; mais la cour travaille fort à gaigner le corps des marchands, dont ceux qui le sont desjà publient qu'il vaut mieux avoir la paix avec le cardinal Mazarin que demeurer davantage en guerre, quoyque les plus sensés advouent qu'il est fort difficile de demeurer en paix tant que le Mazarin demeurera.

Cette division tient encore les affaires en balance, et l'espérance que le cardinal Mazarin en a d'y trouver ces avantages-là oblige à faire rompre les négociations qui se faisoient pour la paix, ayant seulement amusé Son Altesse Royale et M. le prince par les beaux semblanz de la vouloir faire, en attendant la jonction du maréchal de Senneterre, qui a grossi l'armée de la cour jusqu'à quatre mille hommes en tout. Il est vrai que le bruit est fort grand que M. le prince, estant menacé de voir le cardinal de Retz dans le ministère, s'estoit disposé à consentir que le cardinal Mazarin se retirât à Sédan pour trois mois seulement, et qu'il revînt après, aymant mieux qu'il revînt dans le ministère que d'y voir son plus grand ennemi; mais que M. le prince a tousjours déclaré à Son Altesse Royale qu'il ne feroit rien contre sa volonté, et qu'il ne s'y estoit disposé que dans le cas qu'elle s'y voulût résoudre. Aussitôt elle lui a desclaré qu'elle aymoit mieux périr que de souffrir jamais de Mazarin. Il est entré dans tous ses sentiments, comme il est dans ses intérests, ne voulant pas se désunir d'avec elle[1]. »

La présence à Paris de Mlle de Montpensier ne devait pas être sans influence, comme nous ne tar-

[1] *Relation de ce qui s'est passé en France depuis le 5 janvier 1652 jusqu'au 26 avril 1653*; fonds de Sorbonne, n. 1257, manuscrits de la Bibliothèque impériale.

derons pas à le voir, sur la suite des événements. A cette occasion, le récit d'un fait inédit et jusqu'à présent ignoré de l'histoire, qui s'était passé deux mois auparavant, doit ici trouver sa place. La cour, qui ne pouvait supporter l'audacieuse princesse depuis qu'elle lui avait fait fermer les portes d'Orléans, eût bien voulu, par une sorte de pressentiment de ce qui devait arriver, lui fermer les portes de Paris. Ne le pouvant pas, mais pour rendre à la princesse le séjour de la capitale ou désagréable ou impossible, elle avait tenté de lui fermer les portes des Tuileries. Mademoiselle avait ses appartements dans ce palais, soit que son père ne pût pas la loger au Luxembourg, soit que l'indépendance de sa fille s'accommodât mieux d'une habitation séparée. Un ordre de la cour avait prescrit de faire sortir des Tuileries tous les meubles de la princesse, épisode dont voici le détail :

« M. de Congis, gouverneur des Tuileries [1], reçut une lettre de cachet portant ordre de faire oster tous les meubles qui sont dans l'appartement de Mademoiselle. Aussy tost il fut trouver madame la comtesse de Fiesque, gouvernante de Made-

---

[1] Son fils, capitaine aux gardes, lui succéda dans ce gouvernement, et son petit-fils eut la survivance de cette même charge. Voy. les *Mémoires du duc de Saint-Simon*.

moiselle, et lui fit veoir cette lettre de cachet; sur quoy elle vint avec luy au palais d'Orléans, pour parler à Son Altesse Royale, qui dit à M. de Congis que c'estoit à Elle que cet ordre devoit estre adressé, et que lorsque le Roy lui en escriroit de sa main, Elle verroit ce qu'elle auroit à faire. Cependant Elle défendit à cette comtesse d'obéir à cet ordre[1]. »

Cet ordre étant resté sans exécution, la princesse, à son retour d'Orléans, était allée descendre à sa demeure accoutumée.

Le poste occupé par l'armée des princes, entre Saint-Cloud et Suresnes, devenait difficile, par suite des manœuvres de l'armée royale. Le maréchal de Turenne était campé à Saint-Denis, et le maréchal de la Ferté à Épinay, entre Saint-Denis et Argenteuil. Sur ce point, qui touche la Seine, la Ferté faisait travailler à un pont qui, une fois achevé, pouvait lui permettre de tomber à l'improviste sur les quartiers de l'armée des princes. Le prince de Condé voulut aller lui-même reconnaître ce travail menaçant: le pont était achevé entre Épinay et une petite île au milieu de la Seine; entre l'île et la plaine de Gennevilliers et de Colombes, il n'était pas commencé. En même

---

[1] Même *Relation* que la précédente, sous la rubrique du 24 avril 1652.

temps que le prince de Condé considérait ces travaux, il remarqua, sur les hauteurs de la rive opposée, une colonne de troupes se dirigeant à l'ouest, dont la tête, tournant à droite en approchant d'Argenteuil, disparaissait à la vue. Pendant cette reconnaissance, quelques volées de canon vinrent saluer le prince d'assez près pour qu'un boulet lui passât à quelques pouces du visage. Il entra dans une maison pour tenir un conseil de guerre, dans lequel il exposa que le maréchal de la Ferté paraissait vouloir l'amuser avec son pont, qu'il achèverait quand il voudrait, et que la colonne en marche devait être l'armée du maréchal de Turenne, allant chercher un passage sur la Seine, vers Poissy ou Meulan, et qu'alors, à un moment donné, le maréchal de la Ferté achevant son pont, les deux maréchaux lui tomberaient à la fois sur les bras. En conséquence, le prince émit l'avis, qui fut adopté, de décamper de Saint-Cloud pour aller s'établir à Charenton, dans le poste excellent de la presqu'île, entre la Seine et la Marne [1].

Deux chemins étaient à choisir : le premier, le plus sûr, mais le plus long, par Meudon, en contournant les faubourgs Saint-Germain et Saint-Marcel ; le second, par le bois de Boulogne, en

---

[1] *Mémoires du comte de Tavannes.*

contournant les faubourgs Saint-Denis, Saint-Martin et du Temple. Cet itinéraire, plus dangereux, offrait l'avantage d'utiliser à Saint-Cloud même le pont de bateaux dont disposait l'armée des princes, et de le rompre ensuite; tandis que le premier itinéraire exigeait de le faire remonter au-dessus de Paris, pour s'en servir au point opportun. La direction par le bois de Boulogne fut adoptée.

Les prévisions du prince de Condé pouvaient être justes, mais son coup d'œil avait eu le défaut d'être trop prompt. Le maréchal de Turenne, bien qu'il n'en dise rien dans ses Mémoires, avait pu avoir l'intention d'aller passer plus tard la Seine à Poissy et à Melun, et avoir fait filer quelques troupes dans ce but; mais il était encore à Saint-Denis avec le gros de ses forces. Le prince de Condé, qui avait donné immédiatement l'ordre du départ, ne put être prévenu de ce fait si important assez à temps pour donner contre-ordre. Lanques[1], qui commandait l'avant-garde, envoya un aide-de-camp au prince, pour l'avertir que le maréchal n'avait pas changé sa position; mais cet aide-de-camp, au lieu de se diriger à travers champs, ayant voulu suivre la ligne extérieure des faubourgs en sens inverse de

---

[1] Charles de Choiseuil, baron de Lanques.

la marche des colonnes, passa toute la nuit embarrassé dans les troupes et dans les bagages. Les prévisions trop promptes du prince de Condé, et le retard de l'aide-de-camp, eurent pour résultat d'engager ce prince malgré lui, le lendemain, dans le périlleux combat où il devait être anéanti avec son armée, si une circonstance inespérée ne l'eût sauvé.

Le mouvement avait commencé dès le soir, en trois divisions, la première commandée par Clinchamp; le seconde par Nemours; le prince de Condé s'était réservé le commandement de la troisième. Le comte de Tavannes, resté en arrière avec quinze cents chevaux, en face de l'armée du maréchal de la Ferté, partait également dans la nuit pour se diriger vers Charenton par le même chemin, et rejoignit Clinchamp auprès de Picpus, à la pointe du jour. Le prince de Condé pendant cette marche entra seul dans Paris, afin de se concerter avec le duc d'Orléans. Son armée continuait à s'avancer difficilement dans l'obscurité, embarrassée par le peu de largeur des chemins et par ses bagages, dont elle dut jeter une partie dans les fossés de la ville. Ce manque d'activité fut vivement reproché plus tard par le prince de Condé à ses officiers; si son armée eût été massée à Charenton à la pointe du jour, le péril d'une manœuvre imprudente eût été conjuré.

L'armée des princes, par la lenteur de sa marche, s'exposait à être serrée comme dans un étau entre les murailles de Paris, dont les portes lui étaient fermées, et l'armée royale, si celle-ci venait à être avertie.

La cour avait pris toutes ses précautions pour s'assurer que l'armée des princes ne serait pas reçue dans Paris; la lettre suivante, écrite la veille par le maréchal de l'Hôpital au ministre le Tellier, nous en apporte une preuve inédite et nouvelle [1] :

« A Paris, 1ᵉʳ juillet 1652.

« Monsieur,

« J'ay reçu la lettre que vous m'avez faict l'honneur de m'escrire sur le suject de l'avis donné au Roy du dessein de Monseigneur le prince de faire entrer son armée dans les fauxbourgs de Paris, comme j'estois à l'Hostel-de-Ville. Je l'ai faicte lire à l'assemblée, où il a esté résolu d'envoyer des mandements aux colonels portant défense de recevoir, ni laisser entrer aucuns gens de guerre dans les fauxbourgs, et s'il s'en présente pour entrer, de les repousser et en donner aussitost advis

---

[1] *Archives du Ministère de la guerre*, vol. CXLIV.

à la ville. Cela a passé tout d'une voix, et je vous asseure, Monsieur, qu'il ne s'en estoit faict aucune proposition, et que je vivrai et mourray,

« Monsieur,

« Vostre très-humble serviteur,

« Lospital. »

« Monsieur,

« Je vous supplie de vouloir bien accorder à ces marchands de bled tout ce qui se pourra pour la seureté de leurs bateaux et chevaux qui les tirent, je vous en auray obligation. »

Il arriva, ce qui était inévitable, que le maréchal de Turenne fut prévenu dans la nuit de la marche de l'armée des princes. Il ne manqua pas l'occasion de prendre cette armée dans le piége qu'il ne lui avait pas tendu, mais où elle était venue se placer elle-même. Il accourut avec les premières troupes qu'il trouva sous la main, donnant ordre à toute son armée de le suivre avec promptitude. Lorsque le maréchal joignit l'armée des princes, l'avant-garde de celle-ci atteignait Charenton ; le centre contournait les faubourgs de Paris en colonnes allongées, tandis que les derniers escadrons avaient à peine dépassé le cours la Reine. Cette armée eût été infailliblement coupée en tronçons dont les anneaux eussent vainement tenté de se ressouder, si, dans ce premier moment, Turenne eût disposé de forces plus considérables; les troupes qui le suivaient furent bravement tenues ne échec par le régiment de Conti, qui se porta en avant du faubourg Saint-Martin pour le couvrir. La longue colonne de l'armée des princes put alors se masser dans le faubourg Saint-Antoine, l'avant-garde étant revenue sur ses pas, et l'arrière-garde ayant rejoint le centre.

Pendant que ces dispositions étaient prises d'un côté; de l'autre, le maréchal de Turenne avait été rejoint par toute son armée, et ce jour paraissait devoir être celui d'une sanglante et décisive bataille. La situation de l'armée des princes, entre Paris fermé et l'armée royale, était si aventurée que le cardinal Mazarin savourait déjà la joie du triomphe. Pour ne rien perdre du spectacle, il avait fait monter avec lui le jeune roi sur les hauteurs de Charonne [1], tandis que la reine était res-

---

[1] Une inspection attentive des lieux nous a fait reconnaître que le point d'observation occupé par le jeune roi et le cardinal devait être l'emplacement sur lequel passe aujourd'hui la rue de Charonne à la Villette, qu'il ne faut pas confondre avec la rue de Charonne au faubourg Saint-Antoine. Ce point est le plus culminant, et les constructions qui obstruent la vue aujourd'hui n'existaient pas alors.

tée au couvent des Carmélites, à Saint-Denis, pour passer la journée en prières.

Le prince de Condé, qui n'ignorait pas l'immensité du péril, grandissant avec lui, donnait ses ordres avec vaillance et sang-froid.

Alors, comme aujourd'hui, trois grandes artères, bordées des maisons du faubourg, aboutissaient à la porte Saint-Antoine, dominée par les hautes tours de la Bastille, sentinelle de pierre qui en gardait l'entrée, à la droite, en sortant de Paris. Ces trois artères, la rue du Faubourg-Saint-Antoine, au milieu, la rue de Charonne, à gauche, la rue de Charenton, à droite, partant d'un centre commun, allaient, répandant au loin dans la campagne leurs maisons de plus en plus éclaircies. Sur ces artères, le prince de Condé dispose en éventail les divers échelons de son armée. Les troupes de Monsieur, commandées par le duc de Beaufort, occupent la tête de l'avenue de Charonne; les troupes auxiliaires étrangères, commandées par le marquis de Clinchamp, s'établissent dans la rue du faubourg Saint-Antoine, en appuyant, de même que le duc de Beaufort, leurs réserves sur la halle placée près du carrefour des trois rues, sous les murs de Paris; les troupes sous les ordres du duc de Nemours s'échelonnent dans l'avenue de Charenton. L'infanterie entre dans les maisons, dont elle transperce les murs pour former des créneaux et des meurtrières. Afin de mieux intercepter le passage aux troupes royales, elle occupe et utilise à son profit une ligne de retranchements qui couvre le faubourg, fortifications légères élevées naguère, ainsi que des barricades à l'entrée de chaque rue, par les habitants de Paris, dans le but de se garantir des incursions des pillards de l'armée du duc de Lorraine. La cavalerie, formée par escadrons, est prête à se précipiter partout où des charges vigoureuses pourront être nécessaires.

Le prince de Condé se réserve le soin de se porter en personne sur les points qui seront les plus menacés. Un escadron d'élite de vingt-cinq volontaires [1], semblable à celui qui s'était formé autour de lui à Bléneau, se range à sa suite. Les officiers les plus considérables se font un honneur d'en faire partie, pour combattre en soldats; dans l'opinion de cette époque, le mérite de la bravoure dominant encore de beaucoup le mérite de l'art de la guerre, les chefs se sentaient plus honorés de remporter la victoire par leur propre élan, qu'en dirigeant celui des troupes placées sous leurs ordres.

Le maréchal de Turenne, après avoir enveloppé

[1] *Mémoires du duc d'York.*

avec son armée les dehors du faubourg Saint-Antoine, avait gardé le commandement du centre; il avait confié celui de sa droite au marquis de Saint-Mégrin [1], celui de sa gauche au duc de Navailles [2]. Il donna l'ordre d'aborder l'armée des princes sur tous les points à la fois; sur tous, l'attaque fut d'abord vigoureusement repoussée. Le régiment des gardes, donnant alors tête baissée, parvient à enlever le retranchement qui était devant lui, en culbutant ses défenseurs. Une colonne triomphante entre à sa suite par cette brèche et envahit la rue de Charonne; outre les régiments de Turenne et de la Marine, ce sont

---

[1] On lit dans les *Mémoires de Napoléon*, t. VII, p. 55, édit. Bossange (1830) :

« Turenne attaqua ce faubourg (le faubourg Saint-Antoine); il pénétra par trois points : la droite, sous les ordres du marquis de Saint-Mégrin, entra par la rue de Charenton; le centre, où se trouvait le maréchal, s'empara de la barrière du Trône, et la gauche, sous le marquis de Navailles, longea la rivière, etc. »

L'empereur Napoléon décrit la position du centre de l'armée du maréchal de Turenne à sa véritable place, la barrière du Trône, et par conséquent la rue du faubourg Saint-Antoine; mais le marquis de Saint-Mégrin, commandant la droite, ne pouvait, par cette raison même, s'avancer par la rue de Charenton; il s'avançait forcément par la rue de Charonne. La seule topographie des lieux suffirait, à défaut de l'histoire, pour établir ce fait. Cette erreur, comme celle que nous avons précédemment relevée (voy. p. 154), ne peut être encore qu'une faute surprenante des éditeurs!

[2] Voy. sur lui la note de la p. 176. Officier distingué, il était alors lieutenant-général, et devint plus tard maréchal de France.

encore les escadrons dorés, chevau-légers et gendarmes, qui composent la maison du roi. Cette colonne, commandée par le marquis de Saint-Mégrin, autour duquel on remarque le marquis de Nantouillet, le comte de Cossé, Mancini, s'avance jusqu'à la halle formant place d'armes, près de la porte Saint-Antoine, en rejetant les troupes des princes les unes sur les autres, et porte au loin le désordre jusque parmi les troupes de réserve, qui devaient soutenir les premières engagées.

Le prince de Condé paraît, suivi de sa vaillante escorte, et se jette au plus épais de la mêlée. Son exemple ranime l'ardeur de ses soldats; les barricades élevées au-devant de la halle sont tour à tour et perdues et reprises; mais l'impétuosité du prince repousse enfin les assaillants. Les marquis de Saint-Mégrin [1] et de Nantouil-

---

[1] Jacques d'Estuer, marquis de Saint-Mégrin. Il passait pour avoir voulu épouser mademoiselle du Vigean, et pour avoir voué une haine mortelle au prince de Condé, non par rivalité, mais à cause de l'abandon qu'il avait fait, sans l'épouser, de celle qui lui avait inspiré une première et tendre passion. Voy. t. 1, p. 146 et suiv. Sa veuve, Élisabeth le Féron, fille de Gérôme le Féron, seigneur de Savigny, se remaria avec Charles d'Albert, duc de Chaulnes. Voy. l'*Histoire généalogique du P. Anselme*.

« Le 6 juillet, le corps du marquis de Saint-Mégrin fut enterré dans l'église de Saint-Denis, vis-à-vis la porte du trésor, du même côté où a été enterré le duc de Châtillon, l'année du blo-

let [1], le Fouilloux [2], enseigne des gardes de la reine, frappé de la propre main du prince de Condé, tombent parmi les morts; Mancini, neveu du cardinal Mazarin, reçoit une blessure à laquelle il ne survivra pas. Le régiment de la Marine, enveloppé, perd la moitié de ses officiers et de ses soldats, forcés de se rendre prisonniers. Ce retour de fortune coûte néanmoins à l'armée des princes de sensibles pertes; entre autres officiers : Montmorency, baron de Lauresse, le comte de Bossu [3], la Roche-Giffart [4], le comte de Castries [5], y laissent la vie.

Pendant cet engagement sur sa droite, le maréchal de Turenne a fait avancer son artillerie, et a disposé une batterie de huit pièces pour prendre en enfilade toute la grande rue du faubourg Saint-Antoine, dans laquelle sont échelonnés de nombreux escadrons de l'armée des princes.

---

cus de Paris. » (*Registres de l'Hôtel-de-Ville de Paris pendant la Fronde*.)

[1] François de Prat, marquis de Nantouillet.

[2] D'une famille du Poitou ; il descendait de Jacques du Fouilloux, grand chasseur, auteur du *Traité de la Vénerie*.

[3] Albert-Maximilien de Henin, comte de Bossu, dont la veuve, une des plus belles personnes de son temps, Honorée de Glimes de Grimberghe, épousa le duc de Guise, union qui traversa d'étranges vicissitudes.

[4] Henri de la Chapelle, marquis de la Roche-Giffart.

[5] Probablement Jean de la Croix, comte de Castries, marié à Louise de l'Hôpital.

Manquant d'issues suffisantes pour se mettre à couvert, ces escadrons vont être foudroyés, lorsque le prince de Condé accourt après le succès qu'il vient de remporter, car le danger le trouve toujours présent, et donne un ordre aussi rapide que son coup d'œil : il fait ouvrir à droite et à gauche de la rue de larges brèches donnant accès dans les cours des maisons ; la cavalerie s'y met à l'abri, et les boulets sillonnent sans résultat la rue devenue déserte. Le maréchal, dont l'artillerie est devenue inutile, ne peut avancer cependant, parce que sa colonne d'attaque serait inévitablement assaillie à chaque flanc par la cavalerie du prince, s'élançant par les brèches, et l'action, sur ce point, demeure suspendue.

Le maréchal de Turenne, arrêté par ces dispositions habiles, reconnait que c'est ailleurs qu'il doit faire converger le poids de ses efforts. Pendant que le prince de Condé, courant au plus pressé, s'était successivement porté à l'attaque de la rue de Charonne et à celle de la grande rue du faubourg, le duc de Navailles avait fait quelques progrès du côté de la rue de Charenton ; le maréchal, dégarnissant sa propre attaque, envoie au duc une partie de ses troupes pour le fortifier, avec l'ordre de tourner l'aile droite de l'armée des princes, ensuite d'avancer vers la porte Saint-Antoine, en filant entre les fossés des remparts et les derrières de cette armée, de manière à l'isoler de son point d'appui, les portes de Paris. Les renforts qu'il reçoit changent les progrès lents du duc de Navailles en une marche impétueuse qui renverse tous les obstacles.

Le prince de Condé venait de monter sur le haut du clocher de l'abbaye Saint-Antoine, pour juger de l'ensemble de la bataille ; il aperçoit le mouvement du duc de Navailles, et comprend toute sa gravité. Il descend à la hâte pour conjurer ce nouveau péril ; un instant après il est dans la mêlée, mais il lui faut soutenir une lutte inégale contre des troupes fraîches, les régiments de Picardie, de Belzunce, du Plessis-Praslin, de Douglas, tandis que les siennes, qui ont marché toute la nuit, combattent sans relâche depuis la matinée. Vainement, avec l'élite qui l'environne, se porte-t-il partout au premier rang, la barricade sur laquelle il s'appuie est emportée. Alors les ducs de Nemours et de Beaufort, dans un chevaleresque élan, et comme gage de réconciliation, se proposent l'un à l'autre de la reprendre par un commun effort. Pour atteindre la barricade, en avant de laquelle les troupes royales se sont déjà établies, il leur faut, avec ceux qui se précipitent sur leurs pas pour partager la gloire de leur entreprise, passer entre les feux croisés des régiments de Douglas et du Plessis-Praslin, qui, logés dans les maisons, bordent les deux côtés du passage. Ils arrivent cependant jusqu'au pied de la barricade, mais ils ne peuvent réussir à s'en emparer. Flamarins est tué [1]; Sarsay [2], Guitaut [3] et Clinchamp [4] sont plus ou moins dangereusement blessés; la Rochefoucauld reçoit en plein visage un coup de mousquet qui, pour longtemps, le privera de la vue; le duc de Nemours, atteint d'une blessure, cède son commandement au prince de Tarente, légèrement blessé lui-même, et dont le cheval tombe à cet instant, frappé par un boulet.

La situation de l'armée des princes est déjà critique, lorsque le maréchal de la Ferté, en marche depuis le matin pour rejoindre le maréchal de Turenne, arrive avec son armée. Il relève les régiments des gardes-françaises et de la Marine, si maltraités qu'ils n'étaient plus en état de soutenir la lutte, et dispose auprès des moulins à vent, sur la butte de Charonne, son artillerie, composée de six pièces de canon. Les forces réunies des deux maréchaux présentent douze mille combattants; l'armée des princes ne peut leur en opposer que cinq mille.

[1] Voy. sur lui p. 57. Il fut tué sur le cheval et dans les bottes de Gourville. (*Mémoires de Gourville.*)
[2] Voy. sur lui t. I, p. 220 et 457.
[3] Voy. sur lui p. 75.
[4] Voy. sur lui p. 44.

En présence de forces si supérieures et des pertes si considérables éprouvées, le prince de Condé, désespéré, ne peut plus attendre qu'une effroyable défaite. Sa position est presque tournée, son armée est acculée dans un étroit espace, sous les murs inhospitaliers de cette ville de Paris, dont la froide neutralité, en cet instant solennel et décisif, était la mort; officiers et soldats ne peuvent plus songer qu'à vendre chèrement le dernier instant de leur vie.

La Bastille, bâtie par Charles V, témoin indifférent de la grande hécatombe, plonge le pied de ses huit grosses tours dans les fossés, dont l'eau est rougie du sang des combattants; tout à coup, dans la noire embrasure de l'une d'elles, un éclair a brillé, une ondoyante fumée tourbillonne, un coup de canon retentit, un boulet porte en plein dans les troupes royales; il fauche sur son passage tout un rang de cavalerie. Ce n'est qu'un morceau de fonte ou de fer, ce sont à peine quelques guerriers de plus ajoutés à la longue liste des morts de la journée; mais ce simple coup de canon porte avec lui une signification immense: la neutralité de Paris a cessé, la capitale du royaume se déclare pour le prince de Condé. En effet, au même moment où le coup a retenti, la porte Saint-Antoine s'est ouverte, la herse s'est levée, le pont-levis s'est abaissé pour livrer un passage et un refuge aux troupes de l'armée des princes.

Que s'est-il passé dans Paris pour produire un revirement si soudain? C'est une femme qui en est l'auteur! c'est sur l'ordre de l'héroïne d'Orléans qu'est parti ce coup retentissant!

Tandis que, sous les murs de la ville, se déroulaient les vaillants épisodes de la sanglante bataille, le duc d'Orléans était caché au fond de son palais. Au Luxembourg, placé au loin sur l'autre rive de la Seine, il ne pouvait même arriver à ses oreilles timides que des bruits affaiblis du combat. Dès le matin, le prince de Condé lui avait envoyé le comte de Fiesque pour le supplier de monter à cheval, et de venir le rejoindre, mais Monsieur s'était excusé sur l'état de sa santé; il tenait secrètement ses carrosses attelés, derrière les murs du jardin de son palais, pour se sauver à Orléans au premier danger [1]. Mademoiselle, qui avait passé une partie de la nuit à sa fenêtre, aux Tuileries, écoutant les fanfares et les marches des différents corps qui défilaient sous les remparts de Paris, en se répétant à elle-même avec joie : « Au moins je suis sûre qu'il n'y a plus maintenant de négociations! » prévenue de l'attitude de Monsieur, qui allait perdre le prince de Condé, s'était hâtée de se

---

[1] *Mémoires du duc d'York.*

vêtir pour accourir au Luxembourg, remonter, s'il était possible, le courage de son père. Elle le rencontra sur le haut des degrés, et lui dit : « Je croyois vous trouver au lit; le comte de Fiesque m'avoit dit que vous vous trouviez mal. » Elle reçut cette réponse : « Je ne suis pas assez malade pour y être, mais je le suis assez pour ne pas sortir [1]. » Sans se laisser rebuter, la princesse le pressa, par les plus vives instances, de monter à cheval; mais la maladie de la peur, la seule dont Monsieur fût atteint, se fût mal trouvée de ce conseil; il resta inexorable. La princesse, alors, le supplia de se coucher, par l'excellente raison qu'en paraissant malade véritablement, il agirait au moins sans péril dans son propre intérêt et dans celui du prince de Condé. Le duc d'Orléans repoussa même cet expédient; on a quelque peine à le comprendre, et on est réduit à supposer que, dans le doute où il se trouvait sur l'issue de la journée, il dut craindre que, surpris au lit, il fût moins alerte pour la fuite, si la tournure des événements devait suggérer la fuite à sa prudence. Mademoiselle, désespérée, se répandit en sanglots. Elle était outrée surtout de la joie secrète que dissimulait mal la physionomie des gens qui entouraient Monsieur, lesquels, dominés par le cardinal de Retz, parta-

---

[1] *Mémoires de Mademoiselle de Montpensier.*

geaient son espoir que ce jour serait le dernier du prince de Condé.

La perte absolue de M. le prince n'entrait cependant pas dans les vues de Monsieur. Sur de nouvelles instances de MM. de Rohan et de Chavigny, il se ravisa, et se décida à se montrer; mais à se montrer comme il l'avait fait à l'occasion de la ville d'Orléans, c'est-à-dire, une seconde fois, en envoyant sa fille. La princesse reçut cette nouvelle mission avec non moins de joie qu'elle avait accepté la première. Elle avait pour mandat de se rendre à l'Hôtel-de-Ville avec une lettre de son père, prescrivant au conseil de ville de prendre créance en tout ce que la princesse leur rapporterait.

Mademoiselle part, accompagnée de mesdames de Fiesque, la mère et la belle-fille [1], de la duchesse de Nemours, toute tremblante sur le sort de son mari, et du frère de la duchesse, le duc de Beaufort. Sur ses pas, elle trouve le marquis de Sarzay, tout couvert du sang d'une blessure, venant demander au duc d'Orléans, de la part du prince de Condé, de faire ouvrir la porte Saint-Honoré à un corps de ses troupes arrivant de Poissy. L'armée royale interceptant le passage, ce corps ne pouvait plus

---

[1] Voy. sur ces dames la note de la page 55.

le rejoindre qu'en passant par la ville. Cette rencontre redouble l'ardeur de la princesse pour le succès de sa mission. Elle est reçue au haut du degré de l'Hôtel-de-Ville par le maréchal de l'Hôpital, gouverneur de Paris, et par le Fèvre, prévôt des marchands. Lorsque le conseil eût été assemblé dans la grande salle, Mademoiselle, prenant la parole avec autant d'assurance que d'habileté, car elle garde pour la péroraison ce qui lui paraît le plus difficile à obtenir, expose à quel point il est essentiel de ne pas laisser périr le prince de Condé ; elle demande deux mille hommes, tirés des compagnies bourgeoises, pour aller le soutenir, et quatre cents hommes en réserve, pour occuper la place Royale. Ces demandes sont accordées. Alors Mademoiselle, encouragée, aborde le point capital : l'ouverture des portes de Paris à l'armée du prince de Condé. A cette demande, une stupéfaction silencieuse règne dans l'assemblée. La princesse reprend alors avec véhémence qu'il n'y a même pas à délibérer ; qu'on ne peut s'exposer à livrer Paris aux vengeances de l'armée royale et du cardinal Mazarin ; que c'est à Messieurs de l'Hôtel-de-Ville qu'il appartient de conserver au roi la première ville de son royaume. Le maréchal de l'Hôpital ayant pris la parole pour contester cette manière de venir en aide à la cause du roi, et pour opposer une lettre de cachet formelle, qui lui défendait de recevoir dans Paris ni troupes ni bagages des rebelles, la duchesse de Nemours se met à le quereller. Pendant que le maréchal est déconcerté par un genre de lutte auquel il n'est pas accoutumé, Mademoiselle redouble ses instances, et, jugeant que les moyens de la persuasion peuvent ne pas suffire, elle emploie ceux de l'intimidation : elle menace, si on la refuse, de marcher aux portes de Paris avec le peuple amassé sous les fenêtres de l'Hôtel-de-Ville, et déclare aux membres de l'assemblée qu'elle ne répond plus, dans ce cas, de la sûreté de leurs personnes. Par ses paroles ardentes, elle enlève le vote.

Les deux mille hommes de la garde bourgeoise, choisis dans chaque compagnie, sont allés en toute hâte renforcer les régiments de l'armée des princes, dans les rangs desquels ils soutinrent vaillamment la retraite [1].

Deux messagers sont partis de l'Hôtel-de-Ville : l'un, pour aller faire ouvrir la porte Saint-Honoré au corps de troupes venant de Poissy ; l'autre, la porte Saint-Antoine, à l'armée du prince de Condé prête à succomber.

Mademoiselle suit de près le second messager,

---

[1] *Relation de ce qui s'est passé en France depuis le 5 janvier 1652 jusqu'au 26 aoust 1653*; fonds de Sorbonne, n. 1257, manuscrits de la Bibliothèque impériale.

et se rend à la Bastille. Elle est reçue par la Louvière, fils du conseiller Broussel, qui en était gouverneur. Par ses ordres fut alors tiré ce coup de canon retentissant qui changea la face de la journée. Un conseiller au parlement, Portail, fut, dit-on, celui qui abaissa sur la lumière la mèche embrasée [1].

Le prince de Condé s'empresse de profiter de la porte de salut ouverte à son armée, en la faisant entrer dans Paris. Cette retraite s'opère sans désordre; des troupes d'arrière-garde couvrent celles qui se replient. Cette mission périlleuse est remplie par trois escadrons des régiments de Condé, d'Enghien et de Conti, et par deux régiments d'infanterie, l'un français, l'autre allemand, avec deux pièces de canon.

Un détachement d'infanterie de l'armée des princes suivait les remparts pour gagner, par l'intérieur, le faubourg Saint-Marcel; les soldats du maréchal de la Ferté crurent que ces troupes étaient des Parisiens qui s'approchaient par curiosité, et les saluèrent de ces cris ironiques : « Oh badauds! oh badauds! » Une décharge de ceux qui étaient ainsi traités mit fin à cette erreur et à cette plaisanterie, qui prouve que la curiosité prover-

---

[1] *Mémoires du maréchal de Turenne et du marquis de Montglat.*

biale de l'habitant de Paris peut s'établir par des origines anciennes. et historiques.

Au défilé des troupes dans les rues de Paris, l'on remarqua que les officiers allemands portaient l'épée nue à la main, usage étranger que les Français adoptèrent depuis lors [1].

Le prince de Tarente, qui commandait l'arrière-garde, rentra le dernier, sur les huit heures du soir, avec trente chevaux, après s'être vaillamment comporté : la colonne de retraite ayant failli être coupée, il piqua droit aux assaillants, qui furent si vigoureusement chargés que plus de soixante restèrent sur la place.

Mademoiselle de Montpensier se tenait dans la rue Saint-Antoine, sur le passage de l'armée des princes, et distribua de ses propres mains aux soldats cinq ou six cents pistoles; M. de Chavigny, qui l'accompagnait, imita son exemple. La princesse fit aussi défoncer quelques tonneaux de vin pour les réconforter [2].

Ce défilé offrit plus d'un navrant spectacle : les morts et les blessés étaient portés sur des civières, sur des planches, sur des échelles ; un cheval portait son cavalier mort resté roide sur sa

---

[1] *Gazette.*

[2] *Relation de ce qui s'est passé en France depuis le 5 janvier* 1652 *jusqu'au* 26 *aoust* 1653; fonds de Sorbonne, manuscrits de la Bibliothèque impériale.

selle, et suivait cet émouvant cortége ; Guitaut, soutenu sur son cheval, sans chapeau, le corps traversé par une balle, s'avançait, avec la pâleur de la mort; Valon, blessé, était porté sur une chaise; la Rochefoucauld, appuyé sur son fils et sur Gourville, tous les deux fondant en larmes, cheminait, aveuglé par le sang de l'horrible blessure causée par la balle qui, entrant par le coin d'un œil, était sortie par l'autre. Les Allemands mutilés n'étaient pas les derniers à émouvoir la pitié, quand ils demandaient du secours en un langage qu'ils ne pouvaient réussir à faire comprendre.

Quant au prince de Condé, son entrée parut être celle du dieu de la guerre en personne : il montait un cheval blanchi d'écume ; sa cuirasse, faussée en vingt endroits, miroitait sous l'empreinte des coups qu'elle avait reçus ; son visage, ses cheveux, ses vêtements, étaient maculés du sang et de la poussière du combat; ses yeux brillaient encore de l'ardeur fiévreuse de la bataille ; il tenait à la main son épée nue; par une sorte d'accident symbolique, il n'en avait perdu que le fourreau ! En ce jour, il fut l'idole passagère du peuple de Paris, amoureux du prestige de la gloire militaire, témoin par ses propres yeux de son courage de fer et de ses hauts faits. Cette admiration, exprimée sur son passage, grandissait encore le héros. Lorsque, dans cet état à la fois horrible et magnifique, il se présenta aux yeux de Mademoiselle, pour la remercier en son nom et au nom de son armée, il laissa échapper un élan de sensibilité, rendu plus touchant encore chez un guerrier par l'effet des contrastes : « Vous voyez, lui dit-il, un homme au désespoir ; j'ai perdu tous mes amis : MM. de Nemours, la Rochefoucauld, Clinchamp, sont blessés à mort. » La princesse, à sa vue, fut saisie d'un tressaillement intérieur ; fanatique comme elle l'était de gloire et d'ambition, combien elle dut ressentir plus vivement que jamais l'insurmontable obstacle qui l'empêchait de lui donner sa main ! Elle avait alors pour s'en consoler l'illusion si chèrement caressée de devenir reine de France ; mais à quel point son regret eût été plus vif encore, si elle eût pu entendre le mot que prononçait à cette heure même le cardinal Mazarin, lorsqu'il apprit avec certitude que le canon de la Bastille avait été tiré par l'ordre de la princesse sur les troupes royales; déception douloureuse, car dans le premier moment il avait cru qu'il était pointé contre l'armée des princes : « Voici, dit-il, un coup de canon qui a tué son mari ! » De ce jour, Mademoiselle fut vouée au célibat par la politique royale, qui ne lui pardonna jamais la conduite qu'elle avait tenue dans cette célèbre journée.

Ce combat fut certainement un des plus sanglants que l'histoire ait enregistrés, relativement au nombre des troupes engagées; outre les blessés, on porta à huit cents hommes le chiffre des pertes de l'armée royale, et à mille hommes celui de l'armée des princes.

Cette armée, qui avait commencé son mouvement de retraite à trois heures après midi, défila dans Paris en suivant la rue Saint-Antoine jusqu'au pont Notre-Dame, et de là en suivant le quai de la Mégisserie jusqu'au Pont-Neuf, qu'elle prit pour franchir la Seine. Elle sortit par la porte Dauphine, et, passant derrière l'hôtel de Condé, alla camper au-delà du faubourg Saint-Marcel, sur une éminence placée entre ce faubourg et le village de Gentilly [1].

Le soir venu, quand le maréchal de Turenne eut acquis la certitude que l'armée des princes lui avait définitivement échappé, il donna à ses troupes le signal de la retraite, et, avec la cour consternée, s'éloigna de Paris en se retirant sur Saint-Denis.

[1] *Relation de ce qui s'est passé dans Paris depuis le 5 janvier 1652 jusqu'au 26 aoust 1653*; fonds de Sorbonne, n. 1257, manuscrits de la Bibliothèque impériale.

CHAPITRE XVIII.

Embarras de la cour le lendemain du combat du faubourg Saint-Antoine. — Ordre envoyé au vicomte de Montbas. — Lettre inédite du duc d'Elbeuf. — Popularité dans Paris du prince de Condé. — Sentiments contraires qu'il inspire à la magistrature et à la bourgeoisie. — Le prince de Condé veut surmonter ces répulsions en inspirant la crainte. — Son but dépassé. — Assemblée de l'Hôtel-de-ville du 4 juillet 1652. — Affreux désordres et massacres. — Refus du prince de Condé d'y mettre un terme. — Courageuse conduite de Mademoiselle de Montpensier. — Les princes convoquent une nouvelle assemblée à l'Hôtel-de-ville. — Le duc d'Orléans proclamé régent et lieutenant-général du royaume. — Le prince de Condé proclamé chef suprême des armées. — Les divers corps de magistrature reconnaissent l'autorité conférée aux princes. — Vote de subsides et de nouvelles levées. — Diverses particularités de levées de troupes faites au nom de Mlle de Montpensier. — Le duc de Beaufort nommé gouverneur de Paris, et le conseiller Broussel prévôt des marchands. — Les princes forment un conseil suprême en imitation du conseil royal.

(1652.)

Le lendemain de la bataille du faubourg Saint-Antoine, une grande stupeur régnait à la cour; l'armée des princes lui avait échappé au moment où, cernée de toutes parts, elle semblait n'avoir plus d'autre alternative que de périr tout entière ou de mettre bas les armes. Bien plus, Paris s'étant prononcé par une manifestation éclatante, il était à craindre que son retentissement dans les provinces ne donnât à la Fronde des princes une nouvelle vigueur. En outre, les frontières avaient été dégarnies pour former les armées des maréchaux de Turenne et de la Ferté, et nul obstacle n'empêchait l'entrée en France de l'armée espagnole et un retour offensif de celle du duc de Lorraine.

Ces graves préoccupations se trahissent dès le lendemain de la célèbre affaire, par l'ordre envoyé au vicomte de Montbas, chef secondaire, mais dévoué, pour couvrir, avec un petit corps de troupes insignifiant, une foule de points aux approches de Paris, qui pouvaient être menacés, tels que Melun, Corbeil, Lagny. Il devait aussi occuper le pont de Charenton, afin de gêner le libre mouvement de l'armée des princes sur les deux rives de la Seine, et pour l'assurer, par la conséquence contraire, aux troupes du roi. Mais, comme il ne paraissait pas possible qu'il pût disposer de plus de soixante hommes pour le garder, il devait le détruire plutôt que de le laisser tomber aux mains ennemies [1]. Quel que fût son intérêt à rester maîtresse de ces divers points, la cour n'y vou-

---

[1] Voy. à l'*Appendice* la lettre inédite du roi au vicomte de Montbas, en date du 3 juillet 1652.

lait pas consacrer de forces plus considérables, parce qu'elle jugeait indispensable de conserver pour sa sûreté le gros de son armée autour d'elle.

Cependant, autant par une politique habile que pour plaire à la cour elle-même, les partisans de sa cause s'efforçaient d'envisager la situation sous un favorable aspect. Le duc d'Elbeuf, qu'on avait vu piaffant pour la Fronde, avec ses fils, sur la place Royale, et qui s'était depuis rallié à la cour, qu'il servait avec non moins de zèle dans son gouvernement de Picardie, nous en apporte un témoignage dans la lettre suivante adressée à le Tellier :

« A Roye, ce 4 juillet 1652.

« Monsieur,

« On nous mande de Paris l'avantage que les troupes du roy ont emporté sur selles des princes, comme leur arrière-garde a esté entièrement défaite, et le reste de leurs troupes partie dans Paris, et partie au bois de Vincennes. Je croy qu'elles ne peuvent guères subsister, se qui me fait croire que nous apprendrons bientost que les prinses et leurs partisans seront bientost réduits à la discrétion du roy, et la rébellion étouffée par toute la Franse. Je suis encore dans les mesmes sentimens que je vous l'écrivis hier, que les ennemis sachans les affaires en cet estat n'entreprendront point de passer, et que l'armée du roy venant sur sette frontière, ils seront plus tost réduits sur la défensive. Voilà, Monsieur, tout ce que je vous puis mander pour sette fois. Je suis,

« Monsieur,

« Vostre très-humble serviteur,

« Le duc d'Elbeuf [1]. »

Le prince de Condé était cependant mieux servi peut-être par la fortune, que s'il eût repoussé l'armée royale par une victoire; car, malgré celle-ci, la ville de Paris, qui gardait des mesures dans son opposition à l'autorité royale, n'aurait certainement pas consenti à ouvrir ses portes à l'armée des princes. L'intérêt majeur pour cette politique de pondération, que leur armée ne fût pas anéantie, avait produit pour eux un résultat plus avantageux qu'un succès militaire. L'équilibre cherché se trouvait même rompu à l'avantage des princes coalisés; ils devenaient à peu près les maîtres absolus de la situation, si une consécration légale,

---

[1] Lettre inédite, d'une écriture démesurément longue, en entier de la main du duc d'Elbeuf; *Archives du Ministère de la guerre,* volume cxxxix.

n'eût-elle que les apparences, comme l'histoire nous le montre si souvent, n'était nécessaire pour faire accepter tout pouvoir nouveau par l'opinion.

Le prince de Condé avait alors conquis, dans sa première effervescence, la faveur du peuple de Paris, si sensible à la gloire militaire, qui l'avait vu réunir la tactique du général à la valeur du soldat. Par une fâcheuse compensation, ce prince avait contre lui la majorité du parlement, qui le savait ennemi du pouvoir politique de la magistrature, et même ami du pouvoir absolu, à la condition de l'exercer à son profit. Le parlement, en outre, lui reprochait avec trop de raison son alliance avec l'Espagne. Pour surmonter ces graves difficultés, le grand Condé aurait dû rompre d'abord avec l'étranger, rompre ensuite avec le parlement, et chercher dans un appel à la nation elle-même un point d'appui qui lui eût permis de se passer de ces deux forces, l'une anti-nationale et funeste, l'autre usurpatrice et douteuse. Il fallait, en un mot, par un recours net et franc aux États-Généraux, réaliser enfin leur convocation si solennellement promise par la cour elle-même, et fonder avec eux, sous le sceptre du jeune roi, une monarchie libre et tempérée.

Le caractère et la politique du prince de Condé

sont déjà assez connus du lecteur, pour qu'il voie sans surprise ce prince suivre une marche toute différente : il préfère s'efforcer d'obtenir du parlement, fût-ce par l'intimidation, mais en évitant toute apparence de rupture, la sanction du pouvoir inespéré que lui donne l'entrée de ses troupes dans Paris. Partageant au fond les sentiments de la politique royale, il trouvait que ce corps judiciaire, usurpateur si empressé des droits de la nation, était, en définitive, plus commode à manier que les États-Généraux, plus facile à réduire à l'impuissance.

Cette sanction du parlement n'était cependant pas un but facile à atteindre : l'entrée des troupes des princes avait été le résultat d'une surprise des événements ; et le parlement, déçu chaque jour davantage dans son espoir de prédominance politique, était soutenu dans ses répulsions et dans ses méfiances par l'opinion de la bourgeoisie, qui, nous le savons, avait abdiqué ses propres droits, en allant même au-devant de toutes les prétentions parlementaires. Deux moyens existent seuls pour conquérir les suffrages des assemblées hostiles : tâcher, en les flattant, de les gagner à sa cause ; ou bien les dominer par la force. L'emploi du premier moyen rencontrait un double obstacle : les antipathies parlementaires étaient trop prononcées pour pouvoir facilement être changées en des sentiments opposés; le prince de Condé, de son côté, avait trop peu de souplesse de caractère, trop l'attrait et l'habitude du commandement militaire, pour solliciter des sympathies en cherchant à flatter et à plaire. Le second moyen restant le seul à sa portée, il se résolut à dompter par la crainte la magistrature et la bourgeoisie, et ses vues, outrepassées sans doute, produisirent la terreur.

Pour en venir à ses fins, le prince trouva le concours le plus inattendu : il lui fût apporté, bien que dans des prévisions toutes contraires aux siennes, par le cardinal Mazarin lui-même. Il ressort, en effet, de la correspondance du cardinal, que la ressource pour abattre la Fronde, sur laquelle ce ministre fondait le plus d'espoir, était d'effrayer et de lasser la bourgeoisie par l'excès de l'anarchie, afin de l'amener à souhaiter la rentrée du roi à Paris sans conditions. Un sieur Ariste, commis du comte de Brienne, secrétaire d'État, avait même expédié des instructions écrites aux amis du cardinal, pour leur prescrire d'augmenter le désordre par tous les moyens en leur pouvoir [1].

Par arrêt du parlement, une grande assemblée

---

[1] *Mémoires de Guy Joly.*

avait été convoquée à l'Hôtel-de-Ville, le 4 juillet, afin d'aviser aux voies à choisir pour arriver au rétablissement de la paix. Quatre cents membres composaient cette assemblée, formée de la manière suivante : cent quatre-vingt-douze députés choisis, au nombre de douze députés par quartier, par les seize quartiers de Paris, parmi les conseillers des cours souveraines, les notables bourgeois et les principaux marchands; trente-six députés des corps de métiers, six pour chacun des six corps; enfin les curés des paroisses, les députés des couvents, les échevins, conseillers et quarteniers de la ville, sous la présidence du prévôt des marchands et du gouverneur de Paris.

Les princes firent rédiger, pour être soumis à la sanction de cette assemblée, un acte d'union conçu en ces termes :

« Nous, Gouverneur, Prévost des marchands et eschevins de la ville de Paris, estant deument assemblés à l'Hostel-de-Ville, avec le conseil de la ville, les quarteniers, dixeniers, et les mandés de chascun quartier, suivant et au désir de l'arrêté du Parlement du premier jour de ce mois, déclarons estre tous unis avec Son Altesse Royale et M. le prince pour la seureté et conservation de la ville et de la justice, et pour l'expulsion du cardinal Mazarin hors du royaume, conformément aux déclarations de Sa Majesté et arrêts dudit Parlement, promettant de ne nous en départir jamais, et de concourir en tout ce qui peut despendre de nous pour parvenir à une fin si légitime, et généralement désirée de tous les gens de bien. En tesmoing de quoy nous avons signé la présente déclaration, ce quatrième jour de juillet 1652. »

Depuis le matin une vive effervescence agitait le peuple, attroupé sur les places publiques et dans les rues principales; et comme des officiers et des soldats déguisés, émissaires secrets du prince de Condé, avaient placé un bouquet de paille à leurs chapeaux pour se reconnaître entre eux, ce signe fut spontanément adopté par la populace entière, qui força chacun à l'arborer; tout passant qui s'y fût refusé eût exposé sa vie.

Ces symptômes si peu rassurants n'engageaient guère le duc d'Orléans à sortir du Luxembourg pour aller à l'Hôtel-de-Ville; cependant, après plusieurs heures d'hésitation, il se décida à céder aux instances, et s'y rendit, accompagné du prince de Condé. Quatre heures du soir sonnaient lorsqu'il y arriva, et l'assemblée était réunie depuis deux heures de l'après-midi. Dès qu'il eut pris séance, le duc d'Orléans, auquel l'apaisement momentané qui s'était fait sur son passage avait rendu tout son calme, commença, avec sa facilité de parole accoutumée, par remercier les bourgeois de Paris d'avoir ouvert leurs portes aux troupes commandées par le prince de Condé ; ensuite il fit à l'assemblée la proposition, préparée à l'avance, de donner acte d'union avec son parti.

Pendant le discours de Monsieur, la foule, de plus en plus compacte, ameutée autour de l'Hôtel-de-Ville, se livrait à des démonstrations d'autant plus bruyantes, qu'elle était excitée à la fois par les émissaires du prince de Condé et par ceux du cardinal Mazarin.

Cependant le procureur de la ville, sans se laisser intimider, ni par la proposition du duc d'Orléans, ni par le tumulte du dehors, qui commençait à pénétrer dans la salle, propose de députer vers le roi pour le supplier de rentrer à Paris sans le cardinal Mazarin et de donner par son retour la paix à ses peuples. La majorité de l'assemblée incline pour l'adoption de cet avis, lorsque le maréchal de l'Hôpital donne lecture d'une lettre qu'un trompette vient de lui apporter. Cette lettre exprime la satisfaction du roi de la conduite des bourgeois de Paris, parce qu'il sait que la retraite des troupes rebelles dans leurs murs n'a été accordée que contre leur gré ; elle les exhorte à persévérer dans l'obéissance et à remettre l'assemblée à huitaine.

Ni le retour du roi avec la seule condition du renvoi du cardinal de Mazarin, proposé par le procureur de la ville, ni l'ajournement de l'assemblée à une époque où les conjonctures pourront être moins favorables encore, ne conviennent aux vues des princes : aussi, après la lecture de la missive royale, le duc d'Orléans et le prince de Condé se lèvent, comme pour ne pas gêner les suffrages par leur présence, et se retirent.

En montant en carrosse, Condé s'écrie : « Que la salle est pleine de Mazarins qui ne cherchent qu'à gagner du temps et à ne rien conclure. » L'écho de ces paroles, propagé de bouche en bouche, roule sur la place de Grève en longs frémissements.

Il est six heures du soir ; l'assemblée de l'Hôtel-de-Ville, soit qu'elle trouve l'heure trop avancée pour recueillir les votes des quatre cents membres qui la composent, soit qu'elle veuille se conformer à la missive royale, se sépare sans rien conclure, et les premiers sortants apparaissent aux portes, alors que les carrosses des princes et de leur suite disparaissent dans la direction du Luxembourg. A leur vue, les frémissements de la foule éclatent en cris de rage ; les piques s'abaissent, les glaives sortent des fourreaux, refoulant à l'intérieur ceux qui veulent sortir. Une vive fusillade est dirigée contre les fenêtres, à ces cris : *Union*,

union, mort aux Mazarins! La garde bourgeoise, convoquée pour la protection de l'assemblée et rangée sur la place de Grève, fait cause commune avec l'émeute.

Les archers préposés à la garde de l'Hôtel-de-Ville ont eu le temps d'en fermer les portes, et répondent par quelques coups de mousquets. Alors les assaillants entassent contre les portes des monceaux de bois arrachés aux bateaux du port, des fagots, de la paille, et y mettent le feu, qu'ils attisent en versant des flots d'huile. Les portes cèdent aux flammes et aux coups répétés.

Pendant cette attaque, une terreur indicible règne dans l'intérieur : les membres de l'assemblée jettent d'abord par les fenêtres des billets sur lesquels sont écrits ces mots : *Union avec les princes*, espérant contenter ainsi le désir du peuple qui n'y prend garde, voulant tuer et piller; puis, faute de drapeau, ils arborent un drap blanc en signe de paix; mais ce drapeau improvisé est abattu par les balles et brûlé après que les coins en ont été visités, pour voir s'ils ne contenaient pas d'argent [1]. Voyant l'inutilité de ces tentatives pour calmer la fureur populaire, les uns se jettent à terre comme s'ils avaient déjà reçu le coup de la mort, d'autres se préci-

---

[1] *Journal des guerres civiles,* par Dubuisson-Aubenay, t. VI, p. 170; manuscrit conservé à la bibliothèque Mazarine.

pitent pour se confesser aux pieds des curés si à propos présents à l'assemblée, et ceux-ci se confessent entre eux; quelques-uns veulent se défendre et barricadent avec les meubles qui leur tombent sous la main les salles dans lesquelles ils se réfugient; quelques autres, ne voyant de salut que dans la fuite, se précipitent au dehors à travers les flammes et les piques, et courent au-devant du danger auquel ils veulent échapper.

La foule a envahi l'hôtel; dans la cour, le maréchal de l'Hôpital tente de la repousser à la tête de ses gardes et des archers de la ville. Ils forment une barricade; mais, comme ils manquent de munitions suffisantes, ils ne se présentent que quatre par quatre à la barricade pour tirer à coup sûr et couchent sur le carreau plus de cent cinquante assaillants; mais, à la fin, ils succombent sous le nombre et la barricade est emportée [1]. Le maréchal de l'Hôpital ne sauve sa vie qu'en ôtant son Ordre [2] et en se perdant dans la foule pour ne pas être reconnu.

Pendant huit heures entières un affreux désordre règne dans l'intérieur de l'Hôtel-de-Ville et sur la place de Grève; sur celle-ci, le curé de Saint-Jean apparaît portant le Saint-Sacrement, dans l'espoir de calmer la sédition; mais, sous

---

[1] *Mémoires de Conrart.*
[2] L'ordre du Saint-Esprit; il se portait en sautoir.

des menaces de mort, il est forcé de se retirer. Le peuple, que nul frein ne retient plus, assouvit sa rage à son gré, et, par un de ces coups du sort familiers aux révolutions, ce sont les plus déterminés frondeurs qui fournissent le plus de victimes. Leur nombre cependant est loin d'approcher de celui des scènes horribles dont la grande révolution française nous a montré depuis le sanglant spectacle; la plèbe alors était plus facile à satisfaire et le public s'émouvait à moins de frais. Sur les quatre cents membres de l'assemblée, cent environ furent tués; mais ils furent presque tous maltraités ou rançonnés. Le carnage eût été bien plus grand si, parmi les mutins eux-mêmes, beaucoup ne s'étaient employés à sauver ceux que l'on poursuivait, les uns par générosité pour secourir des personnes de leur connaissance, les autres par intérêt pour en tirer de l'argent. Parmi ceux qui perdirent la vie dans ce tumulte, se trouvèrent Ferrand, sieur de Janvry, fils de Ferrand, doyen du parlement, Savary et Le Fèvre, conseillers, Legras, maître des requêtes, Miron, maître des comptes et colonel de son quartier, Le Boulanger, auditeur des comptes, Yon, ancien échevin, Desforges, marchand de la rue Saint-Denis, Fressand, marchand de fer de la place Maubert. D'autres, sans laisser la vie dans ce tumulte, y furent gravement maltraités ou reçurent même de dangereuses blessures; tels que Gilbert de Voisins, conseiller au parlement, Fournier, ancien échevin, accablé de coups de crosse sur la tête. Le président Charton, en sa qualité de zélé frondeur, ayant cru à son influence pour calmer le désordre, eut ses habits déchirés, fut renversé, contusionné par la hampe d'une hallebarde et apprit à ses dépens que les mutins ne distinguaient personne. Cependant le conseiller Bitaut, avec lequel nous avons fait connaissance alors qu'il signifiait bravement un arrêt à une armée en marche[1], fut plus heureux : un marchand voulait le tuer lorsque, harassé dans sa fuite, il ne pouvait aller plus loin ; il n'eut qu'à se nommer et à faire valoir son dévouement à la Fronde pour désarmer son meurtrier. Parmi ceux qui ne sauvèrent leur vie qu'à grand'peine : Mandat et d'Aligre ne durent leur salut qu'en se dissimulant dans un galetas de l'Hôtel-de-Ville, sur des rayons élevés ; Frugier, conseiller au parlement, en disparaissant dans les ténèbres d'une cave ; Génégaud, président aux enquêtes, dépouillé et traîné dans les rues, racheta sa vie pour vingt pistoles, et le prince de Rohan-Guéménée sauva la sienne pour quarante. Mieux partagé qu'aucun autre, le président Aubry,

---

[1] Voy. tom. I, p. 334.

goutteux et âgé de soixante-dix-huit ans, qui se faisait toujours porter dans une chaise, revint ce jour-là de l'Hôtel-de-Ville à pied et prestement, sa goutte ayant disparu comme par enchantement.

Il est difficile de se figurer un plus douloureux épisode que celui qui suivit la mort de Miron. Dès le commencement de l'émeute, malgré toutes les représentations, il avait voulu sortir pour aller faire armer sa colonelle et revenir dégager l'Hôtel-de-Ville, disant qu'il aimait mieux périr en remplissant son devoir que de se sauver en y manquant. Arrêté par la foule, dès ses premiers pas, vainement il s'était nommé; bien que connu pour l'un des frondeurs les plus ardents, il fut transpercé de coups de baïonnettes et de poignards, et son corps fut porté vers sa demeure. A la fenêtre de sa maison, sa femme regardait dans la rue; très-frondeuse elle-même, elle ne concevait l'appréhension d'aucun danger pour son mari, et s'imaginait voir porter le corps de quelque *mazarin*. En apprenant la vérité, sa douleur et sa colère furent telles qu'elle en perdit pour longtemps la raison.

Les princes étaient tranquillement rentrés au palais du Luxembourg, lorsque la nouvelle des massacres de l'Hôtel-de-Ville les y suivit sans tarder. Le duc d'Orléans s'adressa au prince de

Condé pour le prier de courir à l'Hôtel-de-Ville apaiser le désordre : « Monsieur, lui répondit le prince, il n'y a point d'occasions où je n'aille pour votre service ; cependant je ne suis pas homme de sédition, je ne m'y entends point, et j'y suis fort poltron. Envoyez-y M. de Beaufort, il est connu et aimé parmi le peuple : il y servira plus utilement que je ne pourrois faire[1]. »

Le duc de Beaufort part avec le marquis de La Boulaye ; émissaires suspects, ils laissent faire. Comme les bruits incessants de la continuation du désordre arrivaient après leur départ au Luxembourg, d'où l'on réclamait avec anxiété des mesures pour le faire cesser, le duc d'Orléans eut enfin recours, pour la troisième fois depuis si peu de temps, à sa grande ressource dans les occasions périlleuses : il envoya sa fille.

Mlle de Montpensier était, jusques à cette heure, restée étrangère aux événements de la journée ; seulement, pendant que son père et le prince de Condé étaient allés à l'Hôtel-de-Ville, elle s'était promenée dans Paris par curiosité, après avoir arboré à son éventail, noué avec un ruban bleu, le bouquet de paille de rigueur. La mode, qui s'empare de tout, fit adopter par les femmes du

---

[1] *Mémoires de Mademoiselle de Montpensier.*

grand monde le signe de la paille, sous mille formes que cette reine frivole, dont le sceptre est plus durable cependant qu'aucun autre, parvint même à rendre élégantes et variées. Mademoiselle avait été accueillie partout par les cris : *Vive le roi, vivent les princes, et point de Mazarin!* Inutile de dire que l'intrépide princesse accepta sans hésiter la mission paternelle; si elle pouvait tenter une héroïne, elle était digne aussi du cœur d'une femme !

La nuit venait de tomber, le carrosse de Mademoiselle franchit les portes du palais du Luxembourg et la conduit à travers le spectacle lugubre du désordre des rues et des corps inanimés de plusieurs victimes qu'on rapportait de l'Hôtel-de-Ville; sur le Petit-Pont il est même accroché par la charrette funèbre qui, chaque nuit, emmenait les morts de l'Hôtel-Dieu, et la princesse est obligée de se rejeter sur la portière opposée pour ne pas être frappée au visage par les pieds et les mains qui sortaient. Ce point est le plus extrême où elle puisse parvenir; les flots tumultueux de la foule, à travers laquelle tout passage est impossible, l'obligent à retourner au Luxembourg.

La princesse rend compte à son père de son infructueuse tentative ; mais celui-ci exige qu'elle reparte sur-le-champ; et le carrosse, alors que minuit sonnait aux horloges de la ville, sort de nouveau du palais. Cette fois, l'heure avancée avait rendu les rues presque solitaires et le carrosse parvient sur la place de Grève. Le duc de Beaufort qui, depuis son départ du Luxembourg, était resté aux fenêtres d'une maison donnant sur la place[1], descend au-devant de la princesse, et, lui donnant la main, lui fait franchir les poutres fumantes encore des feux de l'incendie, qui encombrent l'entrée de l'Hôtel-de-Ville.

La présence de la princesse met fin aux affreux désordres de la soirée et de la nuit, et les personnes encore cachées dans les divers réduits où elles ont cherché un asile peuvent s'esquiver dans les ténèbres pour gagner leurs maisons. Le Fèvre, prévôt des marchands, sort le premier d'un obscur cabinet et s'empresse de retourner chez lui, après avoir offert à la princesse sa démission; car il s'estimerait fort heureux, lui dit-il, dans un temps pareil, de n'être point en charge. Le maréchal de l'Hôpital, caché aussi depuis qu'il avait tenté une résistance inutile, profite de ce calme pour sortir par une fenêtre, sans vouloir, pour éviter sans doute toute expression de reconnaissance embarrassante dans sa situation, se présen-

---

[1] *Mémoires de Guy Joly.*

ter à Mademoiselle, qui l'attendit vainement dans la grande salle [1]. A la pointe du jour la princesse se retira.

Cette affreuse scène de meurtres à l'Hôtel-de-Ville perdit sans retour le parti des princes dans l'esprit de la partie saine des habitants de Paris. Ces violences étaient tellement impolitiques qu'elles sont un argument ajouté à d'autres preuves, de la connivence du cardinal Mazarin, dans le but de dépopulariser les princes. Car on ne peut douter, quel que pût être le penchant du prince de Condé à dominer par la crainte, que ses intentions n'aient été terriblement dépassées; son propre intérêt en paraît un sûr garant. Aussi les princes se défendirent-ils de toutes leurs forces

---

[1] La retraite du maréchal de l'Hôpital de l'Hôtel-de-Ville ayant été interprétée à tort par quelques historiens comme un acte de faiblesse, tandis qu'il avait fait toute la résistance possible avec les moyens insuffisants dont il disposait, a été remise dans notre récit dans son jour véritable, plus encore parce qu'une conduite pusillanime ne saurait être imputée à un maréchal de France, que par le motif des liens du sang qui rattachent à lui l'auteur, du côté maternel; son arrière-grand'mère, la marquise de Lostanges, dame d'honneur de Madame Adélaïde, tante du roi Louis XVI, était avec la marquise des Monstiers-Mérinville, sa sœur, le dernier rejeton de l'illustre maison de l'Hôpital. François de l'Hôpital, gouverneur de Paris, objet de cette note, était frère cadet de Nicolas de l'Hôpital, duc de Vitry, aussi maréchal de France; ils étaient fils de Louis de l'Hôpital, marquis de Vitry, capitaine des gardes du roi Henri IV, après avoir été l'un des soutiens de la Ligue.

d'avoir ordonné ces horreurs ; mais l'opinion en fit toutefois peser sur eux l'odieuse responsabilité.

Les princes, pour mettre à profit l'ascendant que leur donnait le premier moment de stupeur qui suivit ces événements, convoquèrent à l'Hôtel-de-Ville une nouvelle assemblée, dans laquelle néanmoins ils n'obtinrent qu'une faible majorité pour l'élection du conseiller Broussel au poste de prévôt des marchands, et pour celle du duc de Beaufort à celui de gouverneur de Paris. Après cette élection, le traité d'union fut conclu avec les princes pour remettre, fut-il dit, l'État dans sa première forme.

Les princes convoquèrent ensuite le parlement; mais ne parvinrent à le réunir qu'avec les plus grandes difficultés, un grand nombre de conseillers se refusant à toute séance, conformément à des instructions venues de la cour. Au jour de la réunion, les princes et leur suite s'y étant rendus, pour demander : le duc d'Orléans, à être nommé régent du royaume, le prince de Condé, lieutenant-général et chef suprême des armées, ils furent forcés d'entendre de vives récriminations au sujet des massacres de l'Hôtel-de-Ville. Ils les désavouèrent hautement; mais la majorité leur parut si incertaine, qu'ils durent eux-mêmes recourir à des ajournements

pour se donner le temps de gagner des voix. Enfin, après quinze jours de délibération, soixante-dix-huit voix sur cent-quarante-trois conseillers présents, rendirent, conformément à la proposition de Broussel, un arrêt portant: « Qu'at-
« tendu la captivité du roi, M. le duc d'Orléans
« serait déclaré régent du royaume, et supplié
« d'employer son autorité pour mettre en li-
« berté la personne dudit seigneur roi; que M. le
« prince de Condé serait prié d'accepter le com-
« mandement des armées; qu'il serait écrit à
« tous les parlements pour les inviter à rendre
« de pareils arrêts, et aux villes principales du
« royaume pour leur enjoindre de s'y confor-
« mer. »

La Chambre des Comptes et la Cour des Aides reconnurent les pouvoirs conférés aux princes. Une nouvelle assemblée à l'Hôtel-de-Ville leur octroya la faculté de faire des levées d'hommes et d'argent, et vota huit cent mille livres pour cette destination.

Il était d'usage, lorsque des levées de troupes étaient faites, de les employer bien moins au recrutement des régiments existant, qu'à former avec elles de nouveaux régiments. Cette coutume tenait à ce que, les chefs de corps étant chargés du recrutement des troupes sous leurs ordres, il arrivait que les vieux régiments s'éteignaient avec leurs chefs emportés par le temps ou par la guerre, tandis que les officiers plus jeunes qui obtenaient des commissions s'empressaient d'autant plus de lever des régiments nouveaux qu'ils avaient le plus souvent l'honneur de leur attacher leur propre nom. Les levées ordonnées ayant eu pour effet de susciter beaucoup d'ambitions rivales, les princes, qui avaient moins d'intérêt à en satisfaire quelques-unes qu'à ne mécontenter personne, décidèrent que les nouveaux régiments de cavalerie et d'infanterie, de même que les compagnies d'ordonnance, porteraient les noms de leurs terres ou de leurs gouvernements. « Il faut, en outre, se prit à dire le prince de Condé, en faire sous le nom de Mademoiselle ; elle a fait tant d'actions extraordinaires dans cette guerre, qu'il faut que nous en fassions une qui le soit tout à fait pour elle [1]; » et il fut résolu de former au nom de la princesse un régiment de cavalerie et deux compagnies d'ordonnance. Le comte de Holac fut nommé capitaine de la compagnie de gendarmes, avec la lieutenance au comte de Lussan et l'enseigne au marquis d'Humières ; le comte des Cars fut nommé capitaine de sa compagnie de chevau-légers. Un jour Mademoiselle de Montpensier, très-fière, alla faire à cheval une

---

[1] *Mémoires de M{{lle}} de Montpensier.*

promenade au bois de Vincennes, trompettes sonnantes, sous l'escorte de ses deux compagnies brillamment équipées. Quant au régiment de cavalerie, dont le comte de Brancas devait être colonel et dont le commandement de chacune des douze compagnies était brigué par de nombreux officiers, sa levée resta à l'état de simple projet. Mademoiselle a pris soin de nous en confier elle-même la raison : « Je ne voulus pas lever un régiment de cavalerie, parce qu'il fallait cent mille livres ; je m'attachai plutôt à mes deux compagnies, parce qu'il ne fallait que vingt mille livres[1]. » Il ne faut pas oublier que Mademoiselle était la princesse la plus riche de l'Europe ; nous l'avons vue multiplier les preuves de dévouement à son parti, jusqu'à s'exposer elle-même aux plus sérieux dangers ; mais son dévouement n'allait pas jusqu'à exposer son argent. Après cet aveu, la princesse était-elle bien en droit de dire en traçant son portrait qu'elle ignorait si elle était libérale[2] ?

Les princes purent alors, pendant quelque temps du moins, savourer la satisfaction de leur triomphe : ils virent à leurs pieds les divers corps de magistrature, étonnés de leur audace, et la bourgeoisie effrayée des violences qu'elle leur

---

[1] Mémoires de Mlle de Montpensier.
[2] Voy. p. 48.

attribuait. Quant au peuple, qui avait été constamment favorable à leur cause, et qui dans tous les temps aime la force et ne hait pas la violence, il continuait à former leur meilleur soutien ; mais il était un peu ébranlé.

L'entrée en fonctions du duc de Beaufort comme gouverneur de Paris, et du conseiller Broussel comme prévôt des marchands, auxquels les princes firent solennellement prêter serment, donna à leur autorité une action bien autrement directe que par le passé. En outre, ils formèrent un conseil à l'imitation du conseil royal, composé des ducs de Beaufort, de Nemours, de Brissac, de la Rochefoucauld, de Rohan, des présidents au parlement de Longueil et de Nesmond, des présidents Aubry et Larcher, de la cour des comptes, Dorieux et le Noir, de la cour des aides, conseil dont le chancelier Séguier accepta la présidence. Ils agitèrent même la question de créer des maréchaux de France, comme le duc de Mayenne l'avait fait au temps de la Ligue, avec la pensée qu'ils seraient confirmés de même par un traité ; ce projet resta néanmoins sans exécution.

CHAPITRE XIX.

Le découragement et la tristesse environnent le parti des princes. — Pièces en vers contre le prince de Condé. — Question de préséance au conseil entre les ducs de Nemours et de Beaufort. — Leur rivalité. — Duel des deux beaux-frères accompagnés de leurs seconds. — Mort du duc de Nemours. — Son portrait. — Motifs du peu de regrets causés par cette perte au prince de Condé. — La duchesse de Châtillon chez mademoiselle de Montpensier. — Querelle entre le comte de Rieux et le prince de Tarente. — Le prince de Condé frappé au visage. — Le comte de Rieux mis à la Bastille. — Le duc de Lorraine obtient sa mise en liberté. — Les procédés violents du prince de Condé détachent de son parti un grand nombre d'officiers. — Les princes veulent faire reconnaître régulièrement leur autorité dans les provinces. — Les princes veulent se faire reconnaître par les puissances étrangères. — Lettre inédite du prince de Condé aux treize cantons. — Arrêt du parlement de Paris ordonnant la vente des biens du cardinal Mazarin. — Arrêt du conseil du roi cassant l'arrêt du parlement. — Querelle au parlement de Rouen entre deux présidents.

(1652.)

Depuis la reconnaissance de leur autorité par les cours souveraines, les princes exerçaient sans scrupule toutes les prérogatives du pouvoir royal. Malheureusement pour leur cause, la soumission autour d'eux n'était due qu'à la crainte, et non à l'assentiment qu'ils se fussent attiré, s'ils eussent sérieusement travaillé à la réformation de l'Etat. Loin de concevoir cette grande pensée, il leur suffisait de la perspective de substituer leurs personnes à celle du premier ministre ; il ne leur manquait que d'avoir en leurs mains le jeune roi pour couvrir leur autorité d'un manteau légitime. Cette conquête, avec l'expulsion du cardinal, formait plus que jamais tout leur programme.

Le mouvement de la Fronde se trouvait en définitive dévié de son but primitif par tous ceux qui en avaient pris la direction : par les princes, qui ne songeaient qu'à satisfaire leur ambition personnelle, et par la magistrature, qui n'avait vu dans ce mouvement qu'une favorable conjoncture pour devenir l'élément représentatif de la nation à la place des États-Généraux. Celle-ci, emportée par les événements bien loin de son but chimérique, et fort effrayée, était très-disposée au rétablissement pur et simple de l'autorité royale, fût-il même sans conditions. La bourgeoisie, accoutumée à suivre les impressions de la magistrature, partageait sa terreur et ses désirs pacifiques, depuis les scènes de l'Hôtel-de-Ville.

De ce concours de circonstances, il résultait que la Fronde, aux allures si vives, si gaies même à sa naissance, comme souriant à l'aurore d'un beau jour, prenait une teinte de découragement et de tristesse. Un sentiment de répulsion et de vengeance se formait et grandissait contre celui que l'opinion considérait comme l'auteur de ces maux. On fit circuler ces vers très-caractéristiques de la réaction qui s'opérait :

Sur les regrets que M. le Prince fait du bruslement et du massacre fait à l'Hostel-de-Ville le jeudi 4 juillet 1652 [1].

    Condé, l'unique auteur de nos plus grands malheurs,
Par qui toute la France aujourd'hui désolée
Ne paroît plus qu'un grand et triste mausolée,
Où l'on confond partout et le sang et les pleurs;

    Solemnise à ton gré par tes feintes douleurs
Le massacre insolent d'une illustre assemblée,
Traître à la foi publique hautement violée,
De beaux déguisements et de feintes couleurs;

    L'on n'en connoît pas moins la cause du carnage,
A travers la pitié l'on remarque la rage,
L'on sçait les intérêts que l'on fait esclatter.

    Tout le monde en secret murmure de ton crime;
Le sang de nos bourgeois nous défend d'en douter,
Et nous demande à tous leur bourreau pour victime.

En mémoire de l'incendie
Arrivé nouvellement;

[1] *Journal des guerres civiles*, par Dubuisson-Aubenay, t. VII, p. 907 et 908; manuscrit conservé à la bibliothèque Mazarine.

> Condé veut éternellement
> Porter paille quoy qu'on en die ;
> Ma foy, bourgeois, ce n'est pas jeu :
> Craignez une fin malheureuse,
> Car la paille est bien dangereuse
> Entre les mains d'un boutte-feu.

Les princes avaient gravi le Capitole sur des marches sanglantes ; ces dispositions de l'opinion devaient leur faire craindre de marcher du même pas à la roche Tarpéienne.

Alors se passèrent dans leur entourage deux événements qui, s'ils ne sont pas du nombre de ceux qui ont une influence majeure, sont de ceux qui jettent sur un parti, d'un côté ce manteau de deuil, de l'autre ces désaccords, qui l'assombrissent et le divisent, et qui, devenant des causes additionnées aux causes plus graves de sa décadence, ne peuvent qu'en précipiter le moment.

L'inimitié profonde des ducs de Nemours et de Beaufort nous est connue. La querelle du faubourg d'Orléans avait laissé dans leurs cœurs ulcérés de profonds ressentiments, qui ne demandaient qu'une occasion pour éclater encore. Déjà la nomination du duc de Beaufort au poste de gouverneur de Paris avait aigri de nouveau le duc de Nemours ; une question de préséance vint ajouter à son irritation et lui fournir l'occasion recherchée.

Aucune règle fixe n'existant pour le rang entre les princes étrangers et les princes légitimés, au conseil institué par le duc d'Orléans, chacun des deux beaux-frères prétendit à la première place. Le duc de Beaufort tenait bien vivement sans doute à ses prétentions ; car, avec une sorte de puérilité, il se rendait à l'avance à la porte de la salle du conseil pour entrer le premier ; mais ce fut le duc de Nemours qui voulut faire, de cette question de préséance, une question de lutte à mort. Cependant on avait remarqué qu'au récent combat de la porte Saint-Antoine, les deux beaux-frères s'étaient fait mille amitiés, et l'on avait cru toute querelle éteinte entre eux. La duchesse de Nemours en avait été comblée de joie, car elle aimait tendrement son frère, qui le lui rendait, et adorait son mari qui ne le lui rendait guère [1]. Il est certain qu'en dehors de la querelle de préséance, l'esprit romanesque à la mode du temps venait d'élever entre eux quelque amoureuse rivalité [2].

La duchesse de Châtillon tenait tête alors à trois rivaux : le prince de Condé, le duc de Nemours et le duc de Beaufort. Elle ménageait cette triple intrigue avec toute l'adresse nécessaire pour que les trois concurrents ignorassent leur rivalité ;

---

[1] *Mémoires de Mademoiselle de Montpensier.*
[2] *Mémoires du duc de la Rochefoucauld.*

mais un jour le duc de Nemours avait surpris quelques regards favorables jetés sur le duc de Beaufort.

Le prince de Condé, prévoyant que la querelle ranimée des deux beaux-frères pourrait amener de fâcheuses extrémités, avait obtenu du duc de Nemours sa parole qu'il ne provoquerait point le duc de Beaufort. Nonobstant cet engagement, le duc envoya le marquis de Villars lui faire un appel [1]. Le duc de Beaufort, bien qu'une provocation de ce genre fût de celles qui ne se refusaient guère, apporta toute la modération possible pour éviter ce combat, et prétexta qu'ayant plusieurs amis auprès de lui qui ne le laisseraient point se battre sans y prendre part, tandis que le duc de Nemours n'avait que Villars pour second, il ne pouvait accepter la lutte. On sait que l'usage, qui rendait si sanglantes les rencontres d'honneur, était que les amis des deux adversaires participassent eux-mêmes au combat en nombre égal de chaque côté. Plus tard le rôle périlleux des seconds a été remplacé par le rôle à la fois moins dangereux et plus raisonnable, mais certainement plus pénible, de simples témoins de combat. Cette réponse n'arrêta pas le duc de Nemours, non plus que cette con-

---

[1] Le 30 juillet 1652.

sidération que sa blessure reçue au combat de Bléneau, et sa blessure plus récente encore reçue au combat du faubourg Saint-Antoine, devaient avoir affaibli ses forces. Comme on devait s'y attendre, il n'eut qu'à demander des seconds pour les trouver. Le duc de Beaufort était entouré de quatre gentilhommes lorsque l'appel lui avait été fait ; quelques moments après, le duc de Nemours comptait quatre seconds prêts à vaincre ou à mourir avec lui.

Les deux adversaires se rendent à la place des Petits-Pères, proche du marché aux chevaux, terrain choisi pour leur combat. Les seconds du duc de Beaufort sont Héricourt[1], Brillet[2], de Ris[3] et François de Rostaing, comte de Bury ; les seconds du duc de Nemours sont Lusech[4], La Chaise[5], Campan et le marquis de Villars qui

---

[1] Héricourt, lieutenant des gardes du duc de Beaufort ; il mourut dans les vingt-quatre heures des suites de ses blessures.

[2] Écuyer du duc de Beaufort ; il était fort attaché à la duchesse de Montbazon ; il est souvent cité dans les *Mémoires* de Mademoiselle de Montpensier et dans ceux du cardinal de Retz.

[3] Philibert de Pompadour, marquis de Ris et de Laurière, marié à Catherine de Sainte-Maure, veuve d'Antoine de Lenoncourt, marquis de Blainville, et fille de Léon de Sainte-Maure, baron de Montausier ; il succomba dans les vingt-quatre heures du combat.

[4] De la maison de Lusech, en Quercy, qui s'est fondue dans la maison de Chapt de Rastignac.

[5] Gentilhomme de Saintonge, écuyer du duc de Nemours ; son père avait été également écuyer du père du duc de Nemours ; il était probablement frère du marquis de la Chaise, cité par

a fait l'appel. C'est à lui que l'hôtel de Rambouillet décerna le titre de *Bel Orondate;* et ce duel va lui donner une réputation nouvelle qui déterminera le prince de Conti à l'attacher à sa personne, pour succéder à Daniel de Cosnac dans ses fonctions de premier gentilhomme de la chambre, lors de son fantasque projet de provoquer le duc d'York [1].

Avant d'en venir aux mains, le duc de Beaufort prie son beau-frère de réfléchir et d'oublier leur animosité : « Ah ! mon frère, s'écrie-t-il, qu'allons-nous faire ? Pourquoi nous égorger ? Quelle honte ! Oublions le passé et vivons en bons amis ! » — « Ah ! coquin, réplique Nemours hors de lui, tu trembles ! Il faut que l'un de nous reste sur la place ! » En prononçant ces mots, il se précipite le pistolet à la main sur le duc de Beaufort, et le serre de si près que, du coup qui part, il lui brûle les cheveux ; mais il l'a manqué. Beaufort riposte par un coup de pistolet qui traverse le corps du duc de Nemours. Celui-ci trouve encore la force de tirer son épée et il se précipite une seconde fois sur son beau-frère pour le charger. Il l'atteint même de sa pointe au petit doigt de la main droite ; mais c'est un effort su-

---

Mademoiselle de Montpensier parmi ceux qui furent tués à Bléneau.

[1] Voy. les *Mémoires de Cosnac.*

prême; au même instant il tombe mort sur le visage.

Quelques secondes ont suffi pour amener ce terrible dénoûment; elles ont également suffi aux seconds pour se maltraiter vaillamment : de part et d'autre, le feu des pistolets a lui, la fumée blanche a ondoyé autour des combattants, les coups ont retenti; mais, dans le désordre des mouvements précipités, le plomb n'a pas porté. Les pistolets sont jetés à terre, et l'éclair des épées, brillant aussitôt, de ses pointes acérées frappe des coups plus sûrs. Du côté du duc de Beaufort, Bury a été atteint d'un coup d'épée par Campan; de Ris a été blessé par Lusech; Héricourt a reçu de Villars deux coups d'épée. Du côté du duc de Nemours, La Chaise a été blessé et désarmé par Brillet. Brillet se précipite alors sur Villars en s'écriant qu'il faut tuer celui qui a fait ce maudit appel. Le duc de Beaufort, dont la fatale lutte avec son beau-frère est terminée, arrive au même instant sur Villars, auquel Héricourt tient tête encore. Villars, sans s'émouvoir, leur dit qu'il ne sera pas malaisé à trois d'en tuer un; mais le duc de Beaufort, dont l'intention n'était que de séparer les combattants, après de vifs reproches, se contente de lui faire rendre son épée.

La lutte est terminée; le carrosse du duc de

Nemours, s'avançant aussitôt, emporte le corps du jeune prince à l'hôtel de Condé.

Ses funérailles présentèrent quelques difficultés en raison des lois de l'Église; mais l'abbé de Saint-Spire ayant témoigné qu'étant accouru au bruit du combat et étant arrivé au moment de sa chute, il l'avait exhorté à demander pardon à Dieu, et que, lui ayant vu faire quelque action qui marquait qu'il entendait et qu'il se repentait, il lui avait donné l'absolution [1], l'archevêque de Paris autorisa son inhumation en terre sainte, et ses funérailles furent célébrées à l'église de Saint-André, sa paroisse.

La population de Paris fut vivement émue à la nouvelle de la funèbre catastrophe; mais ses sympathies appartinrent au duc de Beaufort, non-seulement parce qu'elle continuait à l'entourer de son affection, mais surtout parce que nul ne put lui refuser le témoignage qu'il avait tout fait pour éviter cette lutte fratricide.

Le duc de Nemours fut peu regretté à cause de son caractère vain et emporté. Il était d'une humeur fort inégale; parfois fort dégoûté de la vie, et autant de la Fronde que de la cour. En amitié, il était aussi inconstant qu'en amour. Son extérieur était plein de charme, et ce charme pro-

---

[1] *Mémoires de Conrart.*

venait uniquemement de la distinction, ce seul privilége des gens comme il faut que l'on ne sache usurper. A le détailler, en effet, son physique offrait de nombreux défauts : sa blonde chevelure était d'une teinte hasardée, son visage était marqué de la petite vérole, ses épaules étaient trop étroites et trop hautes; et, malgré toutes ces imperfections, l'ensemble de sa personne était séduisant.

Le prince de Condé en perdant ce jeune prince perdait un vaillant compagnon; il lui accorda cependant moins de larmes qu'on ne l'eût supposé. Mlle de Montpensier elle-même a pris soin de jeter son rayon de lumière sur ce mystère dont nous avons déjà déchiré le voile. La princesse raconte[1] que, le premier jour de sa sortie après la mort du duc de Nemours, la duchesse de Châtillon vint la visiter dans sa chambre aux Tuileries; elle se lamentait tristement, couverte d'un voile qui cachait presque entièrement sa tête, parée du reste avec le plus grand soin. Le prince de Condé vint à entrer; elle lève son voile et se met à faire une mine douce et riante; dès que M. le prince allait d'un autre côté de la chambre, elle baissait son voile et recommençait ses soupirs; ce manége, une heure durant, n'échappa pas

---

[1] *Mémoires de Mademoiselle de Montpensier.*

aux spectateurs qu'il réjouit fort. Tel est le secret des larmes que ne versa pas le prince de Condé à la mort de son ami, malgré quelques apparences de tristesse réclamées par les convenances. Il n'ignorait pas que le duc de Nemours, furieux du refroidissement sensible à son égard de la duchesse de Châtillon, avait même laissé entrevoir l'intention de le provoquer et de quitter son parti.

La belle veuve représentait auprès du prince de Condé les tentatives, sous une forme bien séductrice, du parti de la cour et de la paix; car ses sympathies, ses intérêts, sa situation réclamant un solide appui, l'avaient toujours tenue attachée, au fond, à ce parti. Cette tendance de Mme de Châtillon avait été le motif de sa rupture avec son amie d'enfance, la duchesse de Longueville, qui n'entendait pas que personne essayât de rapprocher son frère du ministère du cardinal Mazarin. Pour empêcher ce résultat, qu'elle redoutait en raison de l'influence exercée par le duc de Nemours sur le prince de Condé, la princesse, l'année précédente, en Berry, avait employé elle-même sur le duc de Nemours le pouvoir de ses yeux et de son irrésistible coquetterie. Par ce manége, en s'aliénant sans retour le cœur jaloux de La Rochefoucaud, elle avait conquis Nemours à la cause de la Fronde et des princes.

M°^e de Châtillon, qui avait à servir le parti de ses préférences et à exercer une féminine vengeance, s'était depuis, sans délaisser entièrement le duc de Nemours, et sans dédaigner le duc de Beaufort, évertuée à gagner au pouvoir de ses charmes Condé lui-même, afin de l'amener à un rapprochement avec la cour. Nous croyons avoir ainsi achevé de débrouiller le fil croisé de ces intrigues.

Après ce duel tragique, le duc de Beaufort s'éloigna pendant quelque temps de Paris pour aller à l'armée, et le parlement évoqua la connaissance de cette affaire sur laquelle il rendit, le 22 septembre suivant, un arrêt d'abolition en faveur du duc de Beaufort.

Le second événement qui vint jeter le trouble et le refroidissement dans le parti des princes, fut une altercation violente dans le palais du Luxembourg entre le comte de Rieux[1] et le prince de Tarente. Le premier, fils aîné du duc d'Elbeuf, avait persisté dans le parti de la Fronde, tandis que son père l'avait quitté, et prétendait d'autant plus aux égards et à la reconnaissance. Une susceptibilité de préséance fut encore le mobile de cette querelle. Cadet de la maison de Lorraine, le comte de Rieux réclamait le même rang que les

---

[1] Charles de Lorraine.

aînés de sa maison, le rang des princes étrangers. Le prince de Tarente, d'une des plus illustres familles de la noblesse de France, ne consentait point à lui céder le pas, prétendant à un rang semblable de prince étranger par des motifs d'héritage, et surtout à cause de son mariage avec une princesse de Hesse, qui lui avait fait accorder ce rang en Allemagne [1]. Le prince de Condé, intervenant, prend parti pour le prince de Tarente, qui lui a rendu de nombreux services dans cette guerre, et qui est en outre son parent à un degré rapproché. Cette haute intervention anime davantage le comte de Rieux, qui s'écrie : « Qu'il ne peut y avoir de concurrence entre lui et le prince de Tarente, l'inégalité étant trop grande entre la maison de Lorraine et la famille de La Trémoille. » Le prince de Condé, s'échauffant à son tour, lui réplique : « Vous parlez bien haut et faites bien du bruit; vous ignorez apparemment que Tarente est mon parent et que je dois le soutenir envers et contre tous. » — « Vous ferez, Monsieur, tout ce qu'il vous plaira, répond le comte; pour moi, je saurai bien me maintenir moi-même. » Le prince de Condé croit que, dans son élan de vivacité, le comte l'a poussé; il le frappe au visage. Le comte riposte par un souf-

---

[1] Voy. t. I, p. 315.

flet; puis, reculant de deux pas, il dégaine son épée. Le duc de Rohan, se précipitant sur le comte de Rieux qu'il enlace dans ses bras, l'empêche de faire usage de son arme, tandis que le prince de Condé des pieds et des mains pousse Rieux sur la terrasse du Luxembourg; puis, comme il était désarmé, il saute sur l'épée du baron de Migènes[1] et revient sur le comte qui, s'étant débarrassé de l'étreinte du duc de Rohan, s'était placé en garde pour le recevoir. Alors les gardes du duc d'Orléans, accourus, les séparent; le comte de Rieux, contraint de rendre son épée, est conduit à la Bastille.

Cette querelle eut un grand retentissement, et fut pour le duc d'Orléans et pour le prince de Condé le sujet d'un immense embarras pour savoir par quel dénoûment terminer cette aventure. Un procès devant le parlement en augmentait le bruit et l'éclat; il ne pouvait, d'après l'opinion des magistrats consultés, se terminer que par une condamnation à mort; mais une semblable rigueur n'allait à rien moins qu'à indisposer contre les princes tous leurs amis. Ils s'arrêtèrent à un parti plus modéré : le prince de Condé déclara n'avoir reçu du comte de Rieux qu'un coup de poing, ce qui,

---

[1] Raguier, baron de Migènes, descendant de Dreux-Raguier, seigneur de Thionville et de Charenton, maître des eaux et forêts du comté de Champagne au siècle précédent.

d'après les exigences des lois de l'honneur, était bien différent d'un soufflet ; et, pour tourner la chose en plaisanterie, se mit à dire : « Vous voyez un homme qui a été battu pour la première fois[1] ! »

A la sollicitation du duc de Lorraine, le comte de Rieux sortit de la Bastille au bout de peu de temps. Un fâcheux effet n'en subsista pas moins ; on remarqua d'autant plus les procédés hautains et violents que se permettait souvent le prince de Condé vis-à-vis des officiers de son armée ; la noblesse fut généralement bien aise de lui voir subir ce qu'elle considérait comme une leçon salutaire[2].

Un jour, par suite de l'un de ces accès de violence, les régiments de Languedoc et de Valois, leurs officiers en tête, déposèrent les armes, refusant désormais de marcher sous ses ordres. Le prince de Condé avait commandé à Valon de lui faire amener un homme par régiment pour être passé par les armes, parce que les troupes ne s'étaient pas trouvées rangées en bataille à l'heure indiquée, pour une revue qu'il se proposait de faire. Valon lui avait dit qu'il n'irait point cher-

---

[1] *Mémoires de Mademoiselle de Montpensier.*
[2] Voy. à l'*Appendice* la lettre de Marigny à Lenet sur le duel des ducs de Nemours et de Beaufort, et sur l'affaire du comte de Rieux.

cher les gens pour les faire pendre, parce qu'il n'était point bourreau. Le prince de Condé, exaspéré de cette réponse, eût traversé Valon de son épée, si le duc de Beaufort ne s'était jeté entre deux. Tous les officiers de l'armée s'empressèrent d'aller féliciter Valon, et les suites de cette affaire eussent désorganisé l'armée des princes, si Mlle de Montpensier ne se fût entremise et n'eût amené un rapprochement entre le prince et Valon. L'intervention de cette princesse dans une autre circonstance calma le comte de Holac, le chef des troupes allemandes, qui trouvait que le prince le traitait avec mépris en soutenant Tavannes, qui avait mis aux arrêts un soldat de son régiment [1].

Cette conduite inconsidérée fut cause que les meilleurs officiers du prince le quittèrent successivement : les marquis de Villars et de Clérembault, le baron de Lanques, qui se plaignait que M. le prince avait manqué à sa parole de le faire lieutenant-général, Chavagnac et bien d'autres [2]. Peu de temps après, le comte de Tavannes, outré d'un propos du prince, qui avait dit : « *Il faut*

---

[1] Voy. les *Mémoires de Mademoiselle de Montpensier*.

[2] Dans une de ses lettres à Lenet, datée de Paris le 15 août 1652, Marigny, après avoir cité quelques-unes de ces défections, ajoute : « Semblables retraites de braves gens sont très-fâcheuses. » *Manuscrits de Lenet* conservés à la Bibliothèque impériale, t. VIII, p. 91.

envoyer des brides à Valon et à Tavannes, ce sont des ânes, » le quitta à son tour, le privant du secours de celui qu'on appelait à juste titre : *son bras droit.* C'est ainsi que le parti des princes s'affaiblissait par l'abandon qui allait chaque jour grandissant.

L'enchaînement du récit de faits particuliers nous a conduit à anticiper sur le cours général des événements; en y revenant, nous trouvons les princes préoccupés du soin de faire reconnaître régulièrement dans toute la France, et même au dehors, le pouvoir quasi royal dont ils étaient investis dans la capitale. Le duc d'Orléans, en sa qualité de lieutenant-général du royaume, écrivit aux gouverneurs des provinces des lettres dans lesquelles il leur exposait la nécessité où il s'était trouvé de prendre les rênes de l'État, pour arracher la France aux fourberies du cardinal Mazarin, qui, rentré dans le royaume après avoir réitéré de solennelles promesses de ne plus s'occuper des affaires publiques, n'en continuait pas moins à être le maître absolu; et qui amusait ses députés et ceux du parlement par des négociations stériles. Monsieur déclarait dans sa lettre que l'unique but de ses efforts était de mettre en liberté le jeune roi, et de lui faire rendre, en même temps, de la part de ses sujets, l'obéissance et le respect qui lui étaient dus. En conséquence, il comptait sur le gouverneur de la province pour empêcher l'exécution des pernicieux desseins du cardinal Mazarin, pour aider à son expulsion du royaume, et concourir au rétablissement de la tranquillité publique et de l'autorité du roi [1].

Le prince de Condé ne laissait pas non plus sa plume inactive ; sa propension, augmentée certainement par la connaissance trop certaine qu'il avait du peu de sympathies qui l'entouraient, le portait toujours à chercher ses points d'appui au dehors. L'alliance de l'Espagne lui était acquise ; celle de l'Angleterre, bien que refusée une première fois par Cromwell, était toujours espérée, et les négociations en furent reprises, comme nous le verrons plus loin ; mais, ne dédaignant pas les petites alliances, le même jour que le duc d'Orléans écrivait aux gouverneurs des provinces de France, il écrivait, de son côté, en Suisse, au gouvernement confédéré des Treize cantons ; le messager, porteur de la lettre, était, en outre, chargé d'instructions verbales plus étendues. La

---

[1] Voyez à l'*Appendice* la lettre écrite par le duc d'Orléans au duc de Lesdiguières, gouverneur du Dauphiné. Le portefeuille ministériel dans lequel nous avons trouvé cette lettre prouve que ce gouverneur, loin d'en tenir compte, s'était empressé de l'envoyer au cardinal Mazarin lui-même.

Suisse, du reste, bien que faible en population, avait une réputation militaire établie; elle était en possession de fournir des soldats à l'Europe pour les causes les plus opposées; son alliance, en définitive, n'était donc pas à dédaigner. Pour l'obtenir plus sûrement, le prince de Condé veut réveiller les ressentiments de ce petit pays :

A Messieurs, Messieurs les Treize cantons [1].

« Messieurs,

« Bien que les injustices que j'ay receues par le ministère du cardinal Mazarin soient cogneues à toute l'Europe, et que les divers complots qui ont esté faits sur ma liberté et sur ma vie m'ayent obligé à la plus légitime comme à la plus naturelle de toutes les deffenses du monde, je seray pourtant bien aise que Vos Seigneuries Illustres sachent que mon intérest ne m'a pas fait prendre les armes, et que les désordres de cet Estat, dont les ruines sont universelles par la mauvaise conduite dudit cardinal, m'ont forcé à me déclarer pour y apporter les remèdes nécessaires, estant

---

[1] Nous avons tiré cette lettre inédite des *Archives du Ministère de la guerre*, vol. cxxxiii.

certain qu'il n'est point de manquement dont ce ministre ne soit coupable, et il n'en est point qui m'ait touché si sensiblement que celuy d'avoir violé cette ancienne alliance qui estoit entre la France et Vos Seigneuries, et de s'estre approprié les fonds destinez à vos payements, dont la foy devoit estre si sacrée qu'on n'y pouvoit toucher sans sacrilége. Je ne m'estenderay pas davantage sur la justice de mes armes, puisqu'elles sont maintenant authorisées par un arrest solemnel rendu depuis deux jours au parlement de Paris, qui me convie mesme d'accepter le commandement des armées soubz l'autorité de S. A. Royale, pour l'expulsion du cardinal Mazarin, et pour délivrer la sacrée personne du Roy des mains de ce ministre ; mais je vous prie de croire, Messieurs, que si Dieu nous redonne une bonne paix, pour laquelle seule je me suis engagé à cette guerre, j'auray entre autre chose un soing très-particulier de faire réparer les griefs qui vous ont esté faits, et que je tiendray la main à ce qu'à l'avenir vous n'ayez plus sujet de vous plaindre de semblables injustices. C'est de quoy M. de Girolles[1] vous assurera plus particulièrement de ma part, en qui je vous prie de prendre créance, et

---

[1] On trouve dans l'*Histoire généalogique* du P. Anselme des alliances de la maison de Girolles avec l'illustre maison de Brichanteau-Nangis.

adjouster à cette faveur celle que je vous demande, de me croire,

« Messieurs,

« Vostre très-affectionné serviteur,

« Louis de Bourbon.

« De Paris, le 24 juillet 1652. »

A la même date, le 24 juillet, le parlement de Paris rendit un arrêt ordonnant la vente de tous les biens meubles et immeubles du cardinal Mazarin, et commit pour procéder à cette opération les conseillers Clément le Meusnier, Jacques Renard, Paul Portail, Charles Brissart, Alexandre Petau et Pierre Pithou. Le 28, cet arrêt du parlement fut cassé par un arrêt du conseil du roi, daté de Pontoise, portant, en outre, défense aux commissaires désignés de procéder à la vente, sous peine de répondre de leur désobéissance « en leurs personnes, biens et postérité ».

La réception au parlement de Rouen de l'un des arrêts du conseil du roi cassant tous les arrêts du parlement de Paris rendus depuis les massacres de l'Hôtel-de-Ville, fut l'occasion d'une scène qui prouve, avec bien d'autres, à quel point la passion des dissentiments politiques avait altéré la dignité de la magistrature. En présence du duc de Longueville, gouverneur de la province, deux présidents, Bigot de Montville et Mesgrigny[1], se prirent de querelle; le premier ayant traité l'autre de *Mazarin,* celui-ci traita le premier de *Fairfax* et de *Cromwell;* les injures les plus violentes furent échangées; Bigot de Montville ayant eu, à ce qu'il paraît, le dessous dans cette lutte, et se tenant, par conséquent, pour le plus offensé, demanda réparation à la compagnie, qui la lui accorda[2].

Ces duels et ces provocations entre les partisans d'une même cause, ces défections de la part d'officiers jusqu'alors dévoués, ces querelles entre magistrats, étaient des symptômes de la dissolution intérieure de la Fronde et du parti des princes.

---

[1] Jacques de Mesgrigny, seigneur d'Espoisses, président au parlement de Rouen et conseiller honoraire au parlement de Paris, marié à Léonore de Rochechouart, fille de François de Rochechouart, marquis de Bonnivet, et de Léonore de Faudoas d'Averton. Voy. l'*Histoire généalogique du P. Anselme.*

[2] *Journal manuscrit* de Dubuisson-Aubenay, à la bibliothèque Mazarine, t. VII, p. 1139.

CHAPITRE XX.

La cour, après de grandes incertitudes, quitte Saint-Denis pour se rendre à Pontoise. — L'armée royale se porte à Compiègne, au-devant de l'armée espagnole. — Influence du maréchal de Turenne et du duc d'Elbeuf sur ces résolutions. — Lettre du duc d'Elbeuf. — Le duc d'Elbeuf forcé de capituler dans Chauny. — Quatre lettres inédites du maréchal de Turenne sur les opérations de la campagne. — Retraite de l'armée d'Espagne. — Ses motifs. — Appel du roi à la noblesse en armes. — Lettre inédite du roi au marquis de Nangis. — L'armée des princes sort du faubourg Saint-Victor pour aller camper à Saint-Cloud et à Suresnes. — Le maréchal de Turenne vient camper à Gonesse pour observer l'armée des princes.

(1652.)

Il n'avait pas été possible à la cour de conserver le poste de Saint-Denis, trop rapproché de Paris pour sa sûreté, et qui présentait, de plus, l'inconvénient de faire ressortir, par sa proximité même, d'une manière plus palpable encore, l'impuissance dans laquelle se trouvaient le jeune roi et sa cour, de pouvoir rentrer dans la capitale. Jusqu'au 15 juillet, les délibérations s'agitèrent pour savoir de quel côté la cour, errante depuis si longtemps, devait porter ses pas. D'abord on songea à faire de la ville de Rouen son quartier-général ; mais des renseignements certains sur les mauvaises dispositions des habitants et le peu de confiance qu'inspirait le duc de Longueville, gouverneur de Normandie, durent en faire abandonner la pensée. La direction la moins vraisemblable fut celle qui fut adoptée. Il fut résolu d'abandonner le centre de la France pour se porter vers l'une des frontières, à Lyon, par ce motif que cette ville et les provinces limitrophes étaient dévouées, et aussi à cause de la crainte inspirée par la double nouvelle d'un retour offensif du duc de Lorraine et de l'arrivée, au secours des princes, d'une armée de vingt mille Espagnols.

Le cardinal Mazarin et le duc de Bouillon sont tombés d'accord pour prendre ce parti, qui doit recevoir son exécution deux jours après, lorsque le maréchal de Turenne tente un suprême effort pour le combattre. Il fait valoir que si l'on abandonne le centre et l'ouest de la France à leurs sympathies frondeuses, et le nord à l'invasion espagnole, la cour donne elle-même les mains au triomphe définitif des princes ; sa marche vers Lyon n'est qu'une étape pour être chassée du royaume. Au contraire, il conseille à la cour de se retirer à Pontoise, en conservant seulement avec elle l'escorte de sa garde ordinaire, et lui-même se porterait vers Compiègne avec son armée pour entraver, à l'aide des difficultés du passage des rivières, la marche des troupes ennemies sur Paris. La défiance accoutumée du caractère espagnol ne peut, à son sens, que fortifier l'obstacle de ces difficultés naturelles, car ce mouvement offensif, donnant la preuve de la confiance de l'armée royale, doit faire craindre aux envahisseurs quelque traité secret de la cour avec les princes, entente qui rendrait périlleuse pour eux la continuation de leur marche agressive ; et cette appréhension peut les déterminer à s'arrêter.

Des raisons si bien déduites séduisent la reine (« qui n'a jamais trouvé de conseil trop hazardeux [1] ») par leur hardiesse même ; elles font changer les résolutions prises.

Le maréchal de Turenne rendit un service signalé à la cause royale en faisant prévaloir son opinion. Saint-Évremond [2] s'est exprimé en ces termes sur

---

[1] Propres expressions employées par le maréchal de Turenne dans ses *Mémoires*.

[2] Charles Marguetel de Saint-Denis, seigneur de Saint-Évremond. Il avait été, jusqu'en 1648, lieutenant des gardes du prince de Condé qui se trouvait heureux de l'avoir auprès de lui pour jouir des charmes de son esprit ; mais ce prince, qui aimait mieux la plaisanterie qui s'exerçait aux dépens des autres que celle qui le prenait pour point de mire, n'ayant pas été épargné dans quelques fines railleries, lui demanda sa démission. Saint-Évremond servait donc le parti du roi et du cardinal Mazarin, ce qui ne l'empêcha pas dans la suite d'être

ce service : « J'ai vu prendre une résolution qui causait la perte d'un grand État si elle eût été suivie. J'en vis prendre une contraire le même jour, par un heureux changement qui fut son salut; mais elle donna moins de réputation à l'auteur d'un si bon conseil que n'auroit fait la défaite de cinq cents chevaux ou la prise d'une ville peu importante [1]. »

En exécution du plan arrêté, la cour se retira à Pontoise le 17 juillet, et le maréchal de Turenne se mit en marche le même jour avec l'armée royale, pour aller camper sous les murs de Compiègne.

Le concert qui s'était établi entre les princes et l'archiduc pour faire entrer en France les troupes espagnoles, avait été révélé à la cour par l'arrestation de divers émissaires du prince de Condé envoyés en Flandre, et enlevés sur leur route par le duc d'Elbeuf. Le duc, en rendant compte de ces arrestations et des projets dangereux qu'elles avaient fait connaître, insistait sur l'impossibilité, avec le peu de troupes dont il disposait, de pouvoir faire autre chose que harceler la marche des ennemis, et sur la nécessité d'un mouvement du

---

obligé de chercher un refuge en Angleterre, où il finit ses jours, pour avoir voulu critiquer quelques actes de la politique du cardinal.

[1] *Œuvres de Saint-Évremond*, t. II, p. 177, édit. de 1753.

maréchal de Turenne avec son armée, pour venir leur barrer le passage [1]. En insérant à cette place la lettre même du duc d'Elbeuf à Le Tellier, nous apportons la preuve, ignorée jusqu'ici par l'histoire, que si le maréchal de Turenne eut le mérite de faire prévaloir un bon conseil avec l'autorité qui lui était propre, c'est au duc d'Elbeuf cependant qu'en revient, au moins pour ce qui concerne le plan de campagne de l'armée royale, l'inspiration première [2].

« Monsieur,

« Le gentilhomme de la part de M. de Lignières [3] s'en va rendre conte o roy des domestiques de Monsieur le prinse passans en Flandres pour obliger les troupes de marcher à son secours, qu'un de ses partis en alant à la guerre a arrestés. Son peu de garnison et son otorité ne se trouvant pas tout à fait establie sur les bourgeois et le voisinage des ennemis o Casteo-Cambresis [4] m'oblige

---

[1] Voyez les *Mémoires* du maréchal de Turenne et du duc d'York.

[2] Voy. p. 255, une autre lettre du duc d'Elbeuf, datée du même jour, qui émet, bien qu'avec un peu moins d'insistance, un avis positif sur l'opportunité de ce parti.

[3] Il appartenait à une maison du Berry dont la généalogie est rapportée par Thaumas de la Thaumassière dans son *Histoire* de cette province.

[4] Cateau-Cambresis, ville de l'ancien comté de Cambray, où

d'y aler. Je ne puis croire que le nombre désdits ennemis soit si grand qu'on le fait, ny qu'ils soient capables d'une entreprise considérable dans sette province; je crois peu qu'ils soient résolus à passer avec toutte leur armée pour aler joindre les prinses, mais s'ils l'entreprennent, tout se que le peu de troupes que nous avons me permet de faire, s'est de les persécutter dans leur entrée en France et dans leur marche; mais leur perte doit venir des troupes de M. de Turenne qui viendront au-devant d'eux. Croies, quand je serois le dernier de tous les hommes, que mon zèle et ma fidélité pour le servise du roy me feront exécutter tout ce qui se doit attendre des plus grans généros. Je vous demande la continuation de vos bonnes grases; j'essairay de méritter vostre estime et seray toutte ma vie,

« Monsieur,

« Vostre très-humble serviteur,

« LE DUC D'ELBEUF.

« Ce 4 juillet, à Ham [1]. »

les archevêques de Cambray avaient un magnifique château. Cette ville fait aujourd'hui partie du département du Nord.

[1] Lettre inédite en entier de la main du duc d'Elbeuf, tirée des *Archives du Ministère de la guerre*, vol. CXXXIV.

Conformément aux avis fournis par le duc d'Elbeuf, l'armée espagnole, après avoir franchi la frontière, s'avançait sur Paris. Le duc, en attendant l'arrivée du maréchal de Turenne, s'était efforcé de retarder la marche de l'ennemi en le harcelant avec sept ou huit cents chevaux qu'il était parvenu à réunir dans son gouvernement de Picardie. Néanmoins les Espagnols s'étaient avancés jusqu'à Chauni, où le duc d'Elbeuf s'était posté. Quelle que fût son excellente résolution de se comporter à l'exemple des plus grands généraux, il ne sut ou ne put pas se retirer à temps; il fut enveloppé, assiégé et forcé de capituler, après deux jours de résistance, avec ces conditions que ses cavaliers sortiraient à pied et que leurs chevaux seraient abandonnés aux assiégeants.

Après la prise de Chauni, place dans laquelle les Espagnols ne jugèrent point à propos de laisser garnison, ceux-ci s'avancèrent vers Fismes. Le maréchal de La Ferté reprit possession de Chauni avec quelque cavalerie, puis, revenant par Soissons, en renforça la garnison. Près de Fismes, le duc de Lorraine, avec ses Lorrains, fut rejoint par l'armée espagnole.

Cette jonction allait placer le maréchal de Turenne en face de forces très-supérieures aux siennes, et, dans une position d'autant plus périlleuse, qu'il était à craindre que l'armée des princes ne s'éloignât de Paris pour venir le prendre entre deux feux. Heureusement le grand capitaine avait été guidé dans son conseil hasardeux par des prévisions qui se réalisèrent, nous le verrons; mais, comme ces prévisions étaient encore à l'état d'espoir, il ne laissait pas d'avoir de vives appréhensions, et surveillait la marche des ennemis par les informations les plus scrupuleuses. Il s'inquiétait des conséquences d'un ordre de la cour au maréchal de La Ferté de séparer ses troupes des siennes, alors que la concentration des forces ennemies exigeait la concentration des forces royales, et prenait sur lui la responsabilité d'en suspendre l'effet. Il se plaignait de la pénurie d'argent qui mettait la désertion dans ses troupes mal payées. Enfin des rivalités entre les régiments, le régiment de la Marine prétendant au premier rang que les autres lui contestaient, ne laissaient pas de lui susciter quelques embarras secondaires, et le forcèrent, pour éviter de heurter en face ces prétentions, à prolonger auprès de sa personne le service du régiment de Picardie et à reléguer le régiment de la Marine dans un cantonnement à part sans prendre rang.

L'illustre maréchal va nous initier, par les quatre lettres suivantes adressées à Le Tellier, aux faits majeurs de ses combinaisons stratégiques, comme aux moindres détails ; ceux-ci même prennent de l'intérêt, tracés par une telle plume. Ces lettres nous révèlent encore à quel point les Espagnols eux-mêmes faisaient peu de fond sur l'alliance du duc de Lorraine, puisqu'ils se rapprochaient de lui bien moins pour grossir leurs forces que pour lui ôter la liberté de ne pas agir de concert avec eux. Ces documents inédits complètent sur cette période historique les Mémoires du maréchal, que sa modestie a souvent rendus trop succincts.

« Monsieur,

« Je viens de recepvoir les deux lettres qu'il vous a pleu me faire l'honneur de m'escrire par un valet de pied du Roy ; et comme les partis que l'on a envoyés après les ennemis, ne renvoyent point dire de leurs nouvelles, il faut apparemment qu'ils s'esloignent ; les gens du pays disent qu'ils s'en vont à Crecy [1]. C'est assurement pour se mettre auprès de M. de Lorraine jusqu'à ce qu'ils soyent assurés de lui. M. le mareschal de la Ferté, comme je vous ay mandé, est party cette nuict avec sept ou huict cens chevaux et s'en va

[1] Crécy-au-Mont, département de l'Aisne, qu'il ne faut pas confondre avec le village de Crécy, en Artois, célèbre par sa funeste bataille.

vers Noyon et la Fère. Je viens d'envoyer dix ou douze cavalliers à Lagny avec des lettres à M. de Monbas et à M. de la Jaunaye[1]; mais apparemment on peut estre plustost adverty de la marche des ennemys par Pontoise, que par aucun endroit, et on le peut sçavoir cinq ou six heures après que le canon sera party de Paris. Il est d'une extrême conséquence de tascher à sauver Lagny[2]; et, de la cour, il seroit nécessaire de chercher les moyens, pour fortifier d'infanterie et de cavalerie M. de Monbas et de donner aussy une bonne subsistance à ceux de Lagny, afin qu'ils puissent y attirer des soldats. Cela est bien incommode de n'avoir que cette seule place sur la Marne. Je croy que l'on voit bien à la cour que l'on ne se maintient que par la division des ennemis; de sorte qu'il faut songer à avoir de l'argent pour raccommoder les trouppes, et en faire des nouvelles, ou bien à s'accommoder avec quelqu'un. En escrivant celle-cy, je viens de recepvoir un billet de la cour par lequel il paroist comme les ennemis vont à Lagny; je m'en vais prendre tout ce que je pourrai de la cavalerie qui est au

---

[1] Appartenant à une famille alliée aux maisons de la Rochefoucauld et de Chabot. *Voy. l'Histoire généalogique du P. Anselme.*

[2] Très-ancienne petite ville dans la Brie, sur la rive gauche de la Marne.

fourrage et y marcherai. Je suis de tout mon cœur,

« Monsieur,

« Vostre très-humble et très-affectionné serviteur,

« TURENNE.

« Au camp de Beaulieu, le 24 juillet 1652[1]. »

« Monsieur,

« Ayant marché jusqu'au près de Lagny, j'ay appris que l'armée de Messieurs les Princes n'avoit bougée de Paris. J'ay envoyé dans Lagny deux charrettes de munitions de guerre et d'outils. Ils sont cinq ou six cens hommes de pied dans la place, et M. de Biron[2] qui loge auprès pour s'y mettre en cas de besoin, ou y donner la main. M. Monbas a l'œuil à Corbeil[3]. Je ne vois pas ceux

---

[1] Lettre inédite, *Archives du Ministère de la guerre*, volume CXXXIV.
[2] François de Gontaut, marquis de Biron, baron de Saint-Blancard, mestre de camp du régiment de Périgord, marié à Élisabeth de Cossé, fille de François de Cossé, duc de Brissac. Voy. l'*Histoire généalogique du P. Anselme*.
[3] Corbeil, situé sur la Seine au confluent de l'Essonne, était alors une ville forte.

de Paris en estat de rien faire, s'ils ne se renforcent par des levées ou par le secours.

« M. le maréchal de la Ferté est rendu à ce soir. M. de La Boulaye[1] doit avoir trente ou quarante chevaux dans Chauny[2]. Il l'a quitté et s'est retiré dans Coucy[3] avec cette cavalerie. M. de la Ferté a passé audict Chauny et delà a faict le tour à Soissons. Il m'a dit que les ennemis marchent si serrés qu'il a jugé qu'il ne peust rien entreprendre sur eux. Ils sont présentement vers Pont-à-Verre et peuvent avoir passé la rivière d'Aisne aujourd'huy. Ils sont à deux ou trois heures de Monsieur de Lorraine.

« M. le maréchal de la Ferté va marcher suivant son ordre pour passer la Marne. Je ne comprens pas bien pourquoy se séparer, les ennemis estant tous ensemble. Je croyois que l'on demeureroit ensemble jusqu'à ce que l'on vit ce que feroient les ennemis, et aussy en quoy on pourroit les incommoder s'ils se séparoient. Il m'a tesmoigné qu'il attendroit un jour pour voir s'il

---

[1] Le marquis de la Boulaye, l'un des chefs les plus ardents de la Fronde, s'était plus distingué dans les émotions populaires que dans les armées. Voy. sur lui la *note* tom. Ier, p. 209.

[2] Petite ville sur la rive droite de l'Oise, aujourd'hui chef-lieu de canton du département de l'Aisne.

[3] Coucy-le-Château, seigneurie des célèbres sires de Coucy. Les ruines de la tour construite en 1502 par Enguerrand de

n'auroit point de contr'ordre. Il faudra me retirer sur l'Oise, ou peut-estre par delà, si cela est.

« Nous passons demain la forest pour loger près de Crépi-en-Valois[1], n'y ayant plus de fourrage, et parce que nous avons empesché qu'on n'allast en quérir, ni delà l'Aisne, ni delà de l'Oise. On se gouvernera pour Messieurs les lieutenans-généraux ainsy que M. le Cardinal me mande que le Roy l'ordonne.

« Dans la misère où est cette armée, l'infanterie n'ayant point de nouvelles de ses assignations, et n'y ayant que peu de régiments de cavallerie qui ayent touché quelque chose, il est bien à craindre qu'il ne se débande beaucoup de soldats pour aller à Paris, si on ne donne de l'argent et principallement n'y ayant point presque d'officiers pour les retenir, s'en allant quantité par nécessité, la pluspart des troupes de cette armée ayant passé la campagne passée, l'hyver, et cet esté qui est bien advancé, sans argent. Il s'y est outre cela passé beaucoup d'actions qui affoiblissent les corps, de sorte que s'il n'y est pourveu par des renduës et par quelque argent aux offi-

---

Coucy subsistent encore. Cette petite ville est aujourd'hui chef-lieu de canton du département de l'Aisne.

[1] Cette ville fait aujourd'hui partie du département de l'Oise.

ciers, l'armée deviendra à rien. Je vous supplie de me croire,

« Monsieur,

« Vostre très-humble et très-affectionné serviteur,

« Turenne.

« Au camp, le 27 juillet 1652[1]. »

« Monsieur,

« Je vous diray comme Monsieur le maréchal de la Ferté et moy avons jugé à propos, quoy qu'il eûst ordre d'aller à Lagny, sur la nouvelle que l'on a eû de la jonction des ennemis, que nous demeurions ensemble jusqu'à ce qu'il aît sçû si l'on continue à desirer de la cour qu'il s'en aille sur la Marne, si une partie des troupes de Lorraine a joinct l'armée d'Espagne. Vous jugez bien que nous ne sommes pas trop en estat

---

[1] Lettre inédite, *Archives du Ministère de la guerre*, volume cxxxiv.

de nous approcher d'eux ; nous nous reglerons suivant la marche des ennemis.

« Je suis de tout mon cœur,

« Monsieur,

« Vostre très-humble et très-affectionné serviteur,

« Turenne.

« Camp près de Crespy, le 29 juillet 1652 [1]. »

———

« Monsieur,

« J'ay alongé le plus que j'ay pû que Picardie fist la garde ches moy pour éviter la contestation de la Marine avec les autres régiments ; à la fin ne l'ayant pû refuser à Picardie, et n'ayant jamais pû résoudre les autres régiments à marcher après la Marine, je le fais loger en un village auprès de l'armée sans prendre de rang.

« S'il vous plaist de dire à Monsieur le Cardinal que nous avons resçû ses lettres interceptées à

[1] Lettre inédite, *Archives du Ministère de la guerre*, volume cxxxiv.

M. Bartet[1]; nous nous sommes logés entre Senlis[2] et Dammartin[3], pour observer si les ennemis voudroient marcher en corps à Paris ou s'ils veulent en destacher un pour cela; de mesme pour aller à la Marne, si nous jugeons raisonnable d'y aller. Si les ennemis viennent à la Ferté-Millon, où nous n'avons point encore advis qu'ils soyent, il nous semble qu'il n'est point à propos de se mettre avec l'armée vers la rivière de Marne, nous osterions par ce moyen la communication avec la rivière d'Oise. Nous n'avons point eû de nouvelles de M. le maréchal d'Aumont[4], ni des trouppes qu'il a avec luy, et n'avons oüy parler d'aucunes troupes de Picardie. J'ay envoyé le régiment de Navailles d'infanterie à M. le mares-

---

[1] Agent dévoué du cardinal Mazarin; il avait le titre de secrétaire du cabinet du roi. Sa faveur lui donnant une influence fort au-dessus de sa position sociale, il était d'une impertinence insupportable qui lui valut plus tard une plaisante leçon de la part du duc de Candale. Le duc lui fit couper la moitié des cheveux et des moustaches, arracher ses canons et ses manchettes. Bartet mourut à l'âge de 105 ans. C'est lui que le cardinal Mazarin dans ses lettres en chiffres à la reine désignait sous le nom de *confident*. Voy. tom. Ier, p. 261.

[2] Située sur la rive droite de la Nonette, cette ville est aujourd'hui chef-lieu d'arrondissement du département de l'Oise.

[3] Cette petite ville, située sur une hauteur, est aujourd'hui chef-lieu de canton du département de Seine-et-Marne.

[4] Antoine d'Aumont, qui s'était distingué à la bataille de Réthel en 1650 et qui avait été créé maréchal de France en 1651. Il fut nommé gouverneur de Paris en 1662, et reçut la dignité de duc et pair en 1665.

chal d'Estrées sur ce qu'il m'en demandoit trois. Je vous supplie de croire que je suis,

« Monsieur,

« Vostre très-humble et très-affectionné serviteur,

« TURENNE.

« Les dernières nouvelles que nous avons eu des ennemis, c'est qu'ils estoient logés entre La Fère[1] et Bazoche[2].

« A Moulignon, ce 31 juillet 1652[3]. »

A ce moment, les prévisions de l'homme politique, aspect sous lequel Turenne est certainement le moins connu, vinrent faire disparaître, comme par enchantement, les difficultés de sa situation militaire. Ses prévisions furent même dépassées. Les Espagnols, sentant la supériorité marquée de leurs forces, conçurent la crainte, singulière au premier aperçu, mais très-logique dans leurs inté-

---

[1] Ville forte sur l'Oise, au confluent de la Serre, réunie par Henri IV à la France et faisant aujourd'hui partie du département de l'Aisne.
[2] Petit village sur la rive droite de la Vèle, faisant aujourd'hui partie du département de l'Aisne.
[3] Lettre inédite, *Archives du Ministère de la guerre*, volume cxxxiv.

rêts, de remporter une victoire trop décisive sur le maréchal de Turenne; son armée pouvait être anéantie; et, comme conséquence, le jeune roi, à bout de ressources, serait contraint de remettre sa destinée entre les mains des princes. Un tel dénoûment ne pouvait faire le compte de la politique espagnole, dont le but était de perpétuer la division, pour se mieux assurer des dépouilles de la France. Une ruse du cardinal Mazarin vint les confirmer dans leurs appréhensions et dans leur politique de maintenir la balance à peu près égale entre les deux partis contraires.

Le cardinal écrivit au duc de Lorraine pour lui dire que puisqu'il persistait à vouloir secourir le duc d'Orléans, son beau-frère, il prît garde à la résolution de la reine dans l'extrémité où elle se trouverait réduite, de se jeter dans les bras du prince de Condé; et qu'alors les vues ambitieuses de Monsieur, comme les projets hostiles des Espagnols, se trouveraient déjouées du même coup. D'un côté, par cette alliance qui serait faite aux dépens de Monsieur, ce prince serait abaissé; de l'autre, la reine acquerrait pour la défense de la cause royale le bras d'un guerrier qui saurait bien avoir raison des ennemis de la France. Le duc de Lorraine n'était que le destinataire apparent de cette lettre; elle était écrite uniquement pour être lue par le comte de Fuensaldagne qui commandait l'armée espagnole. Pour atteindre ce but, le moyen était de faire intercepter la lettre. Le messager reçut des instructions en conséquence et eut le soin, qui réussit, de se faire arrêter en route par les Espagnols qui s'empressèrent de porter la lettre à leur général [1].

Telles furent les appréhensions qui déterminèrent les Espagnols à opérer, au moment le plus inattendu, leur retraite en Flandre. Ils laissèrent seulement pour appuyer la petite armée du duc de Lorraine un corps de troupes sous les ordres du duc de Wurtemberg. La mission de ces forces était de secourir les princes, si la retraite de l'armée espagnole venait à rompre l'équilibre dans un sens trop défavorable pour eux. La cause royale fut ainsi soustraite au plus grand péril qu'elle eût peut être couru jusqu'à ce jour. Le maréchal de Turenne échappa lui-même à une épreuve difficile, grâce à des considérations politiques qu'il avait prévues en partie, car sa défaite était inévitable, et, quelle que fût sa réputation militaire et l'excuse de l'infériorité des forces, une bataille perdue jette toujours quelque défaveur sur la renommée.

L'insuffisance des ressources dont disposait la cour devint donc par cet excès de faiblesse la cause

---

[1] Mémoires du marquis de Montglat.

de son salut ; mais, comme elle ne pouvait à l'avance compter sur un résultat si inespéré, elle se préoccupait avec raison de grossir les forces régulières de ses armées par un appel à la noblesse. La convocation du ban et de l'arrière-ban était tombée en désuétude par le fait même de la royauté, qui préférait des troupes enrégimentées, astreintes à un service permanent, à des corps irréguliers qui ne devaient qu'un service temporaire ; aussi cet appel à la bonne volonté ne porta-t-il point la dénomination d'autrefois. L'objet principal de cet appel était de disperser des levées de soldats qui s'étaient faites pour recruter l'armée des princes. Des lettres écrites au nom du roi pour cette convocation de la noblesse sous les armes, furent adressées aux marquis de Nangis, d'Anneroux[1], de Coursan[2] et de Praslin, les trois premiers devant coopérer avec celui-ci, qui, muni d'instructions plus particulières, était chargé de la direction. La lettre adressée au marquis de Nangis[3] est conçue en ces termes :

[1] Adrien du Drac, marquis d'Anneroux, gouverneur de Damvilliers, marié à Catherine Briçonnet. Voy. l'*Histoire généalogique du P. Anselme.*

[2] Probablement de la maison de Brouillart, titulaire de la baronnerie de Coursan, en Champagne, alliée à la maison de Damas-Thianges. Voy. l'*Histoire généalogique du P. Anselme.*

[2] Descendant de Nicolas de Brichanteau, marquis de Beau-

« Monsieur le Marquis de Nangis, sur l'avis que j'ai qu'il se fait des assemblées contre mon service vers Brinon-l'Archevêque[1], je mande au Sieur Marquis de Praslain d'assembler la noblesse pour dissiper ces levées avant qu'elles grossissent, et sachant que par le crédit que vous avez, vous pourrez luy aider beaucoup en cette occasion, je vous fais cette lettre pour vous dire que vous ayez à assembler le plus grand nombre de vos amis que vous pourrez et gens dépendants de vous pour aller joindre ledit Marquis de Praslain au lieu et dans le tems auquel il donnera avis qu'il en aura besoin; à quoy me remettant de ce que je pourrois vous dire plus particulièrement, je vous asseure que le service que vous et vos amis me rendrez en cette occasion me sera en particulière considération et que je le reconnoîtrai volontiers en toutes celles qui s'offriront pour leur avantage et pour le vostre, et sur ce je prie Dieu, etc.[2] »

Pendant les premiers mouvements opérés par les deux armées des maréchaux de Turenne et de la Ferté, et par les deux armées d'Espagne et de Lor-

vais-Nangis, dont les *Mémoires* ont été publiés par la *Société de l'histoire de France*.

[1] Aujourd'hui chef-lieu de canton du département de l'Yonne.
[2] Lettre inédite, en date du 1ᵉʳ août 1652. *Archives du Ministère de la guerre*, volume CXXXVI.

raine, l'armée des princes, depuis le combat du faubourg Saint-Antoine, était restée inactive, campée à Paris au faubourg Saint-Victor. Les princes craignaient, s'ils avaient éloigné leurs troupes de la capitale, que les dispositions pacifiques qui germaient dans l'esprit des habitants ne leur eussent fait ouvrir leurs portes au jeune roi et au parti de la cour. Mais lorsque le maréchal de Turenne, en exécution du plan de campagne qu'il avait fait prévaloir au conseil, se fut décidément porté au-devant des armées étrangères, les princes, plus rassurés, par le fait de l'éloignement de l'armée royale, sur les dispositions des habitants de Paris, avaient fait déloger leurs troupes du faubourg Saint-Victor pour leur faire occuper les postes de Saint-Cloud et de Suresnes ; elles y étaient mieux à portée de concerter leurs opérations avec celles des armées étrangères, lorsque le moment opportun serait arrivé.

L'armée des princes dut se borner à cette démonstration expectante, la retraite inopinée de l'armée espagnole étant venue changer la face des affaires. En effet, le maréchal de Turenne rendu libre de ses mouvements en profita pour se rapprocher de Paris ; il établit son camp auprès de Gonesse pour observer l'armée des princes.

CHAPITRE XXI.

Le parlement de Paris transféré à Pontoise par une déclaration royale. — Une faible minorité obéit. — Le parlement de Paris et le parlement de Pontoise fulminent des arrêts l'un contre l'autre. — Le parlement de Pontoise se grossit de nouveaux arrivants. — Par une habileté convenue avec la cour, le parlement de Pontoise prend l'initiative de remontrances contre le cardinal Mazarin. — La surintendance donnée au duc de Bouillon. — Mort inopinée du duc de Bouillon. — Divers jugements portés sur le duc de Bouillon. — Influence considérable de sa mort sur la suite des événements. — Le chancelier Séguier rappelé à la cour. — Lettre inédite du duc d'Orléans pour l'échange de Henri des Cars, seigneur de Saint-Ybard. — Mort du duc de Valois. — Ordre du roi au marquis de Praslin d'arrêter au besoin l'archevêque de Sens. — Lettre inédite du marquis de Praslin à le Tellier. — Départ du cardinal Mazarin pour son second exil. — Déclaration royale en faveur du cardinal Mazarin. — Désir général de la paix à Paris. — Tout le monde veut négocier avec la cour. — Lettre inédite de la duchesse d'Aiguillon à le Tellier. — Les avances des princes repoussés par la reine. — Perplexités du duc d'Orléans et du prince de Condé.

(1652.)

La politique de la cour était conduite par un ministre trop habile pour ne pas tirer parti des conjonctures fâcheuses dans lesquelles se trouvait engagé le parti de ses adversaires, tant par l'abandon extérieur dans lequel le laissait la retraite de l'armée d'Espagne, que par la situation intérieure qu'il s'était impolitiquement créée dans Paris. Le ministre songea surtout, pour parvenir à ses fins, à tirer parti du refroidissement singulier du parlement pour la Fronde, dont il n'envisageait plus que les excès depuis les scènes sanglantes de l'Hôtel-de-Ville.

Une déclaration royale du 30 juillet 1652 transféra à Pontoise, où était la cour, le parlement de Paris. Quelle que fût néanmoins la tendance du parlement à se ranger sous l'autorité royale, il était encore trop engagé avec le parti contraire, et tenait trop à obtenir des garanties, pour obtempérer en masse à cet ordre. Une imperceptible minorité seulement obéit; ce furent : les présidents de Novion, de Mesme, Le Coigneux, les présidents des enquêtes, Perrot, de Bragelone, de Guénégaud, les conseillers Menardeau, Le Fèbvre, Tibeuf, de Sève, Tambouneau, Besnard, Mandat, L'Allemand, Le Fébure de la Barre, Bordier, Fieubet, Molé-Sainte-Croix, Bretinnière, Feydeau, de Merle [1]. Le procureur-général Fouquet se joignit à eux. Ils sortirent sans bruit de Paris, et, à

---

[1] Nous avons tiré cette liste des manuscrits de Dubuisson-Aubenay conservés à la bibliothèque Mazarine : *Journal des guerres civiles*, t. VII, p. 1196.

peine arrivés à Pontoise, se mirent à fonctionner comme parlement véritable, malgré le ridicule dont les courtisans eux-mêmes ne manquèrent pas de les abreuver à cause de leur petit nombre. Leur premier acte fut d'enregistrer une seconde déclaration royale qui transférait également à Pontoise la chambre des Comptes et la cour des Aides.

La grande majorité du parlement restée à Paris fulmina immédiatement des arrêts contre son petit confrère de Pontoise, déclarant déchus de leur charge, et leur postérité incapable d'en posséder à l'avenir, tous ceux qui s'étaient rendus dans cette ville. Le parlement de Pontoise rendit coups pour coups, et l'on vit pendant quelque temps les deux parlements s'anathématiser avec une réciproque ardeur. Néanmoins un effet considérable était produit; aux yeux du plus grand nombre, le parlement de Paris parut être celui qui était entaché d'illégalité; et celui de Pontoise s'augmenta peu à peu de nouveaux arrivants.

Pour achever de donner à ce parlement transféré l'adhésion de l'opinion, enlever tout motif à la résistance contre l'autorité royale, et rétablir enfin celle-ci dans sa plénitude, la reine se résolut en apparence à un douloureux sacrifice : une seconde séparation avec le cardinal Mazarin. Nous avons exposé précédemment, en l'appuyant sur des preuves irrécusables[1], à quel point son retour prématuré d'un premier exil avait été impolitique : l'autorité royale, qui était au moment de reprendre son empire, en avait été de nouveau profondément ébranlée. Il s'agissait de réparer cette faute. Une comédie très-habile sans doute, mais peu digne de la franchise et de la majesté royale, fut jouée avec un plein succès. D'abord on laissa au parlement de Pontoise l'initiative de remontrances pour l'éloignement du cardinal de Mazarin rédigées en termes dignes du parlement resté à Paris ; ensuite le roi demanda deux jours de réflexion pour donner sa réponse. Ce délai était convenu pour permettre au cardinal Mazarin une attitude de désintéressement et de dévoûment à l'intérêt public, de nature à lui permettre de recueillir plus tard à maturité les fruits de si beaux sentiments. Le cardinal devait supplier le roi de lui permettre de se retirer, puisqu'il était le seul obstacle au rétablissement de la paix et de son autorité ; et le roi devait accepter ce sacrifice en publiant une déclaration pour dire que son ministre, par son abnégation, pouvait être considéré comme le restaurateur de l'État. Tout le mérite de la retraite

---

[1] Voy. t. I, p. 375.

du cardinal se trouverait ainsi reporté sur lui-même.

Le cardinal Mazarin ne se décidait cependant pas à ce parti sans une profonde répugnance. Lors de son premier exil, il avait vu la faveur de la reine se refroidir graduellement à son égard, il avait couru le danger d'être supplanté, et cette crainte, au risque de compromettre la couronne elle-même, lui avait fait braver l'inopportunité d'un retour prématuré[1]. Son second exil ne pouvait-il pas faire courir un semblable péril à sa faveur? Précisément l'influence politique du duc de Bouillon grandissait chaque jour; du temps où le prince de Conti avait été de nom généralissime de la Fronde, le duc en avait été le chef véritable, il avait une aptitude réelle pour le maniement des affaires, et il en avait surtout le goût et l'ambition. Son illustre frère le maréchal était à la tête des armées royales; les deux frères, l'un dans les conseils, l'autre dans les camps, pouvaient aisément s'emparer de l'autorité. Par nécessité, le cardinal alla lui-même au-devant de cet inévitable résultat, en offrant au duc la surintendance; cette offre était un moyen peut-être de se l'attacher par un lien de reconnaissance.

---

[1] Voy. t. I, p. 330, 368 et suivantes.

Le bonheur inouï du cardinal vint encore à son secours dans cette difficile occurrence; il y vint même si à propos que, parmi ses ennemis, quelques-uns insinuèrent qu'il y aida par un empoisonnement. Cette accusation fut certainement du nombre de celles que suscite trop souvent l'animosité des partis, car l'humanité et la douceur de caractère du cardinal Mazarin qui rejaillirent sur tous les actes de son gouvernement, malgré l'absolutisme qui le caractérisa, semblent suffire pour écarter un soupçon si odieux.

Le duc de Bouillon, arrivé au but inespéré de gouverner l'État, non plus comme chef précaire d'un parti, mais comme premier ministre d'un roi légitime, fatigué déjà par les nombreuses vicissitudes d'une vie ambitieuse et agitée, ou fut saisi par l'influence des maladies très-nombreuses alors à Pontoise, ou n'eut pas la force de supporter le poids de ces dons de la fortune. Un transport au cerveau le saisit et une fièvre ardente ne le quitte pas un instant. Le septième jour de sa maladie, des Fougères, fameux médecin de Paris, est appelé[1]; mais ses soins sont inutiles et l'illustre malade succombe le quatorzième jour[2].

Le maréchal de Turenne, prévenu dans son

---

[1] Manuscrits de Dubuisson-Aubenay, t. VI, p. 199.
[2] Le 9 août 1652.

camp, alors que tout espoir était perdu, avait traversé Pontoise en larmes en accourant au domicile de son frère et ne put assister qu'à son agonie. Quand il eut expiré, le maréchal rendit au chef de sa maison ce dernier témoignage : « On croit que je suis quelque chose
« dans la guerre ; mais rien n'est plus vrai que
« je pouvois encore beaucoup apprendre de
« M. mon frère : et pour les affaires, quels talents
« n'avoit-il au-dessus de moi ! Il n'a pas toujours
« été heureux dans le choix de ses amis, néan-
« moins il a pleuré la mort de quelques-uns, et
« sa bonté naturelle étoit si grande qu'il n'a ja-
« mais pu s'endurcir parmi tant de sang versé
« qu'il a vu répandre, ni s'empêcher même d'avoir
« toujours dans l'esprit l'avancement de quel-
« qu'un, malgré tant d'ingratitudes qu'il avoit
« éprouvées. »

Langlade [1], qui nous a conservé ces paroles [2], trace en ces termes le portrait de ce dernier des grands seigneurs : « Il s'acquit le cœur des
« troupes par l'opinion qu'elles conçurent de
« son courage et de ses grands talents pour la
« guerre ; mais plus encore par son caractère de

---

[1] Voy., sur Langlade, t. I, p. 75.
[2] *Mémoires de la vie de Frédéric-Maurice de la Tour-d'Auvergne, duc de Bouillon, souverain de Sédan*, par messire Jacques de Langlade, baron de Saumières, secrétaire du cabinet du roi ; à Amsterdam, 1693.

« bonté naturelle qui se faisoit voir en toutes ses
« actions, par sa modestie à parler de lui-même,
« par une grande familiarité hors du commande-
« ment. Il n'étoit pas beau, mais il avoit bonne
« mine. Il étoit de belle taille, il avoit un grand
« front, de grands yeux pleins de feu, les sour-
« cils grands et assez gros, mais séparés, rien de
« rude ni dans l'esprit, ni dans l'humeur, mais
« quelque chose de grand et de fier dans son air
« et dans sa démarche. » Un appréciateur illustre
confirme la vérité du portrait tracé par Langlade,
car s'il amoindrit un peu son caractère dans ses
dernières réflexions, il ne se hasarde que d'une
manière dubitative : « M. de Bouillon étoit d'une
« valeur éprouvée et d'un sens profond; je suis
« persuadé par ce que j'ai vu de sa conduite que
« l'on a fait tort à sa probité quand on l'a décriée.
« Je ne sais si l'on a point fait quelque faveur à
« son mérite en le croyant capable de toutes les
« grandes choses qu'il n'a point faites[1]. » Ici
n'oublions point que le cardinal de Retz s'était
toujours considéré lui-même comme le seul suc-
cesseur possible du cardinal Mazarin, et que l'avénement du duc de Bouillon au poste de premier
ministre était pour le coadjuteur une déception
qui le portait à la sévérité.

---

[1] *Mémoires du cardinal de Retz.*

La mort du duc de Bouillon fut un fâcheux événement, parce que sa situation lui eût permis mieux qu'à tout autre, en raison de ses liaisons dans les deux partis, de conclure sans tarder la paix sur des bases solides. Le prince de Condé s'en fût rapporté à lui sans hésitation pour la parfaite bonne foi dans l'exécution des conventions qui eussent été arrêtées. Telle est l'opinion du duc de La Rochefoucauld, mieux renseigné que personne sur ce point essentiel; cet événement inopiné lui a, en outre, inspiré ces réflexions philosophiques : « Cette mort du duc de Bouillon
« devroit seule guérir les hommes de l'ambition
« et les dégoûter de tant de plans qu'ils font pour
« réussir dans leurs grands desseins, car l'ambi-
« tion du duc de Bouillon étoit soutenue par
« toutes les qualités qui pouvoient la rendre heu-
« reuse. Il étoit vaillant et savoit parfaitement
« tous les ordres de la guerre. Il avoit une élo-
« quence facile, naturelle, insinuante. Son esprit
« étoit net, fertile en expédiens, et capable de
« démêler les affaires les plus difficiles. Son sens
« étoit droit, son discernement admirable, et il
« écoutoit les conseils qu'on lui donnoit avec
« douceur, avec attention, et avec un certain
« égard obligeant dont il faisoit valoir les raisons
« des autres et sembloit en tirer ses résolutions.
« Mais de si grands avantages lui furent presque

« inutiles par l'opiniâtreté de sa fortune qui s'op-
« posa toujours à sa prudence ; et il mourut dans
« le temps que son mérite et le besoin que la
« cour avoit de lui auroient apparemment sur-
« monté son malheur [1]. »

La dépouille du duc de Bouillon fut portée à Évreux, capitale de l'un des comtés qu'il avait reçus en échange de la principauté de Sédan, et confiée à l'abbaye de Saint-Taurin [2]. Daniel de Cosnac, devenu évêque de Valence et de Die, fut nommé plus tard par le roi abbé titulaire de cette antique et célèbre abbaye, et bien qu'il n'y ait point résidé, ses devoirs épiscopaux et ceux de sa charge à la cour le retenant ailleurs, les restes mortels de celui qui avait été son parent et le protecteur de ses premiers pas, n'en furent pas moins, par son titre d'abbé de Saint-Taurin, confiés à sa haute garde.

Il reste acquis à l'histoire que la mauvaise chance qui accompagna la vie du duc de Bouillon se manifesta jusque dans les circonstances choisies par la mort pour venir le frapper. On peut considérer comme certain que s'il eût exercé le ministère, le faisceau d'influence qu'il eût formé

---

[1] *Mémoires du duc de la Rochefoucauld.*

[2] L'église de l'ancienne abbaye, église paroissiale aujourd'hui, possède encore la châsse de saint Taurin, merveille d'orfévrerie du moyen âge, que chacun a pu récemment admirer à l'Exposition universelle.

avec le maréchal de Turenne n'eût jamais permis au cardinal Mazarin de reconquérir sa place.

Le cardinal Mazarin, délivré des inquiétudes que lui causait le dépôt forcé de l'autorité entre les mains du duc de Bouillon, put alors préparer son départ avec plus de confiance, en remettant le pouvoir aux mains d'un personnage plus souple et plus secondaire, qui ne devait et ne pouvait en posséder que les apparences. Il fit agréer à la reine de rappeler le chancelier Séguier dans l'exercice de ses hautes fonctions. Or nous savons qu'en ce moment même le chancelier exerçait à Paris la présidence du conseil suprême que les princes avaient formé en concurrence avec le conseil royal. Il pouvait bien y avoir quelque humiliation pour la cour à recourir à celui qui s'était si formellement déclaré contre elle ; mais cette humiliation devait porter sa vengeance dans l'avilissement de caractère accepté par celui qui se montrait si disposé à servir toutes les causes, pourvu qu'il les servît au premier rang.

Une lettre de cachet fut aussitôt expédiée à Séguier pour lui ordonner de venir faire sa charge à Pontoise et présider le conseil royal. La seule impression du chancelier fut l'embarras des moyens à prendre pour profiter d'une offre qu'il trouvait séduisante ; et comme il tenait à ne pas se compromettre, il essaya d'obtenir l'assentiment des princes eux-mêmes en leur montrant la lettre. Le prince de Condé lui déclara nettement qu'il considérerait son obéissance comme une perfidie; le duc d'Orléans, toujours hésitant en présence d'un parti à prendre, ajourna à vingt-quatre heures sa réponse. Cette indécision du duc d'Orléans qui pouvait aboutir au refus de le laisser partir, la réponse sans équivoque du prince de Condé, décidèrent le chancelier à ne pas attendre les vingt-quatre heures demandées; sous prétexte d'une promenade, il sortit de Paris déguisé en père de la Mission, et se rendit à Pontoise. Séguier y reprit aussitôt l'exercice de ses anciennes fonctions; mais celles de garde des sceaux furent conservées au premier président Molé.

Le cardinal, d'accord avec la reine, entendait bien, même après son départ, conserver la réalité du ministère : il laissait des instructions détaillées dont on ne devait pas s'écarter; en outre des dépêches expédiées à tout instant devaient le mettre à même de pourvoir aux situations imprévues. Son véritable mandataire, Le Tellier, qui portait sous lui tout le fardeau des grandes affaires, lui était garant, par son dévouement à ses intérêts, que le dépôt de l'autorité remis en ses mains lui serait rendu intact au retour. Le ministre Servien, plutôt homme d'affaires qu'homme d'État, lui était également dévoué. En qualité de surveillant secret de tous, il laissait derrière lui l'abbé Ondédei [1], sa créature. Enfin, comme il était habile de détacher de plus en plus la noblesse du parti des princes par l'appât des honneurs accordés à ceux qui étaient restés fidèles au parti de la cour et promis en perspective à ceux qui lui reviendraient, MM. de Créqui [2] et de Mortemart [3], gentilshommes de la chambre du roi, M. de Roquelaure [4], grand-maître de la garde-robe, reçurent des brevets de ducs et pairs.

L'évolution du chancelier Séguier créait pour le duc d'Orléans une recrudescence des embarras dans lesquels il s'était jeté, et qui devaient lui faire amèrement regretter de s'être laissé entraîner dans l'orbite du mouvement imprimé par le prince de Condé, en dépit des conseils du cardinal de Retz. Nous savons que celui-ci n'avait

---

[1] Voy., sur l'abbé Ondédei, t. I, p. 253.

[2] Charles de Créqui, de la maison de Blanchefort, en Limousin, premier gentilhomme de la chambre du roi, dont la femme Anne-Armande de Saint-Gelais, devint première dame d'honneur de la reine Marie-Thérèse d'Autriche. Voy. l'*Histoire généalogique du P. Anselme*.

[3] Gabriel de Rochechouart, marquis de Mortemart, chevalier des Ordres du roi, marié à Diane de Grand-Seigne, fille de Jean de Grand-Seigne, seigneur de Marsillac, et de Catherine de la Béraudière. Voy. l'*Histoire généalogique du P. Anselme*.

[4] Gaston-Jean-Baptiste de Roquelaure, marquis de Biran, seigneur de Puyguilhem, en Périgord, gouverneur de Guyenne en 1676, marié à Charlotte-Marie de Daillon de Lude. Voyez l'*Histoire généalogique du P. Anselme*.

pas rompu pour cause de cet échec avec Monsieur, et qu'il n'en était pas moins resté son confident préféré; dans la situation de plus en plus difficile que le coadjuteur s'était faite avec la cour, compromis à ses yeux comme l'un des instigateurs les plus passionnés de la Fronde et de plus cardinal malgré elle, il avait besoin de se tenir à l'abri d'un patronage puissant. Il pouvait d'ailleurs avec beaucoup de raison espérer de ressaisir d'un moment à l'autre son influence sur le prince pour les grandes choses; en attendant, il continuait à l'exercer pour les petites; c'est ainsi que son ami à toute épreuve, Saint-Ybard[1], étant tombé entre les mains de l'armée royale, il fit intervenir, pour obtenir son échange, le duc d'Orléans qui, deux jours avant la mort du duc de Bouillon, avait écrit avec empressement à Le Tellier :

« Monsieur Le Tellier, sur les propositions qui ont été faictes de l'eschange du sieur de Vieuvie, lieutenant de la compagnie de Gend'armes de mon neveu le duc de Mercœur[2], contre le sieur

[1] Voy. sur Henri des Cars, seigneur de Saint-Ybard, tome I, p. 207.
[2] Louis, duc de Mercœur, fils de César, duc de Vendôme, et frère aîné du duc de Beaufort. Le duc de Mercœur fut créé cardinal en 1667, après la mort de sa femme, Laure Mancini, nièce du cardinal Mazarin.

de Saint-Ybard, j'ai bien voulu vous faire entendre que j'en suis si bien convenu que dès à présent vous pouvez faire estat qu'il est en pleine liberté, afin que vous donniez ordre aussy que, de l'autre part, l'on satisface à ce qui a esté promis pour le retour du sieur de Saint-Ybard en cette ville. C'est à quoy je vous prie de tenir la main, et de croire que je suis

« Vostre bien bon amy,

« GASTON.

« Paris, 7 aoust 1652 [1]. »

Saint-Ybard n'était pas un personnage indifférent, ni un frondeur peu ardent : Saint-Évremond, dans son opuscule intitulé : *Retraite du duc de Longueville dans son gouvernement de Normandie,* suppose un conseil tenu à Rouen par le duc et les principaux personnages qui l'avaient suivi, à l'effet de se distribuer à chacun les rôles, et sa plume satirique s'exprime ainsi au sujet de Saint-

---

[1] Nous avons tiré cette lettre des *Archives du Ministère de la guerre,* vol. CXXXIV.
Les échanges troc pour troc ou à prix d'argent étaient fréquents alors; citons encore, entre autres nombreux exemples, l'échange du comte de Broglie pour vingt mille livres; le roi lui abandonna, pour les payer, la rançon, montant à même somme, de trois officiers. Lettre du 15 juillet 1652, *Archives du Ministère de la guerre,* vol. CXXXVI.

Ybard : « Saint-Ybard demandait l'honneur de faire entrer les ennemis en France; et on lui répondit que MM. les généraux de Paris se le réservaient. Il demanda un plein pouvoir pour traiter avec les Polonais, les Tartares, les Moscovites, et l'entière disposition des affaires chimériques; ce qui lui fut accordé. »

Un coup terrible porté à ses affections et à son ambition vint, au milieu de ces conjonctures, frapper le duc d'Orléans : le duc de Valois, seul fils qu'il eût de son mariage avec la sœur du duc de Lorraine, mourut le 10 août, âgé de deux ans. Monsieur fit part à la cour de cet événement; mais, au lieu de l'expression de la moindre participation à sa douleur, le seul témoignage qu'il reçut fut une lettre contenant un refus de permettre d'enterrer à Saint-Denis le petit prince, dont le corps fut déposé au Calvaire [1]. Bien plus, dans cette lettre on lui disait durement que cette mort était une punition du ciel pour sa conduite. Le prince de Condé se fit un devoir de s'associer au chagrin de Monsieur; il portait,

---

[1] Chapelle située rue de Vaugirard, auprès du Luxembourg, bâtie en 1625 par la reine Marie de Médicis, pour les religieuses de Notre-Dame-du-Calvaire, en remplacement d'une petite chapelle construite quelques années auparavant par six religieuses de Notre-Dame-du-Calvaire de Poitiers, qui étaient venues fonder à Paris une succursale de leur ordre, en achetant, rue de Vaugirard, l'hôtel de *Monterbu* ou des *Trois-Rois*.

avec une certaine affectation, un long manteau de deuil qui traînait jusqu'à terre. Mademoiselle de Montpensier éprouva une émotion aussi vive que passagère; mais les larmes qu'elle avait versées lui permirent d'émettre des réflexions chrétiennes et philosophiques sur le bonheur des enfants enlevés à ce monde dès l'aurore de la vie. La duchesse d'Orléans prit prudemment un bouillon, ayant, disait-elle, à ménager une grossesse au terme de laquelle naquit, le 9 novembre de la même année, une fille qui mourut en bas âge. L'étoile si souvent vacillante de Monsieur pâlissait définitivement; il ne lui restait plus qu'à disparaître dans l'obscurité du château de Blois.

Le cardinal Mazarin, à la façon des Parthes, lançait des traits en fuyant. En attendant que du fond de son exil il pût envoyer le cardinal de Retz au donjon de Vincennes, il dardait une des flèches de son carquois contre l'archevêque de Sens [1], partisan très-actif des princes et prélat fort suspect à la cour, ainsi que la preuve résulte de cet ordre royal adressé au marquis de Praslin :

[1] Louis-Henry de Pardaillan de Gondrin, archevêque de Sens de 1646 à 1674, époque de sa mort. Il était fils d'Antoine-Arnaud de Pardaillan, seigneur de Gondrin, marquis d'Antin et de Montespan, frère de Roger-Hector de Pardaillan de Gondrin, marquis d'Antin, chevalier d'honneur de la duchesse d'Orléans et oncle de Louis de Pardaillan de Gondrin, marquis de Montespan, marié le 28 janvier 1663 à Françoise-Athénaïs de Rochechouart, *la célèbre marquise de Montespan.*

« Du x août 1652.

« M. le marquis de Praslin, par ma dépêche du dernier jour du mois passé, je vous avois mandé de faire arrester le sieur archevêque de Sens au sujet des assemblées que j'avois appris qu'il souffroit chez luy, et des levées de gens de guerre qu'il fesoit faire contre mon service ; mais depuis ayant jugé plus à propos de luy mander de se rendre près de moy, je luy en envoye l'ordre par ce valet de pied que je dépêche exprès, et je vous fais cette lettre pour vous dire qu'en cas que vous apprissiez que ledit sieur archevêque fist refus d'obéir à ce qui est en cela de ma volonté, vous ayez à le faire arrester suivant ce que je vous ai mandé dans ma précédente dépêche, et parce que j'estime que pour empêcher les dites levées de gens de guerre, vous aurez besoin de plus de troupes que celles dont je vous ai mandé de vous servir, je vous adresse un ordre pour mon régiment de Navarre, afin que vous l'employiez à cet effet selon et ainsy que vous l'estimerez à propos, et, me reposant sur votre prudence et vigilance de la conduite de toute cette affaire, je ne vous en dirai pas davantage que pour prier Dieu, etc. [1]. »

[1] Nous avons copié ce document inédit sur la minute conservée aux *Archives du Ministère de la guerre*, vol. CXXXVI.

Ces levées en Bourgogne pour le parti des princes, favorisées par l'archevêque de Sens, coïncidaient avec les efforts tentés pour recruter leur armée à Paris, et pour fournir les secours nécessaires pour soutenir le siége de Montrond, intéressant épisode de la guerre, qui nous occupera à son tour. Ces levées n'avaient, du reste, pas l'importance que redoutait la cour, mal renseignée par des bruits exagérés. Le marquis de Praslin avait de plus la mission d'empêcher quelques détachements de l'armée espagnole de franchir divers passages de rivières. Pour ce qui est du mandat d'arrêter au besoin l'archevêque de Sens, il tombait en des mains presque ecclésiastiques : François de Choiseul, marquis de Praslin [1], second fils de Charles de Choiseul, marquis de Praslin, maréchal de France, avait été plus ou moins engagé dans les ordres, et s'était longtemps appelé l'abbé de Praslin ; c'est alors qu'il portait encore ce titre et le petit collet, qu'il s'était battu, ayant pour second le chevalier du Plessis, contre l'abbé de Retz, plus tard le coadjuteur, qui eut sur lui l'avantage ; mais le chevalier du Plessis battit le second de l'abbé de Retz. Lorsque l'abbé de Praslin eut définitivement renoncé à la

---

[1] Mestre-de-camp d'un régiment de cavalerie, lieutenant-général du gouvernement de Champagne, et gouverneur de Troyes.

carrière ecclésiastique, il porta le titre de marquis de Praslin, et se maria avec mademoiselle des Cars[1], sœur cadette de mademoiselle d'Hautefort[2].

Le marquis de Praslin rend compte au ministre le Tellier, dans la lettre suivante, des dispositions qu'il avait prises, et de la surveillance qu'il exerçait sur l'archevêque pour le faire arrêter, dans le cas où il n'obéirait pas à l'ordre de se rendre à la cour :

« Monsieur,

« J'ay receu la vostre en date du 19 du courant, avec la lettre du Roy par laquelle il m'or-

---

[1]
D'Escars, mardi tout justement,
Se soumit au doux sacrement.
Et quoyqu'elle eût toujours fait gloire
De mespriser l'art amatoire,
Praslin fut enfin le vainqueur
De ce chaste et rebelle cœur.
(Loret, *Muse historique.*)

[2] Marie d'Hautefort, fille d'honneur de la reine, après avoir été l'objet du platonique amour de Louis XIII, épousa Charles de Schomberg, duc d'Halwin, maréchal de France. Pour sa sœur aînée, mademoiselle des Cars, devenue marquise de Praslin, le nom des Cars était un simple titre de seigneurie, et nullement un nom de famille, fait assez intéressant à établir pour éviter toute confusion entre les maisons de Gontaut d'Hautefort et de Pérusse des Cars : Charlotte d'Hautefort, dite *Mademoiselle des Cars*, était, comme sa sœur Marie, fille de Charles, marquis d'Hautefort, comte de Montignac, et de Renée du Bellay. La marquise de Praslin mourut à Praslin le 28 février 1712, âgée de 102 ans.

donne de m'opposer aux passages des rivières d'Aulbe, Seine et Yonne. Je souhaitte qu'ils ne les ayent passées, venant présentement de recepvoir advis de Troyes par lequel on me mande qu'il est venu un party brusler un village et enmener quantité de prisonniers au-deçà de la rivière d'Aulbe, et, en mesme temps, se sont retirés au delà de ladite rivière. C'est pour couler contre les rivières de Seine et de Marne, en cas qu'ils ayent un passage sur la rivière de Seine, ou bien qu'ils ayent esté assez forts pour la passer, personne n'estant sur ses gardes. J'envoye présentement des ordres à toute la noblesse et communes de s'assembler; mais comme le pays est grand, ils ne peuvent estre ensemble de deux jours. Le régiment de Navarre est auprès de Sens, et pour d'aultres troupes je n'en ay point, de sorte que je feray avec ce régiment, la noblesse et la milice, tout ce qu'il me sera possible, et tiendray correspondance avec M. de Montbas, à cette fin que puissions empescher le passage desdictes troupes. J'espère qu'aurez receu ma dernière despesche, par laquelle je vous mandois que, sur les advis que l'on m'avoit donnés qu'il y avoit des personnes mal intentionnées, je m'estois trouvé obligé de revenir chez moy, mais j'ay trouvé que ce n'estoit que de faux bruits, de sorte que vous pouvez assurer Sa Majesté que cette province est fort tranquille pour ceux du pays. Je viens de recepvoir des lettres de M. de la Verrière [1], qui me donne advis comme M. l'archevesque de Sens est arrivé dans ladicte ville, et, en cas qu'il n'obéisse, il sera aisé de le faire obéir, ayant, à ce que me mande M. de la Verrière, tout le peuple pour le Roy, de sorte que je croy qu'il ne faict que passer. Je ne manqueray de vous donner advis de tout ce qui se passera dans la province; cependant croyez-moy,

« Monsieur,

« Vostre très-humble et très-affectionné serviteur,

« F. DE CHOISEUIL-PRASLAIN.

« Praslain, ce 20 aoust 1652 [2]. »

La mission donnée au marquis de Praslin nous a fait anticiper de trois jours sur le plus grand événement du moment. Le départ du cardinal Mazarin ayant été reconnu par la cour et par lui-même comme le souverain remède pour surmonter les difficultés persistantes, tant de la part de

---

[1] Louis-César Séguier, seigneur de la Verrière, officier au régiment du roi, infanterie.
[2] Lettre inédite, *Archives du Ministère de la guerre*, volume CXXXIV.

la Fronde des provinces que de celle de la Fronde de Paris, ce ministre se décida à mettre fin à ses anxieuses hésitations, et à effectuer cette résolution dans des conditions habilement préparées par sa politique et merveilleusement secondées par sa fortune. Celle-ci venait, comme nous l'avons vu, de faire disparaître de la scène le duc de Bouillon, un rival qui pouvait tenter, avec bien plus de chances que Châteauneuf, à l'époque de son premier exil, de le supplanter sans retour, et un enfant, le duc de Valois, dont la mort devait, suivant toute apparence, éteindre chez son père l'esprit inquiet des ambitieuses tentatives de toute sa vie.

La déclaration royale, concertée à l'avance, parut, le 17 août 1652[1], en même temps que le premier ministre prenait, en se dirigeant vers Bouillon, le chemin de l'exil. Cette déclaration était conçue dans des termes qui repoussaient bien loin toute pensée, toute apparence même de disgrâce. L'éloignement du cardinal des affaires publiques et du royaume est représenté comme une condescendance royale à des instances réitérées du ministre lui-même, accordée uniquement pour ôter aux factieux, égarés par la passion, le prétexte de rébellion qu'ils invoquent.

[1] Voy. à l'*Appendice* le texte de cette déclaration, tiré des *Archives du Ministère de la guerre.*

Les services du cardinal sont exaltés, et son zèle à servir le bien de l'État et l'autorité du roi représenté comme le seul motif de l'animosité déchaînée contre lui. Toutes les déclarations royales données en d'autres temps contre le ministre sont dites avoir été l'effet de la contrainte et de la nécessité; tous les arrêts et jugements rendus par les parlements contre le ministre sont déclarés nuls, cassés, et révoqués comme actes de juges passionnés, suspects et incompétents. Une reconnaissance éternelle lui est assurée pour ses vingt-trois ans de services, remontant au règne du feu roi; des récompenses lui sont promises quand les circonstances pourront permettre de les lui donner. Les États voisins et alliés de la couronne de France sont priés de le recevoir et de le traiter favorablement; quant aux sujets du roi, quels qu'ils soient, ils sont prévenus qu'ils ne peuvent entreprendre sur la personne du cardinal, de ses parents, de ses serviteurs, sans encourir la peine de mort.

Cette sortie du cardinal du royaume était bien différente de la première, alors qu'il allait humblement ouvrir les portes de la prison du Havre au prince de Condé, pour solliciter sa protection. Cette fois, la cour et le cardinal protestaient avec hauteur, tout en se courbant sous la nécessité.

Cet acte, qui faisait ressortir, en la réparant,

la faute du retour prématuré du cardinal, allait faire marcher les événements vers une phase nouvelle.

Un désir universel de paix se répandit dans Paris à la nouvelle du départ du cardinal Mazarin ; quelles que fussent les probabilités que ce départ n'était qu'une feinte, et que le ministre reviendrait plus puissant encore qu'auparavant, jamais le mot du duc d'Orléans : « Le monde ne demande qu'à être trompé [1], » quoique prononcé dans une autre circonstance, ne rencontrait une application plus vraie que dans celle-ci. On avait lutté pendant cinq ans pour faire tomber le ministre, et il était parti; on n'examinait pas si la politique contre laquelle s'étaient élevées des protestations unanimes était partie avec lui; si le système du ministérialisme absolu, sans contrôle, ne restait pas derrière lui. Qu'importaient ces considérations? la cour triomphait par la lassitude de ses ennemis, lassitude produite par sa persévérance; le ministre parti, pour ses adversaires découragés les apparences étaient sauves; ils n'en demandaient pas davantage. Aussitôt la fièvre des négociations avec la cour de reparaître avec une intensité plus vive; car si chaque corps, chaque individu désire être compris dans une amnistie

---

[1] Voy. p. 30.

générale, chacun d'eux désire ses sûretés spéciales et ses avantages particuliers. Le Corps de ville de Paris, le Parlement et les autres cours souveraines, le Clergé, se préparent à envoyer à la cour leurs émissaires et leurs députations; mais les princes, voyant grandir ce mouvement irrésistible qu'ils se sentent impuissants à comprimer, se hâtent de prendre les devants; ils assurent les plus impatients qu'ils sont plus qu'eux encore impatients de procurer la paix, et suspendent le plus longtemps qu'il leur est possible les négociations et les députations des divers corps, pour se donner l'avantage du premier pas, et le mérite d'une initiative en apparence volontaire.

Les princes trouvent de la part de la cour, jusque-là si souple dans la forme, si disposée à prêter l'oreille à toutes les ouvertures, l'obstacle le plus inattendu; la reine va jusqu'à refuser d'entendre leurs envoyés, et fait défense de leur délivrer des passe-ports. On sait quel rôle les femmes jouaient alors dans les affaires; une femme est alors employée par les princes pour abaisser cet obstacle par un préliminaire de négociation que nous croyons ignoré de l'histoire. Cette femme est une nièce du cardinal de Richelieu, la duchesse d'Aiguillon [1], bien portée pour les prin-

---

[1] Marie-Madeleine de Vignerot, mariée en 1620 à Antoine de Grimoard du Roure, seigneur de Combalet. Par une particula-

ces, mais qui ne hait pas, pour cause, le système d'un premier ministre ; elle écrit à le Tellier :

« Monsieur,

« Je croy que vous serez bien estonné de recevoir deux de mes lettres en si peu de temps, mais au hazard de tout ce que vous en sçauriez penser, voicy une affaire trop importante au service de Leurs Majestés pour ne pas espérer que vous n'aurez point d'esgard à la peine que je vous donne.

« Messieurs les princes, en suitte de la déclaration qu'ils ont faite ce matin au parlement de désarmer, demandent des passeports pour envoyer

---

rité qui témoigne le degré d'omnipotence du cardinal de Richelieu comblant sa famille d'honneurs sans motifs, ainsi que le fit à son tour pour la sienne le cardinal Mazarin, le duché d'Aiguillon avait été érigé non point en faveur du mari de sa nièce pour services rendus à l'État par lui ou par ses aïeux, mais en faveur de sa nièce seule, après la mort de son mari, en 1638. Comme celle-ci n'avait point d'enfants, les lettres-patentes lui permettaient de transmettre le duché à tel de ses héritiers mâle ou femelle qu'il lui plairait de choisir. Sa première intention avait été de le transmettre au marquis de Richelieu, son neveu, dont la mésalliance la rendit si furieuse, et qui trouva la mort au siége d'Étampes (voy. p. 206). La duchesse d'Aiguillon mourut en 1675, en instituant pour héritière de son duché Marie-Thérèse de Vignerot, sa nièce, qui mourut sans avoir été mariée, et le duché s'éteignit. Louis-Armand de Vignerot, marquis de Richelieu, se porta dans la suite héritier du titre de duc d'Aiguillon, mais sans qu'aucune érection régulière ait été faite en sa faveur.

de leur part trouver Leurs Majestés; et, quand il y auroit quelque chose sur l'article du parlement qui ne pleust pas à la Reyne, cela s'accommodera sans doute quand les envoiés des princes seront à la cour; mais il est de la dernière importance de leur accorder présentement ces passeports, afin de ne point ralentir l'ardeur du peuple et de tout le monde pour veoir la paix conclue, et que l'on ne puisse imputer au refus ou au retardement que l'on en feroit, si les choses ne s'accommodoient pas si diligemment : la Reyne doit estre bien satisfaite, car l'on n'a point proposé de demander des asseurances, pour empescher le retour de Monsieur le Cardinal, qui estoit le seul obstacle qui eust peu empescher la paix ; c'est ce qui doit encore convier sa bonté, de la donner à son royaume le plus tost qu'il sera en sa puissance. Je suis si asseurée que vous la desirez aussi ardemment que moy, que vous n'oublierez rien de tout ce qui pourra y contribuer, et que vous me ferez l'honneur de me croire tousjours aussi véritablement que je la suis,

« Vostre très-humble et très-affectionnée servante,

« LA DUCHESSE D'AIGUILLON.

« De Paris, ce 22 d'aoust 1652 [1]. »

[1] Lettre inédite, *Archives du Ministère de la guerre*, volume cxxxiv.

La duchesse d'Aiguillon a touché dans sa lettre la corde sensible, pour en faire entendre discrètement la vibration harmonieuse aux oreilles de la souveraine[1] : « La reine doit estre bien satisfaite, car l'on n'a point proposé de demander des asseurances contre le retour de M. le cardinal, qui estoit le seul obstacle qui eust peu empescher la paix. » Dans d'autres circonstances, un appel à la paix sur une base semblable n'aurait pas manqué d'être entendu, mais madame d'Aiguillon et les princes se trompaient, en ce sens que la reine se sentait assez forte alors pour ne pas vouloir être redevable à des concessions faites à ses ennemis du retour du ministre favori, retour dont elle croyait entrevoir la possibilité dans un avenir plus rapproché même que les circonstances pourtant ne le permirent. Les envoyés des princes auxquels les passe-ports furent refusés, malgré des instances réitérées ajoutées encore à celles de la duchesse d'Aiguillon, étaient le maréchal d'Étampes[2], le comte de Fiesque et Goulas. La reine ne voulut pas fléchir, disant que le temps des négociations était passé, et que celui de la

---

[1] La seconde retraite du cardinal Mazarin avait donné lieu à la publication d'un libelle intitulé : *les Convulsions de la reine, la nuit de devant le départ de Mazarin.*

[2] Jacques d'Étampes, marquis de la Ferté-Imbault et de Mauny, seigneur de Salbris, qui avait obtenu en 1651 le bâton de maréchal de France, par l'entremise du duc d'Orléans.

soumission était arrivé, soumission entière, sans conditions.

En même temps parut une déclaration d'amnistie vérifiée au parlement de Pontoise, pardonnant à tous ceux qui avaient pris les armes contre le roi; mais cette déclaration, qui exigeait une soumission absolue, sans conditions, sans l'accompagnement des garanties et sûretés accoutumées, était peu rassurante pour les plus compromis; en outre, cet acte comprenait la révocation de tous les arrêts rendus à diverses époques contre le cardinal Mazarin.

Les princes, ne pouvant réussir à obtenir la réception de leurs envoyés, écrivirent à la cour. Une réponse du roi à la lettre du duc d'Orléans, réponse conforme aux énergiques résolutions de la reine, fut adressée à ce prince : elle portait que le roi s'étonnait que Monsieur n'eût pas fait réflexion qu'après l'éloignement du cardinal Mazarin, il n'avait autre chose à faire, suivant sa parole et sa déclaration, qu'à poser les armes, à renoncer à toutes ses associations et traités, et à faire retirer les étrangers du royaume; que, lorsqu'il aurait satisfait à ces obligations, les envoyés qui viendraient de sa part seraient bien reçus.

Le procédé employé vis-à-vis du prince de Condé eut une nuance bien marquée, il fut même des plus mortifiants : sa propre lettre lui fut renvoyée cachetée ; le roi avait refusé de l'ouvrir.

Les princes, voyant leur impuissance à traiter par eux-mêmes, et réduits à chercher l'appui du parlement pour tâcher d'arriver à leur but par un concours commun, portèrent à la connaissance de ce corps la réponse du roi au duc d'Orléans. Le parlement délibéra sur cette réponse pendant deux jours consécutifs, le 2 et le 3 septembre. Le premier jour, craignant d'être surpris par un rétablissement soudain de l'autorité royale accompli en dehors de lui, surprise que la nouvelle de l'amnistie était de nature à provoquer, il rendit un arrêt portant défense au lieutenant criminel de publier aucune déclaration du roi sans autorisation du parlement. Le second jour, il compléta sa délibération en arrêtant que des députés choisis dans la compagnie iraient trouver le roi pour le remercier de l'éloignement du cardinal Mazarin, et pour le supplier de revenir en sa bonne ville de Paris ; que M. le duc d'Orléans et M. le prince seraient priés d'écrire au roi pour l'assurer qu'ils mettraient bas les armes aussitôt qu'il aurait plu à Sa Majesté d'envoyer les passe-ports nécessaires pour la retraite des étrangers, et une amnistie en bonne forme, qui fût vérifiée dans tous les parlements du royaume ; que Sa Majesté serait encore suppliée de recevoir les députés de Messieurs les princes; que la Chambre des comptes et la Cour des aides seraient conviées à faire la même députation; qu'une nouvelle assemblée générale serait faite à l'Hôtel-de-Ville, et que l'on écrirait à M. le président de Mesme, retiré à Pontoise, pour solliciter, par son entremise, les passe-ports nécessaires.

Cette double délibération était conçue de manière à préserver le parlement de toute surprise désastreuse pour ses intérêts; mais elle n'était nullement conçue dans le but d'obtenir pour les princes les garanties qu'ils désiraient. Le parlement entrait même dans les intentions de la cour, qui étaient de les faire désarmer avant de traiter avec eux.

En définitive, les princes furent loin de trouver, dans les termes de la délibération du parlement, le concours dévoué qui leur était devenu si nécessaire. S'ils commençaient par désarmer avant de traiter, ils redoutaient, non sans raison, de se livrer sans garanties à la merci de la cour, qu'ils avaient si profondément offensée et irritée. Tout espoir de voir aboutir des négociations avantageuses était donc perdu pour eux. Jusqu'au jour du refus formel de recevoir leurs envoyés, ils s'étaient figuré que, depuis les événements qui les avaient rendus maîtres de Paris, ils portaient dans les plis de leurs manteaux ou la paix ou la guerre, et que, par conséquent, le jour où ils tendraient la main à la reine-mère et au jeune roi, ceux-ci se tiendraient heureux et empressés de répondre à cet appel. L'inflexibilité qu'ils rencontrèrent entrait si peu dans leurs prévisions, qu'à peine pouvaient-ils croire à sa réalité ; mais l'irrécusable évidence, alors qu'ils auraient voulu douter encore, les faisait tomber dans les plus étranges perplexités.

Le duc d'Orléans se livrait tantôt à des accès de colère, tantôt, et le plus souvent, à des accès de découragement et de désespoir; en définitive, il ne savait à quel parti se résoudre. Le prince de Condé était en proie aux plus vifs ressentiments : accepter une amnistie sans conditions lui paraissait un danger pour sa sûreté; de plus, cette acceptation était, à ses yeux, une honte à laquelle il ne se pouvait soumettre. Il en arrivait à conclure aux résolutions les plus désespérées : s'ensevelir dans Paris sous les ruines de son parti ; resserrer ses liens avec l'Espagne; aller, au besoin, jusqu'à combattre dans les rangs étrangers!

CHAPITRE XXII.

Retour aux événements de Guyenne.—Rôle du prince de Conti. — La duchesse de Longueville, le comte de Marsin et le conseiller Lenet forment un triumvirat directeur. — Rôle effacé de la princesse de Condé. — Chefs principaux de l'armée des princes. — Chefs principaux de l'armée royale. — Ordre du roi au marquis de Montausier d'exercer des sévérités dans la ville de Saintes. — Beaucoup de femmes tombent sous l'application de ces sévérités. — Difficultés de la démolition du château de Taillebourg. — Opérations militaires dans l'Aunis et la Saintonge. — Lettre du marquis du Plessis-Bellière à Le Tellier. — Brillants engagements de l'armée du comte d'Harcourt à Bruch et à Port-Sainte-Marie. — Le prince de Conti forcé de quitter précipitamment Agen. — Il est poursuivi l'épée dans les reins. — La ville d'Aiguillon lui refuse ses portes ; celle de Clairac lui ouvre les siennes et veut le livrer à l'armée royale. — Marmande refuse de le recevoir. — Ce prince tourne tête à Langon contre ceux qui le poursuivent. — Il se rend à Bordeaux. — Difficultés imprévues éprouvées par le comte d'Harcourt pour prendre possession d'Agen. — Nouveaux troubles dans cette ville. — Délibérations des trois ordres. — Entrée solennelle du comte d'Harcourt. — Soumission volontaire d'un grand nombre de villes. — Les villes de la Réole et du Mas d'Agenais se préparent à soutenir un siége. — Le comte de Lislebonne emporte le Mas d'Agenais par une surprise. — Le comte d'Harcourt reçoit au Mas d'Agenais de nouvelles soumissions des villes voisines. — Fragment d'une lettre du comte d'Harcourt à Le Tellier. — Le comte de Marsin bloqué dans Nérac. — Désespoir de Couvonge, dont Marsin franchit les lignes de blocus en s'échappant. — Le comte d'Harcourt marche sur Bordeaux avec sa cavalerie. — Le prince de Conti empêche l'ouverture de la lettre du comte aux habitants. — Le trompette parlementaire maltraité par la populace. — Escarmouches entre les habitants de Bordeaux et l'armée royale. — Retraite du comte d'Harcourt dans le pays Entre-deux-Mers.

(1652.)

Retournons en Guyenne pour reprendre le fil des événements au point où les a laissés le prince de Condé à son départ d'Agen, alors qu'il se rendait à Bléneau. Dans cette contrée, le prince de Conti est demeuré le chef du parti de la Fronde, nous saurons sous quelles conditions et sous quelles restrictions ; mais à lui appartiennent, en apparence, les honneurs, la responsabilité, et le fardeau du commandement suprême. Les apparences du premier rôle étaient dans la destinée de ce prince ; tel nous l'avons vu déjà à Paris, en 1649, remplissant les hautes fonctions de généralissime de la Fronde, mais placé sous la tutelle du duc de Bouillon, tel nous le retrouvons en Guyenne ; les tuteurs seuls seront changés. Il avait cependant plus d'expérience acquise par trois années ajoutées à sa jeunesse, années écoulées dans les troubles, la captivité ou la guerre, vicissitudes qui avancent toujours la maturité de la vie. Bien que n'ayant que vingt-trois ans encore, il pouvait donc désirer une direction plus réelle, sans être taxé d'une présomption trop grande.

Malgré un irrésistible et funeste penchant pour le plaisir, il était devenu plus capable d'exercer d'une manière effective un commandement qui n'avait été précédemment accordé qu'au prestige de sa situation; mais cette considération était, précisément de la part du prince de Condé, un motif de plus pour vouloir circonscrire l'autorité de son frère. Il ne suffisait pas à ce prince d'avoir rompu le projet de mariage de son frère avec mademoiselle de Chevreuse, mariage, du reste, que l'égoïsme des partis avait pu seul imaginer; il craignait que l'exercice de l'autorité, le goût des armes, le prestige de la gloire, ne l'éloignassent définitivement de la carrière ecclésiastique. En outre, il n'était pas sans avoir conçu contre lui quelque défiance, le soupçonnant de cette tendance, commune alors à tous les chefs de parti, à faire des accommodements particuliers avec la cour, pour ménager des intérêts personnels aux dépens des intérêts d'autrui. Sous ce rapport, le frère jugeait son frère suivant sa propre image, et ne se trompait pas précisément. En vertu de la machiavélique maxime : « diviser pour régner, » le prince de Condé ne laissa donc au prince de Conti que la direction apparente des affaires de Guyenne, et en confia la direction réelle à un *triumvirat*, suivant la significative expression de Daniel de Cosnac dans ses *Mémoires*.

Les trois personnages de ce triumvirat sont : la duchesse de Longueville, le comte de Marsin et le conseiller Lenet.

La duchesse de Longueville, spirituelle, belle et aventureuse princesse, ardente dans les conseils, au gré de ceux qu'elle aimait, gaie et calme dans les périls, personnifiait en elle l'esprit même de la Fronde. Bien plus, elle en était l'âme; elle lui donnait cette empreinte de chevaleresque galanterie qui, réveillant les souvenirs des preux, entraînait la noblesse. Beaucoup se flattaient de l'espoir de lui plaire ; aspirants ou déçus, tous restaient fidèles; l'ingrat la Rochefoucauld seul, par une jalousie effrénée contre le duc de Nemours, avait rompu d'une outrageante manière. Lorsqu'un coup de mousquet, au combat du faubourg Saint-Antoine, le privera momentanément de la vue, il ira jusqu'à travestir les vers qu'il avait pris pour emblème de sa passion :

« Pour mériter son cœur, pour plaire à ses beaux yeux,
« J'ai fait la guerre aux rois, je l'eusse faite aux dieux ! »

en ceux-ci :

« Pour ce cœur inconstant qu'enfin je connois mieux,
« J'ai fait la guerre au roi, j'en ai perdu les yeux. »

La singulière fascination que la princesse exerçait sur le prince de Conti est connue. Nous verrons que plus d'une fois la princesse eut lieu de se plaindre des effets de sa trop magnétique influence; mais le prince de Condé, qui connaissait le degré d'exaltation de sa sœur pour la Fronde, comptait sur cette fascination comme sur le frein le plus puissant à maintenir son frère fidèle à sa cause.

Le caractère et le dévouement du second personnage ont été précédemment appréciés. Le comte de Marsin est revêtu de la confiance exclusive du grand Condé pour tenir la haute main sur toute la partie militaire de la Fronde de Guyenne; mais son zèle exagéré et sa violence naturelle paralyseront plus d'une fois les avantages qui fussent ressortis de son courage et de ses talents militaires.

Aussi son autorité, en bien des circonstances, nuisit-elle plus aux intérêts du prince de Condé qu'elle ne les servit. Un passage précédemment cité [1] des Mémoires du marquis de Chouppes établit nettement ce résultat, dont les événements nous apporteront la preuve manifeste, lorsque les difficultés suscitées par sa rudesse demanderont l'intervention calmante du prince de Conti.

Le troisième membre de ce triumvirat, Pierre Lenet, conseiller au parlement de Bourgogne, ne

---

[1] Voy. t. I, p. 347.

nous est pas moins connu par son dévouement sans bornes à la personne du prince de Condé [1]. Son ardeur, qui ne se ralentissait jamais, était l'aiguillon qui stimulait les tièdes. Le prince de Condé, qui aimait à agir d'après ses conseils, s'était d'abord proposé de le faire venir à Paris ; mais il avait changé de résolution sur la révélation faite par le duc de la Rochefoucauld de l'engagement secret pris à Montrond entre la duchesse de Longueville, le prince de Conti et le président Viole, de s'entendre au besoin contre lui pour continuer la guerre, afin d'être maîtres des conditions de la paix, dans le cas où il voudrait la faire sans leur participation. Il appela Viole à Paris, sous prétexte de le charger de traiter avec la cour [2]. Lenet resta donc en Guyenne, où sa situation n'en devint que plus importante. A lui sont dévolues, dans les rôles de ce triumvirat, l'administration, les négociations, enfin la correspondance avec le prince de Condé, qui forme un des plus précieux éléments des Mémoires qu'il a laissés.

Il semble qu'une quatrième personne eût été faite pour paraître au premier rang ; c'est la princesse de Condé, qui s'était montrée si active

---

[1] Voy. t. I, p. 322.
[2] Voyez les *Mémoires de Lenet*, édit. Michaud et Poujoulat, p. 540.

et si énergique à l'époque du siége de Bordeaux [1], alors que le prince son mari était prisonnier à Vincennes. Cependant elle n'a plus qu'une situation effacée. Son état, elle était grosse, dut en être une des causes, mais la principale fut que le prince de Condé n'avait jamais placé en cette princesse qu'une confiance très-limitée. Ajoutons encore que la présence de madame de Longueville ne pouvait guère laisser la première place à aucune autre femme.

Les défiances et les dégoûts sans cesse renaissants dont ce triumvirat d'influences environna le prince de Conti, deviendront par la suite un utile secours à l'œuvre qu'entreprendra Daniel de Cosnac de ramener ce prince à la soumission à l'autorité royale. Il trouvera encore à l'appui de ses conseils un auxiliaire puissant dans l'état de troubles incessants, de conspirations, de dénonciations, de condamnations, d'exécutions, de massacres, dans lequel la ville de Bordeaux va se trouver plongée. Pour tout le monde, cet état était déplorable; pour un prince trop porté aux jouissances de la vie, l'existence dans cette atmosphère sanglante et troublée devint d'autant plus facilement insupportable.

Le triumvirat, nous l'avons dit, concentrait la

---

[1] Voy. t. I, p. 225 et suivantes.

direction générale civile et militaire des affaires. La guerre était plus particulièrement conduite, sous le comte de Marsin, par deux chefs principaux, le colonel Balthazar en Périgord, le comte du Dognon dans l'Aunis et la Saintonge.

Contre les généraux des princes, les forces royales étaient commandées par le comte d'Harcourt, général en chef; sous lui, par le comte de Lislebonne, son neveu, par Folleville, par Bougy, par le comte de Maure. Enfin, agissant avec une certaine indépendance de la direction du général en chef, le marquis du Plessis-Bellière tenait en respect, dans l'Aunis, le comte du Dognon, et le marquis de Montausier maintenait l'Angoumois et la Saintonge en donnant les mains aux partisans de la cause royale en Périgord.

Le marquis de Montausier déployait alors dans son gouvernement, et particulièrement dans la ville de Saintes [1], les sévérités royales. Les femmes mêmes, très-frondeuses, paraîtrait-il, et dignes émules de madame de Longueville, n'en étaient pas exemptes; la lettre inédite suivante, du roi au marquis de Montausier, donne un aperçu de ces mesures :

---

[1] Voy. sur la prise de Saintes, t. I, p. 424 et suiv.

« Du 3 avril 1652, à Sully.

« M. le marquis de Montauzier, ayant été bien informé que lorsque mes sujets rebelles s'emparèrent de ma ville de Xaintes, aucuns des officiers et habitans d'icelle contribuèrent à leur dessein et témoignèrent leurs mauvaises intentions contre mon service au préjudice de la fidélité et obéissance qu'ils me doivent, et voulant leur faire sentir et connoître publiquement le mécontentement que j'ai de leur conduite, je vous fais cette lettre pour vous dire que vous ayez à faire commandement de ma part au lieutenant criminel en madite ville de Xaintes, de s'en retirer pour trois mois et aller en ma ville de Limoges; au maire Pichon, d'aller pour le mesme temps à Saumur; au nommé Rioullet, médecin, d'aller pour le mesme temps à Loudun; à l'Académiste, de sortir de ladite ville et gouvernement de Xaintonges et Angoulmois, avec défenses d'y retourner jusques à ce qu'il en ait permission de moy; aux damoiselles de Magezoy, de se retirer aussy de ladite ville pour aller hors de votre gouvernement; aux damoiselles de Ladome et de Lossendières, de se retirer en leurs maisons à la campagne; aux nommés Forestier, marchands, et les Dodonnets et Aimery, appoticquaires, de sortir de ladite ville, avec défense d'y retourner jusques à nouvel ordre ; et parce que j'ai sceu que les nommés Jean Bernard, Serrimond, Lereullet, Bellisson, procureur, la Fernandoize, Chamblay, advocat, et les damoiselles de Saint-Seurin et Saint-André, ne se sont pas conduits comme ils devoient sur l'entrée des ennemis dans madite ville, je désire que vous leur témoigniez que j'en ai beaucoup de mécontentement, et que s'ils ne tiennent une meilleure conduite à l'avenir, je serai obligé d'y pourvoir par mon autorité ; que le maire du Bourg et les nommés Moré et Poirodeau étant les plus coupables d'entre lesdits habitans de l'introduction des ennemis en ladite ville, je desire que vous ordonniez de ma part audit maire de se retirer en ma ville de Châtelraut et de n'en point partir, et que cependant vous fassiez informer de ses déportemens et fassiez arrester lesdits Moré et Poirodeau et les mettre prisonniers en la citadelle de Xaintes ou en tel autre lieu que vous estimerez à propos, me fesant sçavoir comme vous aurez satisfait à l'exécution de ce qui est en cela de ma volonté ; et la présente n'étant pas pour autre fin, je prie Dieu, etc. [1]. »

---

[1] Lettre inédite, *Arch. du Minist. de la guerre*, vol. cxxxv.

Pour enlever à l'insurrection ses points d'appui, si elle eût voulu se relever en ces contrées, les places et les châteaux étaient démantelés. La démolition du château de Taillebourg était considérée comme l'une des plus importantes; les escarpements du rocher sur lequel il était situé formant un des principaux éléments de sa force, la mine attaquait et faisait sauter le roc même qui servait d'assises aux murailles. La poudre en quantité suffisante manquait seule pour achever cette œuvre de destruction; les villes de la province, requises à cet effet, mettaient peu d'empressement à la fournir. Marin [1] écrivait à ce sujet à Le Tellier : « Il n'y a que les villes de Xaintes et de Coignac qui aient voulu contribuer; celles d'Angoulesmes et de Saint-Jean d'Angely m'ayant refusé tout à plat [2]. »

Les principales places qui résistaient encore dans ces contrées étaient, outre Brouage [3], le repaire du comte du Dognon, celles de Marennes [4],

---

[1] De Sainte-Colombe-Marin, maréchal de camp, l'un des héros du siége de Miradoux. Voy. t. I, p. 408.

[2] Lettre datée de Saintes, le 5 avril 1652; *Archives du Ministère de la guerre*, vol. CXXXIII.

[3] Ville fortifiée et port de mer en face de l'île d'Oleron.

[4] Marennes, qui tire probablement son nom des marais qui l'environnent, est aujourd'hui un des chefs-lieux d'arrondissement du département de la Charente-Inférieure.

de Talmont[1], de Saint-Sornin[2]. Le marquis du Plessis-Bellière reçut mission de les réduire. Il rend compte en ces termes de ses opérations à Le Tellier :

« 7 avril 1652.

« Monsieur,

« J'arrivai vendredy devant cette place, et du mesme temps je formai le siége, après avoir esté recongnoistre la place que je trouvai fort bonne, comme en effect elle l'est ; la muraille estant très dure, le canon n'y faisant presque rien, et y ayant un très beau fossé. Nous y avons tiré environ deux cens volées de canon, qui ont razé une bonne partie de leurs défenses, et ayant faict faire hier au soir et cette nuit un logement sur le bord dudit fossé, les ennemis en ont esté estonnés et se sont retirés ce matin, deux heures devant le jour, dans leurs vaisseaux, ce qui m'a en quelque façon surpris, veu qu'ils faisoient mine de se devoir bien défendre et qu'ilz le pouvoient. Ils ont pris la route de Tallemont. Quoy que cette place n'ait tenu guière de temps, nous n'avons pas délaissé

---

[1] Talmont, petite ville fortifiée, appuyée d'un fort château, n'est plus qu'un simple bourg du département de la Charente-Inférieure.
[2] Saint-Sornin ou Saint-Surin-de-Marennes, village proche de Marennes.

d'y user de nos poudres et munitions, dont nous sommes bientost à bout, et n'y en a pas présentement pour faire le siége de Tallemont. Bien que ce ne soit le tout, cette raison m'empesche de l'entreprendre, car il y a cinq cens hommes dans la place et dix ou douze vaisseaux derrière. En outre, quand les vaisseaux du Roy seront arrivés, cette place ne tiendra pas, et cependant [1] elle ne nuit à rien. Tout le monde veut que l'on aye le dessein des Isles [2]. Je crois que M. de Xaintes [3] vous a escrit sur ce subjet. Je vous supplie très humblement, Monsieur, de me mander ce que j'aurai à faire; cependant j'agirai en toutes choses pour le mieux, et vous asseure que je tascheray par toutes mes actions de vous faire congnoistre que je suis,

« Monsieur,

« Vostre très humble et très obéissant serviteur,

« Du Plessis-Bellière.

« Au camp de Saint-Surin, le 7 avril 1652 [4]. »

[1] Le mot *cependant* est employé dans le sens de *en attendant*.
[2] C'est-à-dire de s'emparer des îles d'Aix, de Ré et d'Oleron, que le comte du Dognon tenait sous sa domination.
[3] Louis de Bassompierre, évêque de Saintes.
[4] Lettre inédite, *Archives du Ministère de la guerre*, volume cxxxiii.

Les opérations militaires de l'Aunis ne marchèrent, du reste, jamais avec activité dans le cours de cette campagne; Du Plessis-Bellière ne disposait que de forces médiocres; la flotte royale n'était pas encore réunie dans ces parages; et quant aux armées de terre, c'était ailleurs également que la cour concentrait leur effort. Aussi Brouage, qui était la place essentielle à réduire, ne capitulera-t-il point dans la suite sous l'étreinte d'un siége; le comte du Dognon fera de sa soumission volontaire l'objet du plus avantageux accommodement pour ses intérêts et pour son ambition.

Le comte d'Harcourt, depuis le départ du prince de Condé, était resté dans la haute Guyenne avec le gros des forces de l'armée royale, dont il venait de passer une revue générale[1]. La ville de Condom ayant fait sa soumission, il avait logé ses troupes en quartiers dans le pays d'alentour, afin de leur accorder momentanément un repos nécessaire après la marche rapide exécutée pour voler au secours du marquis de Saint-Luc, et après les chaudes affaires qui en avaient été la suite[2]. Par une tactique fort en usage dans la guerre de la Fronde, les incontestables succès qu'il avait obtenus avaient été transformés en une défaite aux yeux des habitants de Paris; une

[1] Voy. t. I, p. 416.
[2] Voy. t. I, p. 411 et suiv.

fausse relation imprimée [1] avait été répandue, afin de soutenir l'ardeur des partisans des princes par des nouvelles de succès continus. Mais ces lueurs mensongères, qui pouvaient tromper à distance, ne pouvaient sur les lieux mêmes altérer la vérité et les conséquences des faits.

Sur l'avis que la ville d'Agen, après avoir si énergiquement manifesté son esprit de révolte contre l'autorité des princes [2], montre les plus favorables dispositions pour se remettre sous celle du roi, le comte d'Harcourt interrompt le repos donné à ses soldats. Il quitte son quartier de Gondrin [3] pour se rapprocher du Port-Sainte-Marie, petite ville bâtie sur la rive droite de la Garonne, sur une éminence qui ne laisse entre elle et le fleuve qu'un étroit espace. La grande route y passe aujourd'hui sous une haute et vieille tour, vestige de ses anciennes fortifications. Chemin faisant, le chevalier d'Aubeterre, maréchal de camp, qui commande l'avant-garde, rencontre à Bruch [4] un détachement du régiment de cavalerie de Balthazar, sous les ordres du capi-

---

[1] *La Défaite de l'armée du comte d'Harcourt par l'armée de Monseigneur le Prince;* à Paris, chez Philippe Clément, rue des Fossez, 1652.
[2] Voy. t. I, p. 417 et suiv.
[3] Petite ville de l'ancien Armagnac, à 14 kilom. de Condom.
[4] Bourg de l'Agenais, à peu de distance du Port-Sainte-Marie.

taine don Luc, envoyé en reconnaissance; il le ramène vigoureusement jusque sur les bords de la Garonne, en face du Port-Sainte-Marie. Sur ce point, les proportions de l'affaire s'agrandissent; le comte de Marsin avait envoyé des bateaux pour recueillir les cavaliers de Balthazar; et, pour soutenir leur embarquement, il avait fait passer de l'infanterie qui s'était logée dans les maisons du bourg de Saint-Laurent, situé sur cette rive gauche du fleuve. Le chevalier d'Aubeterre va se trouver trop faible pour soutenir son premier succès, lorsque le marquis de Bougy, commandant la cavalerie de l'armée royale, attiré par la fusillade, accourt avec des détachements des régiments d'Harcourt et de Créqui, le premier conduit par Langalerie[1], le second par Briole; une partie des cavaliers mettent pied à terre et attaquent les maisons. Sur l'ordre du comte de Marsin, de nouveaux bateaux chargés de fantassins traversent la rivière pour porter secours à ceux qui vont ployer sous le nombre; le prince de Conti dirige lui-même leur embarquement, et sa présence anime leur ardeur. Ces bateaux se postent avec avantage, de manière à balayer la rive gauche par un feu bien nourri; les soldats de l'armée royale sont forcés de se mettre à couvert

---

[1] Philippe le Gentil-de-la-Jonchat, seigneur de Langalerie, mestre de camp de cavalerie, et plus tard lieutenant général.

en pratiquant à la hâte un logement au pied même des murs des maisons qu'ils assiégent. Leur position devient de plus en plus critique, lorsqu'un chevau-léger des troupes royales coupe la corde qui amarre un des bateaux, et celui-ci est entraîné au fil de l'eau. Profitant de cet heureux incident, les soldats de l'armée royale forcent le rez-de-chaussée des maisons, massacrent ceux qui s'y trouvent, et les combattants postés aux étages supérieurs mettent bas les armes. Témoin, de l'autre rive, de ce revirement de la fortune du combat, le prince de Conti fait encore embarquer dans trois bateaux tout ce qui lui reste du régiment d'infanterie de Marsin. Deux des bateaux tentent vainement d'aborder; la cavalerie royale qui occupe la rive les en empêche par sa mousqueterie; le troisième bateau parvient seul à franchir cette ligne de feu, et les hommes qui le montent, opérant un débarquement, se saisissent d'une maison; mais ils y sont cernés, et le régiment du Grand-Maître les enlève par un brillant assaut qui termine la journée[1].

Le lendemain, le prince de Conti s'éloigne du Port-Sainte-Marie; et, à la demande des habitants empressés de faire leur soumission, le comte

---

[1] Voy., à l'*Appendice*, la relation officielle envoyée à la cour par le comte d'Harcourt.

d'Harcourt traverse la Garonne pour prendre possession de cette petite ville.

Du Port-Sainte-Marie, le prince de Conti s'est rendu à Agen, où il espère se trouver à l'abri de toute agression de la part de l'armée royale. Il ne tarde pas à reconnaître son erreur; des symptômes alarmants lui révèlent que les dispositions peu sympathiques des habitants, qui n'avaient précédemment cédé que sous l'empire de la force [1], sont prêtes à se réveiller. Nous savons que le comte d'Harcourt n'avait fait quitter à son armée ses quartiers de rafraîchissements que sur les avis certains qu'il avait reçus de l'état des esprits, avis qui ne lui permettaient pas de douter que son approche seule ne fût suffisante à déterminer dans la ville un mouvement en faveur de la cause royale. Il entretenait dans ce but un secret accord avec les consuls. Le prince de Conti, jugeant sa sûreté compromise, dut prendre le parti de sortir de la ville.

Ce départ ne s'effectua pas sans obstacles; les troupes royales cernaient Agen pour couper au prince toute retraite, afin de le faire prisonnier. Il parvint cependant à passer au travers de leurs lignes; mais ces troupes le poursuivirent et le serrèrent de si près jusqu'au Port-Sainte-Marie, que l'escorte même du prince dut en venir aux mains à

---

[1] Voy. t. I, 417.

plusieurs reprises par de vifs engagements. Le passage de la Garonne, en mettant momentanément le prince de Conti à l'abri de leur poursuite, ne le met pas à l'abri de tout péril. Alors que quelques instants de repos lui sont indispensables après une traite longue et précipitée, la ville d'Aiguillon, au confluent du Lot et de la Garonne, célèbre pour avoir essuyé, en 1343, les premiers coups de canon tirés dans le monde, étant assiégée par le duc Jean de Normandie, fils de Philippe de Valois, lui refuse ses portes. La ville de Clairac ne lui ouvre les siennes que pour lui faire courir un danger plus grand qu'un refus. Les habitants ne lui permettent d'entrer qu'accompagné de deux personnes, et lorsque le prince, harassé de fatigue, se trouve livré sans défense entre leurs mains, la pensée leur vient de se faire de sa capture un précieux mérite et de le livrer à l'armée royale. Celle-ci, après avoir passé la Garonne, était arrivée non loin de leurs murs. Prévenu du coup qui se prépare, le prince n'a que le temps de s'esquiver par la porte d'une maison particulière donnant hors de l'enceinte de la ville. Il fuit à Marmande, et cette ville refuse de l'accueillir. Il fuit plus loin encore, et les troupes royales le poursuivent l'épée dans les reins jusqu'à Cadillac et à Langon. Arrivé dans cette dernière ville, le prince, tournant bride, fait bravement tête à l'ennemi et le force de renoncer à sa poursuite. Il laisse alors au comte de Marsin et au colonel Balthazar le commandement des troupes qui l'accompagnent; et, avec une faible suite, il se rend à Bordeaux.

Le comte d'Harcourt, après avoir suspendu sous les murs de Langon la poursuite du prince de Conti, retourne vers Agen pour en prendre possession. Il n'est pas peu surpris, en approchant, d'apprendre que cette ville, qui venait de forcer le prince de Conti à la fuite, n'en est pas moins fort peu disposée à lui ouvrir ses portes, et il est forcé de s'arrêter au Port-Sainte-Marie.

La ville d'Agen renfermait une populace portée par goût à la sédition, qui s'accommodait mal, par conséquent, avec les principes d'une autorité quelconque; en outre, elle renfermait l'élément d'une résistance plus honorable et seulement conditionnelle, composée de ceux qui, bien qu'heureux d'avoir secoué le joug du parti des princes, ne prétendaient pas ouvrir leurs portes au comte d'Harcourt sans que les promesses préliminaires de l'entente secrète qu'ils avaient établie avec lui ne fussent pleinement confirmées. Le droit des libertés municipales était alors si profondément gravé, que l'on ne considérait nullement comme une atteinte portée au respect de la royauté les précautions prises pour maintenir ces libertés, et le comte d'Harcourt, qui s'avança le lendemain au faubourg du Passage, en face d'Agen, de l'autre côté de la Garonne, dut y attendre pendant plusieurs jours le résultat des délibérations des habitants et l'apaisement des troubles qui surgirent.

Dans la ville, les trois ordres régulièrement formés en assemblée pesaient les conditions proposées, et, comme le comte d'Harcourt, pressé avant tout d'opérer le rétablissement de l'autorité royale par l'aplanissement des voies, n'avait offert que des conditions douces et faciles, ces conditions, par cette raison même, paraissaient suspectes aux plus compromis. Ceux-ci s'opposaient à tout accord, et, quand ils furent certains que la majorité de l'assemblée leur était contraire, ils eurent recours aux barricades et à l'émeute pour faire rejeter le traité. Les magistrats municipaux furent obligés de déployer toute leur énergie pour faire cesser ces nouveaux désordres. Lorsque le calme fut rétabli, des députés se rendirent auprès du comte d'Harcourt pour l'inviter à faire son entrée dans la ville.

Cette entrée eut lieu le 4 avril. Le comte d'Harcourt s'avançait à cheval, précédé de ses gardes, suivi des officiers généraux de son armée et d'un brillant cortége de noblesse, au bruit des fanfares et du canon. Les milices formaient la haie depuis la porte Saint-Antoine jusqu'à l'Hôtel-de-Ville, et les habitants faisaient retentir l'air des cris de

Vive le roi! De l'Hôtel-de-ville, le comte d'Harcourt, accompagné des six consuls et de la noblesse, se rendit à pied à la cathédrale de Saint-Étienne, où un *Te Deum* en actions de grâces fut chanté avec solennité. Les jours suivants furent consacrés par le comte d'Harcourt à gagner le cœur des habitants par les paroles affables qu'il prononça dans une assemblée des trois ordres, par le bon accueil qu'il fit à ceux qui avaient été expulsés comme suspects et qui s'empressèrent de rentrer dans la ville, enfin par la ponctualité qu'il apporta à remplir ses promesses.

La retraite précipitée du prince de Conti et l'entrée du comte d'Harcourt dans la ville d'Agen pacifiée produisirent dans la contrée un effet considérable. La plupart des villes, Marmande, Aiguillon, Clairac, Montpezat, Bazas, Tartas, envoyèrent des députés apporter au comte leur soumission à l'autorité du roi. Les villes de La Réole et du Mas d'Agenais furent du petit nombre de celles qui ne suivirent pas cet exemple.

Le comte d'Harcourt avait envoyé sommer la première de se rendre; non-seulement elle s'y refusa, mais elle contraignit même tous les habitants des campagnes voisines à se renfermer dans ses murs avec leurs principales richesses. Cet accroissement de population permit de porter la garnison au chiffre de deux mille hommes sous les armes, et la ville de Bordeaux s'empressa d'expédier deux mille boisseaux de blé. La Réole, ainsi muni de toutes les forces et de toutes les munitions nécessaires, put attendre avec confiance toutes les éventualités d'un siége [1].

Le comte d'Harcourt, dont le but stratégique était de rendre libre tout le cours de la Garonne, depuis Agen jusqu'à Bordeaux, trouvait dans l'attitude hostile des villes de La Réole et du Mas d'Agenais un double obstacle à la réalisation de son plan, obstacle qu'il ne pouvait détruire que par la force; il résolut de commencer par réduire la seconde de ces deux villes, la plus rapprochée de lui.

Retenu lui-même dans Agen, par les soins de la pacification générale, il voulut laisser à son neveu, le comte de Lislebonne [2], lieutenant général dans son armée, la gloire de cette expédition.

Le Mas d'Agenais était fortement occupé par

---

[1] Voyez la *Gazette*, article sous la rubrique : Bordeaux, 11 avril et 2 mai 1652.

[2] François-Marie de Lorraine, comte de Lislebonne, né le 4 avril 1624, quatrième fils de Charles de Lorraine, duc d'Elbeuf, rallié à la cour après avoir été un des chefs de la Fronde, et de Catherine-Henriette, légitimée de France, fille de Henri IV et de Gabrielle d'Estrées. Le comte de Lislebonne s'était déjà distingué aux siéges de Nortingue, de Lérida, à la bataille de Lens, affaires dans lesquelles il avait reçu plusieurs blessures. Il épousa en 1658 Catherine d'Estrées, fille du duc d'Estrées, maréchal de France.

une garnison de six cents hommes munie de deux petites pièces de canon ; mais des intelligences étaient entretenues dans l'intérieur avec La Rocque, l'un des consuls, et avec le prieur Pichon qui possédait une maison donnant sur le rempart. Le comte de Lislebonne, appuyé par l'expérience du marquis de Bougy [1], chargé sous lui du commandement, avait emmené quatre cents maîtres, choisis parmi les plus braves dans divers régiments de cavalerie de l'armée royale, et trois cents hommes du régiment d'infanterie d'Harcourt. Il n'avait pas voulu prendre un corps plus considérable dans la crainte que sa marche n'éveillât quelque alarme.

Arrivé dans la nuit du 7 au 8 avril, sans être aperçu des sentinelles, au pied de la muraille à laquelle est adossée la maison du prieur Pichon, le comte de Lislebonne fait un signal convenu, auquel il est répondu de l'intérieur de la place en descendant une échelle. Il donne alors à ses fantassins ordre de gravir sur le rempart. Le marquis de Bougy marche à leur tête ; cent maîtres ayant mis pied à terre soutiennent l'infanterie. Le comte de Lislebonne dispose le reste de sa cavalerie en divers détachements autour de la ville pour empêcher aucun fuyard de s'en pouvoir échapper. La surprise est complète : deux

---

[1] Voy., sur le marquis de Bougy, t. I, p. 377.

corps de garde sont, dès le premier instant, enlevés par le marquis de Bougy; le reste de la garnison, sans avoir à peine le temps de se reconnaître, se barricade dans le couvent des cordeliers. Elle perd une centaine d'hommes; après cette résistance inutile, elle est contrainte de mettre bas les armes. Au matin la ville fut pillée [1].

Deux jours après cette capitulation, le comte d'Harcourt, quittant Agen, descendit sur des bateaux au Mas d'Agenais; il y établit son quartier général le même jour, 10 avril. Le lendemain, le comte fit une excursion à Marmande, pour témoigner lui-même aux habitants la satisfaction que lui causait leur retour à l'obéissance du roi et pour leur faire prêter un nouveau serment de fidélité. Au milieu des démonstrations empressées des habitants, deux villes voisines, Montségur et Sainte-Bazeille, vinrent, par députés, lui apporter leur soumission.

De son quartier général, le comte d'Harcourt écrivit à Le Tellier une lettre dont nous extrayons le passage suivant, qui achève le détail de ses opérations :

---

[1] Le rapport officiel placé à l'*Appendice* ne fait point mention, sans doute à dessein, de ce pillage qui déshonorait le succès; nous avons emprunté ce fait à la *Relation de ce qui s'est passé en France depuis le 5 janvier* 1652 *jusqu'au* 26 *avril* 1653; fonds de Sorbonne, n. 1257, à la Bibliothèque impériale.

« Au camp du Mas d'Agenais, le 15 avril 1652.

« Monsieur,

« Depuis la prise de ce lieu, il ne s'est rien passé de considérable de deçà que la soumission de bon nombre de petites villes qui promettent fidélité, comme Saint-Bazille, Montpezat, Bazas, Tartas et Casteljaloux. J'ay envoyé quelque infanterie à Nérac pour bloquer le château et le faire rendre insensiblement, pendant que nous travaillons à soumettre au devoir tout ce qui reste au deçà de la Garonne et sur cette rivière, à la réserve de Bordeaux; et, comme il n'y a pas d'apparence que nous puissions rien entreprendre sur Bergerac, Sainte-Foy, Bourg et Libourne qu'avec des préparatifs un peu longs, je supplie Son Éminence de me confirmer la permission de faire un petit voyage à la cour pour mes petits intérêts. Je prendrai si bien mon temps, que le service du Roy n'en recevra aucun détriment. Je vous supplie d'y contribuer de ce qui dépendra de vostre généreuse amitié[1]. »

Le refus ou le silence qui furent opposés à la demande du comte d'Harcourt méritent d'être

---

[1] *Archives du Ministère de la guerre*, vol. CXXXIII.

remarqués ; ils deviennent pour un prochain avenir le point de départ d'un événement aussi surprenant que considérable.

Le blocus de Nérac [1], annoncé par le comte pour arriver insensiblement à contraindre le château à capituler, faillit amener un résultat des plus importants : le comte de Marsin lui-même, le véritable chef de l'armée des princes, se trouva bloqué dans la place. Par ce fait, ses troupes disséminées se trouvaient privées de l'unité du commandement, et sa capture, si la place succombait, devenait autrement importante que celle de la place elle-même. Cent hommes du régiment infanterie de Montpouillan [2], avec une cinquantaine de cavaliers, formaient la principale force de la garnison, et cette petite troupe, se comportant avec vaillance, faisait de fréquentes sorties qui culbutaient les assiégeants. Dans l'une d'elles, le comte de Marsin en personne fit avec ses cavaliers une trouée si vigoureuse, qu'il franchit les lignes et s'éloigna de la place. Couvonge [3], qui commandait

[1] On sait que la petite ville de Nérac, capitale du duché d'Albret, dans laquelle se sont passés des faits importants de notre histoire, fut la résidence des rois de Navarre jusqu'à Henri IV.

[2] Ce régiment portait le nom de François de Caumont-la-Force, marquis de Castelmoron, seigneur de Montpouillan.

[3] Antoine de Stainville, comte de Couvonge, lieutenant général. Il avait été gouverneur de la citadelle de Turin en 1640, et gouverneur de Casal en 1644.

le siége, fut outré de voir le général ennemi lui échapper par cette hardiesse imprévue, et, dans son désespoir, il écrivit au ministre Le Tellier une lettre dans laquelle il rejette toute la faute « sur la lâcheté du régiment des Galères et de la garde de cavalerie, qui ont laissé échapper Marsin avec cinquante maîtres par un poste où dix hommes en auraient empêché dix mille [1]. » Couvonge termine sa lettre en disant qu'il a fait arrêter les officiers qui étaient de garde, et qu'il espère que le comte d'Harcourt en fera justice.

Le comte d'Harcourt, sans attendre la réponse de la cour à sa lettre du 15 avril, avait quitté le Mas d'Agenais le 18, et s'était mis en marche sur Bordeaux avec toute sa cavalerie, à l'exception de celle de M. de Saint-Luc. Il place le 22 avril son quartier au château de la Brède, proche de cette ville, château dans lequel devait naître, trente-sept ans plus tard, le célèbre Montesquieu, et envoie aux jurats et aux habitants un trompette porteur d'une lettre qui les invite à faire leur soumission [2]. Le prince de Conti ne permet

---

[1] Lettre inédite datée du camp de Nérac, 20 avril 1652, *Archives du Ministère de la guerre*, vol. CXXXIII.

Nous croyons cet épisode du blocus de Nérac entièrement inédit; nous n'en avons rencontré le récit dans aucune histoire ni dans aucun des Mémoires du temps.

[2] Voyez cette lettre à l'*Appendice*, dans le rapport officiel envoyé à la cour.

pas que le contenu de cette lettre parvienne à la connaissance des habitants et s'oppose à son ouverture. Contrairement aux règles du droit des gens, il ne met aucun obstacle à ce que ce trompette soit maltraité par la populace.

Irrité de ce mépris du droit des gens et de cette conduite, le comte d'Harcourt ordonne au marquis de Sauvebeuf [1], lieutenant général, et à du Coudray-Montpensier [2], maréchal de camp, de faire ranger son armée en bataille. Les habitants de Bordeaux, loin de s'effrayer de cette démonstration menaçante, envoient des partis hors de la ville pour en venir aux mains avec l'armée royale, et la journée se passe en escarmouches. Un parti de Bordelais, ayant voulu pousser trop loin un premier succès, un escadron de l'armée royale fait volte-face et le taille en pièces.

Le lendemain, le comte d'Harcourt, dont l'espoir avait été d'enlever Bordeaux par un coup de main ou par la soumission volontaire des habitants, n'ayant ni les moyens ni les forces nécessaires pour entreprendre un siége régulier, se résolut à la retraite. Il alla lui-même cantonner

---

[1] Charles-Antoine, marquis de Sauvebeuf, de la maison de Ferrières-Sauvebeuf, en Limousin. Il était fils de Jean de Ferrières, seigneur de Sauvebeuf, gouverneur du château du Hâ et de Bordeaux, et de Marie de Noailles.

[2] De la maison d'Escoubleau de Sourdis.

ses troupes dans le pays Entre-deux-mers [1] pour leur donner du repos [2].

[1] On donnait ce nom à toute la contrée comprise entre la Garonne et la Dordogne, au-dessus de leur confluent.
[2] *Archives du Ministère de la guerre;* résumé de la correspondance militaire, vol. CXXXIII.

APPENDICE.

NOTE PREMIERE

Pour le ch. x, p. 42.

INSTRUCTION à la loi Mazarine, par dialogue.

D. Êtes-vous Mazarin?
R. Oui, par la grâce de Dieu, qui est mon intérêt.
D. Qui est celui qu'on doit appeler Mazarin?
R. C'est celui qui, ayant été appelé au gouvernement de l'État, croit et fait profession de la loi Mazarine.
D. Quelle est la doctrine Mazarine?
R. C'est celle que les tyrans françois ont enseignée, et que les partisans [1] embrassent de tout leur cœur.
D. Est-il nécessaire de savoir cette doctrine?

---

[1] Nous ne pensons pas qu'il soit nécessaire de prévenir le lecteur que les partisans dont il s'agit sont les gens de finance, qu'on désignait à cette époque sous le nom de *partisans*, en prêtant à ce nom une signification méprisante.

R. Oui, si l'on veut bien faire ses affaires et son profit dans ce monde.

D. Quel est le signe du Mazarin?

R. C'est le signe de la croix imprimée sur l'or et sur l'argent.

D. Comment se fait-il?

R. En prenant de toutes mains au nom du Roi.....

D. Quelle est la fin de la loi Mazarine?

R. De se rendre maître absolu du Roi, des princes, du parlement et du peuple.

D. Combien de choses sont nécessaires pour parvenir à cette fin.

R. Cinq; à savoir: 1° obséder l'esprit du Roi; lui donner de mauvaises impressions contre les princes, le parlement et le peuple; 2° jetter la division dans la maison royale; 3° rendre nuls tous les arrêts du parlement par ceux du conseil; 4° tenir une puissante armée qui ravage tout; 5° promettre beaucoup plus qu'on ne veut donner à ceux de son parti.

D. Quelle est la foi Mazarine?

R. De croire que, tout étant au Roi, on le peut prendre sans être obligé de restituer à personne.

D. Où est compris le sommaire de cette foi?

R. Dans les articles suivants, divisés en douze points: Je crois au Roi pour mon intérêt, lequel est tout-puissant à faire agir toutes choses, et à Mazarin son unique favori, lequel a été conçu de l'esprit mercenaire, né du cardinal de Richelieu; il a souffert sous Gaston et la Fronde, est mort pour son ministère; est descendu aux enfers; est assis à la droite de Lucifer, et de là viendra pour persécuter les vivans. Je crois à son esprit et à l'église du malin, ou plutôt à la congrégation des partisans, au gouvernement des états, au maniement des finances, à la résurrection des impôts et à la maltôte éternelle.....

D. Quelles sont les vertus théologales du mazarinisme?

R. Trois; savoir : ambition, avarice et vengeance.

D. Quelles sont les vertus cardinales du mazarinisme?

R. Quatre; savoir : trahison, ingratitude, insolence et pai.....

D. Quelle est la charité du mazarinisme?

R. L'amour de soi-même, par lequel on aime son intérêt plus que toute chose, et son prochain en souhaitant tout son bien.

D. Quels sont les commandements de la loi du mazarinisme?

R. 1. Un seul intérêt tu adoreras et aimeras parfaitement.

2. En vain l'argent du Roi ne mangeras ni l'État pareillement.

3. Les occasions observeras, pêchant en eau trouble fortement.

4. Les favoris honoreras, afin que tu vives longuement.

5. Leur homicide point ne feras, de fait, ni volontairement.

6. Luxurieux un peu tu seras de fait et de consentement.

7. Faux témoignage tu diras, pour servir l'État promptement.

8. Le bien d'autrui convoiteras, si tu ne le peux autrement.

9. L'œuvre de chair désireras de jour et aussi nuitamment.

10. Continuellement voleras le peuple en le tyrannisant.

D. Quels sont les principaux commandements de Mazarin ?

R. Ce sont les cinq grosses fermes [1].

D. Quelles sont les bonnes œuvres ?

R. C'est de faire jeûner, mettre tout à l'aumône, et envoyer les gens de bien à l'hôpital.

D. Qu'appelez-vous péché d'origine ?

R. C'est d'être frondeur.

D. Ce péché ne peut-il s'effacer ?

R. Oui, pour une grande somme d'argent, et allant rendre hommage à l'idole de Mazarin.

D. Quelles sont les dernières choses qui arriveront à l'homme Mazarin ?

R. Quatre : le jugement, le supplice, la mort et l'enfer [2].

---

[1] On sait que, sous l'ancien régime, l'État, au lieu de percevoir directement les impôts, en affermait le produit à des financiers, qui, en dehors de la qualification malveillante de *partisans* ou de *traitants*, reçurent de ce mode de perception des deniers publics la qualification officielle de fermiers généraux.

[2] Cette satire est attribuée au comte de Bussy-Rabutin, qui cependant ne tarda pas à quitter le parti de la Fronde, mais avec l'intention de rentrer au service du roi plutôt qu'à celui du ministre, qu'il continuait à détester.

NOTE DEUXIEME

Pour le ch. XII, p. 98.

EXTRAIT des Mémoires de l'empereur Napoléon.

« L'armée de Turenne n'était que de quatre mille
« hommes; comment tenir en échec une armée triple,
« et commandée par Condé? Il prit la position de
« l'étang de la Bousinière; c'était un défilé formé
« par l'étang, sur la gauche, et par un bois sur la
« droite; il plaça ses troupes par derrière ce défilé,
« établit une forte batterie pour battre au milieu, ne
« fit point occuper le bois par son infanterie, pour ne
« pas s'exposer à être engagé malgré lui, et passa le
« défilé avec six escadrons. Aussitôt que l'armée de
« Condé s'approcha, il repassa le défilé; ce prince,
« fort étonné de rencontrer l'armée royale en position,
« se déploya et s'empara du bois; cependant il parut
« indécis; enfin il entra dans le défilé. Le vicomte
« alors fit volte-face avec sa cavalerie, culbuta la tête
« de la colonne ennemie avant qu'elle pût se déployer.
« Au même moment, il démasqua sa batterie qui porta
« le désordre dans les rangs de Condé; celui-ci re-
« passa le défilé, il prit position; il avait marché toute
« la nuit. Dans la soirée, le maréchal d'Hocquincourt
« rejoignit Turenne avec tout ce qu'il avait sauvé et
« rallié de son armée. Malgré cette jonction, et l'arri-
« vée de quelques renforts envoyés de Gien, l'armée

« royale était encore inférieure, mais la disproportion
« n'était plus la même.

« Observations :

« 1° Turenne avait prévenu le maréchal d'Hocquin-
« court que ses quartiers étaient exposés.

« 2° La manœuvre habile qu'il fit pour en imposer
« à Condé, et qui lui réussit, fut considérée dans le
« temps comme le plus grand service qu'il pût rendre
« à la cour; en effet, s'il s'en fût laissé imposer, elle
« eût été obligée de quitter Gien, ce qui eût été d'une
« fâcheuse influence sur les affaires politiques; mais
« il est évident que le maréchal n'avait pas le projet
« de tenir sa position; si Condé se fût décidé à l'atta-
« quer, il avait tout préparé pour sa retraite; c'est ce
« que prouve la précaution qu'il prit de retirer tous les
« postes placés dans le bois, pour ne pas les exposer,
« et se trouver engagé malgré lui. Une fois qu'une
« affaire est commencée, elle s'engage graduellement.
« Il tint ses troupes réunies assez à portée du défilé
« pour en rendre le passage dangereux au prince,
« assez près pour pouvoir lui faire du mal par le
« feu d'une batterie postée de manière à battre en
« plaine, dans la longueur du défilé, mais assez
« éloignée pour que rien ne se trouvât compromis.
« Cette circonstance ne paraît rien; cependant c'est
« ce rien qui est un des indices du génie de la guerre.

« 3° Cette manœuvre si délicate, exécutée avec tant
« d'habileté et tant de prudence, ne saurait cependant
« être recommandée. Turenne, aussitôt qu'il eut réuni
« sa cavalerie, devait se retirer du côté de Saint-Far-
« geau, pour revenir ensuite en avant, mais seulement
« après sa jonction avec le maréchal d'Hocquincourt

« Les règles de la guerre veulent *qu'une division d'une armée évite de se battre seule contre une armée qui a déjà obtenu des succès.* C'est courir le danger de tout perdre sans ressources; le prince de Condé avait plus de douze mille hommes, Turenne n'en avait que quatre mille.

4° « Le point de rassemblement des quartiers des deux armées avait été indiqué trop près; c'était une faute : *il faut que le point de réunion d'une armée, en cas de surprise, soit toujours désigné en arrière, de sorte que tous les cantonnements puissent y arriver avant l'ennemi;* dans cette position, il devait être désigné entre Briare et Saint-Fargeau. »

NOTE TROISIÈME

Pour le ch. XVIII, p. 254.

LETTRE du Roy au vicomte de Montbas[1] *pour luy donner le commandement d'un corps de troupes pour la conservation des villes de Melun, Corbeil, Lagny, et autres de ces quartiers.*

Du troisième juillet 1652, à Saint-Denis.

Monsieur le vicomte de Montbas, ayant résolu de tenir un corps de troupes de cavalerie et d'infanterie aux quartiers où vous estes, qui sera composé de celles dénommées en l'estat cy-joint pour estre employées à la conservation des villes qui sont de ce côté là, et aux occasions qui s'y pourront offrir, j'ai bien voulu vous en donner le commandement, et vous faire cette lettre pour vous dire qu'aussitôt que vous l'aurez receüe, vous ayez à vous rendre audit Lagny où lesdites troupes ont ordre de passer et d'aller delà loger à St-Thibault, proche dudit Lagny; que vous preniez le commandement desdites troupes pour les distribuer et faire loger et agir comme vous jugerez à propos pour la conservation dudit lieu de Lagny et des villes de Corbeil et Melun.

Que vous alliez au plustôt vous saisir du pont de

---

[1] Barthon, vicomte de Montbas, d'une ancienne maison de la Marche limousine.

Charenton; et, en cas que vous jugiez que soixante hommes commandés le puissent bien garder, vous les choisissiez, et les établissiez à cette fin, sinon que vous fassiez rompre ledit pont en sorte que l'on ne s'en puisse servir.

Qu'après que vous aurez saisy ledit pont et que vous y aurez étably une garde pour le conserver, ou que vous l'aurez fait rompre, vous ayez à vous camper avec lesdites troupes le plus près de Charenton que vous pourrez, observant très soigneusement tout ce que feront les troupes des Princes, en sorte que l'on ne puisse rien entreprendre sur vous par le moyen d'un pont de bateaux sur la Seine ou sur la Marne.

Qu'étant audit Lagny, vous ayez à en tirer la garnison qui y est pour la faire joindre audit corps et aux autres troupes dont il sera composé, et que, pour la garde dudit Lagny, vous donniez ordre aux habitans de la faire si bonne qu'il n'en puisse arriver faute, y laissant un officier pour y régler toutes choses et pour y commander en votre absence, et sous votre autorité en votre présence, jusques à ce que j'en aye autrement ordonné; vous recommandant de me rendre compte de ce qui s'offrira par delà de quelque importance et de mon service, avec assurance que celuy que vous m'y rendrez me sera en particulière considération, et sur ce je prie Dieu, etc.[1].

---

[1]. Lettre inédite, *Archives du Ministère de la guerre*, vol. cxxxvi.

NOTE QUATRIÈME

Pour le ch. XIX, p. 293.

LETTRE de Marigny à Lenet.

Le 12 juillet 1652, à 10 heures du soir.

Dans un temps où il sembloit que nos affaires ne faisoient que prospérer, et que l'on voyoit tout Paris bien gai, la mauvaise fortune est venue troubler toute notre joye, et la mort de monsieur de Nemours, qui fut tué hier en duel par M. de Beaufort, a donné la dernière affliction à cette cour. Ce prince est généralement regretté de tout le monde comme un des plus beaux et des plus accomplis que l'on ait jamais vus, mais il est généralement blâmé d'avoir poussé à bout M. de Beaufort. Une nouvelle de cette importance mérite bien que vous en sachiez toutes les circonstances, et je ne sais si on vous les mandera aussi exactement que je vais faire.

Vous avez sceu par mes dernières lettres que depuis la déclaration de M. le chancelier pour ce parti, on avoit formé ici beaucoup de contestations mal fondées pour les rangs, et que les princes qui disputoient la préséance à M. le chancelier n'étoient pas d'accord entre eux. M. de Nemours prétendoit passer devant M. de Beaufort et M². de Rieux, M. de Beaufort devant ceux-ci, et M. de Rieux croyoit qu'on faisoit injure à la maison de Lorraine de lui contester le pas.

M. de Nemours, qui ne pouvoit cacher l'aigreur que la contestation de M. de Beaufort lui causoit, s'emportoit contre lui estrangement, et il parloit en des termes les plus extravagants du monde. M. le Prince avoit tâché de fléchir M. de Beaufort, et ce que je puis vous dire est tout à fait particulier. Son Altesse, voyant que les raisons qu'elle alléguoit ne pouvoient le persuader, crut le toucher par l'intérêt du parti en lui disant que si M. de Nemours ne jouissoit en cette rencontre des avantages qu'il croyoit lui estre dus, il pourroit sortir de Paris et se raccommoder avec le Mazarin. M. de Beaufort lui dit que ce parti-ci ne seroit pas plus foible quand il l'abandonneroit, ni celui du cardinal plus fort quand il s'y jetteroit. Cette opiniâtreté n'estoit pas seulement fondée sur la prétention du rang, mais sur le souvenir que M. de Beaufort conservoit du mauvais traitement qu'il avoit reçu de M. de Nemours à Orléans [1], dont il fut très-indignement traité et appelé cent fois poltron, infâme et homme sans honneur. Quoique cette querelle eust été accommodée par Mademoiselle, néantmoins *amicizia reconciliata, piaga mal saldata*. L'un avoit toujours conservé quelque reste de mépris, et l'autre quelque ressentiment. Enfin cette occasion dernière ayant réchauffé M. de Nemours, bien qu'il eût donné sa parole à M. le Prince de n'en faire point parler à M. de Beaufort, il le fit appeler par le marquis de Villars qui d'abord lui fit bien des remontrances sur l'importance d'une telle action qui n'avoit point eu d'exemple; mais ce fut vainement. La partie fut liée;

---

[1] Voyez p. 67 et suivantes.

mais parceque M. de Beaufort avoit quelques gens auprès de lui lorsque Villars lui fit appel, et qu'il eût esté impossible de s'en défaire, il les engagea dans le combat, de sorte qu'ils furent cinq contre cinq. Le rendez-vous fut vers la place des Petits-Pères, proche du marché aux chevaux. M. de Nemours, à cause de la blessure qu'il avoit reçue à la porte Saint-Antoine, voulut se battre à coups de pistolets, à pied; il en fit porter sur le lieu et des épées, et M. de Beaufort les prit de sa main. M. de Nemours avoit de son costé Villars, Dusesche, Campan et la Chaise; M. de Beaufort avoit du sien le comte de Buri, Héricourt, Brillet et de Ris[1]. M. de Nemours tira son pistolet le premier et brûla les cheveux de M. de Beaufort qui, tirant presque en même temps, lui donna tout au travers du corps. Ce coup ne l'empêcha pas de reprendre l'espée. Mais comme il voulut s'advancer il tomba sur le visage; M. de Beaufort courut pour séparer les seconds. Campan avoit donné un coup d'espée au comte de Buri, Dusesche avoit blessé de Ris, Brillet avoit désarmé et blessé La Chaise, de sorte qu'il arriva presque en même temps que M. de Beaufort à Villars qui avoit donné deux coups d'espée à Héricourt qui nonobstant étoit venu aux prises. Brillet dit que, puisqu'il avoit fait ce maudit appel, il falloit le tuer. M. de Beaufort, après l'avoir maltraité de paroles, dit qu'il méritoit bien qu'on ne lui fist pas de quartier. Villars répondit

[1] Nous avons eu soin de rétablir au chapitre 19 l'orthographe altérée des noms de quelques-uns des combattants dans ce document, comme dans la plupart de ceux de l'époque; et, pour d'autres noms, nos recherches nous ont permis de placer les noms de famille à côté des noms de fiefs ou de seigneuries seuls employés dans cette lettre comme dans tous les écrits historiques publiés jusqu'ici.

qu'il n'estoit pas malaisé à trois d'en tuer un, mais qu'il se défendroit bien des uns après les autres. M. de Beaufort se contenta de lui faire rendre l'espée et aux autres seconds. Cependant M. le Prince, ayant été adverti que ces messieurs estoient sortis pour se battre, sortit des Thuilleries toujours courant; il monta en carrosse; son cocher étoit si ivre qu'il lui pensa faire rompre le col, il jette son cocher hors du siége; il fait monter un valet à sa place; il fait toucher à toute bride, mais il n'arrive sur le champ que comme l'affaire estoit achevée. Nous sortions de chez M. le comte de Béthune, MM. de Belebat, de Croissi et moi, et, pour aller chez Renard [1], nous avions commandé au cocher de passer par devant le logis du Mazarin pour voir si l'on vendoit ses meubles. Comme nous fûmes près de la petite place qui respond à la rue qui va aux Petits-Pères, j'apperçus M. le Prince qui s'appuioit sur un gentilhomme comme une personne affoiblie et hors d'elle. Je jetai la portière à bas pour courir après lui : d'abord il me cria : Le pauvre M. de Nemours est mort; il vient d'estre tué en duel par M. de Beaufort. Et puis il se jeta dans notre carrosse. En même temps celui de M. de Nemours passa, et à ce spectacle il pria qu'on l'emmenât. Comme nous estions près de la rue de S^t.-Honoré, le carrosse de S. A. arriva, et les comtes de Fiesque et de Fontrailles, le marquis de Rochefort et Chavagnac qui avoient eu ordre de Monsieur de courir après ces messieurs. Son Altesse monta dans son car-

[1] Le jardin de Renard, près de la porte de la Conférence, attenant au jardin des Tuileries, était, on le sait, le lieu de rendez-vous élégant de la cour et de la ville

rosse; et nous la suivîmes afin de voir quels seroient les sentiments du peuple. Je puis vous assurer qu'ils estoient favorables pour M. de Beaufort. On apporta le corps du mort à l'hôtel de Condé, et ce furent des cris épouvantables que jetèrent ses officiers et ceux de M. le Prince. Mme de Nemours apprit cette mauvaise nouvelle d'abord par les cris de ses gens; elle tomba évanouie. Mademoiselle et M. le Prince l'allèrent visiter, et sans mentir S. Altesse estoit touchée tout autant qu'elle pût jamais l'estre. Le corps n'a pas été montré en parade. Demain on fera des services, et peut-estre même qu'ils seront sans cérémonie.

Aujourd'hui il est arrivé au palais d'Orléans une autre chose qui ne vous surprendra pas moins. M. de Rieux avoit eu quelques paroles avec M. de Tarente sur ces maudites préséances. M. le Prince avoit pris la parole de M. de Tarente, M. de Rohan celle de M. de Rieux; ils ne devoient point se parler dans l'accommodement que S. A. Royale devoit faire. Cependant le comte de Rieux, poussé par quelque humeur brutale, a voulu parler à M. de Tarente. M. de Tarente, qui est fort sage, n'a fait que regarder M. le Prince, et comme S. A. R. les a voulu faire embrasser, le comte de Rieux s'est détourné. M. le Prince lui a dit qu'il manquoit de respect à Monsieur : il a répliqué que personne ne lui apprendroit le respect qu'il devoit à S. A. Royale. M. le Prince lui a reparti qu'il s'emportoit. Il a répondu qu'il voioit bien que M. le Prince portoit plus les intérêts de M. de Tarente que les siens. M. le Prince lui a dit que cela estoit vrai. Alors il lui a parlé fort insolemment, et dit en faisant un geste de la main fort injurieux qu'il ne seroit jamais son serviteur. M. le Prince, ne pouvant souffrir l'impertinence du principion, lui a donné un soufflet à tour de bras; le cadet lorrain a voulu riposter, mais il n'a frappé qu'à l'épaule de Son Altesse, et en même temps il a voulu mettre l'espée à la main pour tuer M. le Prince qui n'avoit point d'espée. M. le Prince s'est jetté sur lui, lui a saisi la garde de son espée, et ajouté au soufflet quelques coups de poings et de pieds. M. Viole, qui s'est trouvé assez près, a fait quelques impositions, à ce que l'on dit. On a retiré le comte de Rieux, et M. de Rohan l'a fait entrer sur la terrasse. Cependant M. le prince de Tarente demandoit une espée, et il a voulu prendre celle de M. de Migennes qui estoit sous la galerie, mais il n'a pu s'en saisir. Mais M. le Prince la lui a tirée fort adroitement et a couru en même temps du côté de la terrasse. M. de Rohan s'est mis devant la porte après l'avoir tirée. S. A. Royale, qui s'estoit retirée au commencement du démêlé, est accourue, a envoyé arrester le comte de Rieux qui a rendu son espée à M. de Rohan, et l'a envoyé à la Bastille. M. le chancelier, qui estoit au palais d'Orléans, a dit qu'il ne falloit pas beaucoup de temps pour faire le procès au comte de Rieux, que pour avoir voulu tirer l'espée chez S. A. Royale, contre un prince du sang Royal, il méritoit d'avoir la tête coupée. Cependant M. le Prince, dont la générosité n'a point de bornes, traite cette affaire comme l'emportement d'un brutal, et a sollicité ce soir sa liberté auprès de M. le duc d'Orléans qui ne l'a pas voulu accorder. Ceci paroît d'une conséquence si dangereuse à Marigny qu'il a dit, il n'y a pas trois jours, à M. le Prince que véritablement il ne voudroit pas solliciter la mort de qui que ce fût, mais qu'il seroit d'avis de laisser condamner le comte de Rieux et puis de lui faire grâce. Bien en a pris à ce Lorrain qu'il ait été mené vitement à la Bastille devant que le peuple ait été adverti, car il eût esté déchiré. Pradine, lieutenant des gardes de Monseigneur, qui l'a conduit, dit au retour que le bourgeois disoit qu'il falloit le mettre en pièces. En sortant du Luxembourg le comte a dit aux gens qui estoient à la porte qu'on l'avoit voulu assassiner, qu'on le menoit en prison parce qu'il avoit visité M. de Beaufort, et que ce dernier seroit bientôt emprisonné si les bourgeois n'y prenoient garde. Il n'est pas nécessaire de vous faire des commentaires sur ce discours; vous comprenez assez la malice.

Quand j'avois commencé à mettre la main à la plume, il n'estoit que dix heures, mais depuis Son Altesse est arrivée; elle m'a commandé de souper avec elle; il en est deux après minuit; voyez si vous ne m'êtes pas bien obligé de vous faire une si longue lettre. Faites en part à Mme la Princesse et aux personnes que vous sçavez. Vous êtes trop de mes amis pour ne pas vous dire encore ce que l'on a fait au Palais ce matin. Dans la dernière assemblée de l'Hôtel-de-Ville on arrêta de prendre sur les maisons la dernière taxe de Corbie qui montera à huit cent mille livres pour la subsistance et pour les recrues des troupes. Le Parlement, sans s'arrêter au premier arrêt qu'il a déjà donné pour lever la taxe sur les boues, pour parfaire les 50 mille escus pour la tête du Mazarin, a ordonné que cette somme seroit prise sur les premiers deniers qui seroient levés en conséquence de la taxe dont on est convenu dans l'Hôtel-de-Ville. On est fort échauffé contre le vilain. Il fait une compagnie de hallebardiers pour l'accompagner. Cependant il y a des gens qui sont résolus d'en délivrer le monde. Dieu les bénisse!

Je suis fâché de finir ma lettre par une nouvelle qui ne vous affligera pas moins que celle qui est au commencement : M. de Bouillon est à l'extrémité. Langlade, son secrétaire, sort de céans il y a deux heures, qui a dit à Son Altesse ce que je vous mande. Il est venu quérir le médecin Desfougerests; il appréhende de ne pas trouver en vie son maître lorsqu'il arrivera à Pontoise. Le maréchal de Turenne est venu à la cour pour le voir; il n'a pas eu grand chemin à faire, car ses troupes sont près d'ici; aussi sont bien celles de Fuensaldagne, qui, avec celles du duc de Lorraine, montent à 24 mille hommes effectifs. Cette armée-là n'est pas loin de La Ferté-Milon. Celle des Princes est retournée à S^t.-Cloud. Le Mazarin, pour empêcher la jonction du duc de Lorraine, et pour obtenir pour lui de traiter avec la cour, a offert à l'archiduc Arras et La Bassée. Je n'en puis plus de sommeil. Bonsoir, mon cher patron, aimez-moi toujours, et mandez-moi des nouvelles de vos cours, et faites bien la mienne, etc [1].

---

[1] Lettre tirée des Manuscrits de Lenet conservée à la *Bibliothèque impériale*, tom. VII, p. 156 et suivantes.

NOTE CINQUIÈME.

Pour le ch. xix, p. 296.

LETTRE du duc d'Orléans à M. le duc de Lesdiguières [1].

Du 23 juillet 1652.

Mon cousin, n'ayant point eu d'autre objet dans tous les mouvemens présens que de satisfaire à ce que je dois au service du Roy mon Seigneur et Neveu, au bien de son Estat et à ce qui est nécessaire pour le solide restablissement de la tranquillité publique, je me suis tousjours proposé de conformer tous mes sentimens aux précédentes délibérations de ce Parlement; et ce d'autant plus, qu'estant bien persuadé comme il ne peut jamais errer en un sujet si important, je sçais qu'il sera tousjours un tesmoin irréprochable de ma conduite, comme il en a esté la reigle; de sorte que c'est ce qui m'a obligé d'employer l'authorité de Sa Majesté et la mienne, pour m'opposer (autant qu'il m'a esté possible) à lever le peu de forces

---

[1] François de Bonne et de Créqui, duc de Lesdiguières, gouverneur du Dauphiné, était petit-fils par sa mère du connétable François de Bonne, duc de Lesdiguières, également gouverneur du Dauphiné. Il avait été substitué au nom et aux armes de son aïeul; mais il était de la maison de Blanchefort, près Uzerche, en Limousin. La maison de Blanchefort, après avoir recueilli les héritages des maisons de Créqui et de Bonne de Lesdiguières, cessa de porter son nom patronymique; elle se divisa en deux branches, dont la première porta le nom de Lesdiguières et la seconde celui de Créqui. Le château de Blanchefort passa à la maison de Bonneval, en Limousin.

que j'ay peu mettre ensemble, au retour du cardinal Mazarin, et à empescher, en suite, qu'il ne se soit saisy des principales villes de mon apanage, et qu'il ne se soit rendu maistre (comme c'estoit son dessein) de toutes les avenües de cette ville pour fortifier les divisions intestines qu'il y avoit fomentées depuis longtemps; mais comme pendant ce temps, ledit parlement qui veille continuellement au salut de l'Estat, n'obmettoit aussy aucune chose de sa part, pour obtenir de Sa Majesté l'expulsion dudit cardinal hors du royaume; et que par plusieurs députations, il avoit faict réitérer ses très humbles remonstrances à Sa dite Majesté pour parvenir à cet effet; chacun avoit sujet d'espérer que cet estranger qui avoit tant protesté par ses lettres en rentrant dans le royaume de ne s'y vouloir mesler d'aucune affaire, et de renoncer entièrement à son ministère, ne s'opiniastreroit pas au point qu'il faict, à combattre l'aversion générale que toute la France a pour luy, et à renverser plustôt tout le royaume, que de consentir à s'en retirer. Mais après que le parlement a cogneu très clairement que toutes les espérances qu'il en avoit données dans plusieurs négociations qu'il avoit entretenuës pour gaigner du temps et se fortifier de troupes, n'estoient que des illusions et de ses fourbes ordinaires, et qu'au lieu de faire donner une prompte et favorable audiance à ses députez qui portoient à Sa Majesté les déclarations que mon cousin Monsieur le prince de Condé et moy, avions faictes de satisfaire punctuellement à tous articles contenus au mémoire qui fut envoyé audit parlement de la part de Sa Majesté, si tost que ses déclarations, et les arrestz dudit parlement contre ledit cardinal auroient esté exécutez, il auroit faict pourmener lesditz députez de village en village pendant trois semaines, et ensuite demandé que mon cousin et moy envoyassions des députez à la cour pour convenir de plusieurs choses avant son départ. Mais bien qu'après les déclarations solennelles que nous avons faictes audit parlement, il n'y eust plus rien à desirer de mon cousin ny de moy, et qu'ayant faict dire à Sa Majesté par le Sieur président de Nesmond qu'après l'esloignement dudit cardinal, nous n'avions rien à concerter ny convenir avec elle, mais bien à luy obéir en tout ce qui luy plairoit d'ordonner avec tous les respects et les soubmissions que nous sommes obligez de luy rendre, il soit certain qu'on ne pouvoit pas plus nettement exprimer des intentions aussy sincères, et aussy desinteressées que sont celles de mondit cousin et les miennes, et que ledit cardinal pouvoit non seulement en faire une espreuve très asseurée en se retirant, comme il le promettoit, mais aussy mettre tous les parlemens et tous les peuples contre Nous, sy Nous voulions après son départ, entreprendre la moindre chose contraire aux déclarations que nous avons faictes; néantmoins, comme ledit cardinal n'a jamais eu aucune volonté de se retirer, et que mesme ses plus affidés se sont assez expliquez, qu'ils seroient bien empeschez à ce qu'ils auroient à dire et respondre sy l'on leur envoyoit des députez, et que ledit cardinal en faisoit des railleries, disant à tous ses émissaires que son passeport n'estoit pas encore signé; aussy ledit parlement a très judicieusement recogneu cette vérité après le rapport de ses députez; et ayant considéré que tous les moyens dont on s'estoit servy jusques à présent pour l'expulsion dudit cardinal, estoient inutiles; qu'il s'estoit rendu maistre absolu de l'Estat, qu'il disposoit du sceau et des finances; que notoirement la distribution de toutes les grâces dépendoit entièrement de luy, que les délibérations qui se prenoient en un conseil qu'il a composé de la pluspart de ses créatures, n'estoient suivies qu'en tant qu'elles luy fussent agréables, et qu'ainsy ayant la personne du Roy, et toutes les forces de l'Estat entre ses mains, il estoit à craindre que cet ennemy commun ne se fortifiast à un point, et ne s'establist de sorte qu'il n'y eust plus aucun moyen de le destruire, ledit parlement auroit desiré y pourvoir par sa prudence ordinaire, et à cet effect il m'auroit convié par son arrest du 20e de ce mois de prendre la qualité de Lieutenant Général de Sa Majesté dans l'estendue de son Royaume, Terres, et Seigneuries de son obéissance, tant que ledit cardinal sera en France, pour mettre la personne de Sa Majesté en plaine liberté; luy faire rendre l'honneur, le service, et l'obéissance qui luy sont duebz, et me servir à cette fin de tous les moyens que je jugeray utiles et nécessaires pour garantir le Royaume de la ruine en laquelle il est prest de tomber par les mauvais conseils dudit cardinal; et comme c'est un service que ma naissance m'oblige de rendre à Sa Majesté, je me suis résolu à accepter ladite qualité, et à n'obmettre aucune des choses qui peuvent dépendre de moy pour un sujet sy légitime; et comme je veux croire aussy que vous contribuerez volontiers de toute l'authorité et la créance que vous avez en vostre Gouvernement pour l'heureux accomplissement d'un ouvrage sy important à la conservation de l'Estat, j'ay desiré vous en donner advis afin que vous concourriez avec moy dans une mesme fin, que vous m'informiez de tout ce qui se passera en vostre province; que vous empeschiez de tout vostre pouvoir qu'il ne s'y fasse aucune chose qui puisse favoriser les pernicieux desseins dudit cardinal, et que vous teniez la main à ce que tout ce qui sera jugé nécessaire pour son expulsion hors du Royaume, et pour le restablissement de la tranquillité publique, y soit exactement exécuté, et selon que le zèle, et la passion que vous avez tousjours faict paroistre pour le service de Sa Majesté, et le bien de son Estat vous y obligent, ce que me promettant de vostre affection, je vous asseure que je suis de toute la mienne,

Mon Cousin,

Vostre bien bon Cousin,

GASTON [1].

[1] Lettre inédite, *Archives du ministère de la guerre*, vol. cxxxiv.

NOTE SIXIÈME

Pour le ch. XXI, p. 345.

DÉCLARATION du Roy en faveur de M. le cardinal Mazarini.

Louis par la grâce de Dieu roy de France et de Navarre à tous ceux qui ces présentes lettres verront, Salut : Ayant pris résolutions d'accorder à nostre tres cher et tres amé cousin le cardinal Mazarini la permission qu'il nous a demandée avec des instances pressantes et réitérées de s'éloigner et de quitter la conduite de nos affaires que nous luy avions confiée depuis notre avénement à la couronne, en confirmant le choix que le feu Roy, nostre très honnoré Seigneur et père, que Dieu absolve, avoit fait de sa personne après la mort de nostre cousin le cardinal de Richelieu pour remplir la place de premier ministre dans tous nos conseils, et voulant empescher, comme il est raisonnable, que sa retraite, laissant, comme il fait, nos affaires au bon état où il les a remises depuis son retour, ne puisse jamais recevoir aucune mauvaise interprétation, ni porter préjudice à sa réputation, puisque nous n'avons résolu d'y consentir que sur ce que lui mesme et quelques autres de nos plus fidèles serviteurs nous ont représenté qu'elle pourroit estre utile au repos de nostre État dans la conjoncture présente, en ôtant aux factieux le prétexte qu'ils ont pris de se soulever contre nous et engager nos peuples dans la rébellion, A ces causes et pour autres justes considérations, à ce nous mouvans, de l'avis de nostre Conseil où estoient la Reyne, nostre très honorée dame et mère, plusieurs princes ducs, pairs, officiers de notre couronne et autres grands et notables personnages de notre dit Conseil, nous avons déclaré et déclarons par ces présentes signées de nostre main, que nous étans disposé de suivre l'exemple d'aucuns Roys, nos prédécesseurs, qui en des occasions pareilles à celles qui se présentent, se sont quelques fois privés de leurs plus fidèles serviteurs pour s'accommoder à la nécessité des temps et ramener dans le devoir le reste de leurs sujets, dont on avoit préoccupé les esprits par de fausses impressions comme on a fait présentement. quand nous avons permis à notre dit cousin Mazarini de s'esloigner de nostre personne et quitter l'administration de nos affaires, ce n'a point esté pour aucun mécontentement que nous ayons de lui, ni pour aucun sujet légitime de plainte qu'il ait donné à ceux mesmes de nos sujets qui se sont déclarés contre lui, mais seulement pour faire cesser le prétexte, quoique faux, dont ils se sont servis pour débaucher le reste de nos peuples. Nous voulons au contraire qu'un chacun sache, comme nous l'avons reconnu et déclaré, reconnoissons et déclarons par ces présentes, que notre dit cousin nous a toujours fidèlement et utilement servi, qu'il n'a été attaqué par les factions qui se sont formées contre luy que pour avoir soutenu avec un zèle inébranlable nostre autorité et les intérests de nostre Estat; que nous avons une parfaite connoissance de son innocence, de la sincérité de toutes ses actions et de la fausseté des prétendus crimes dont on l'a voulu noircir contre toute apparence de raison et de justice par des déclarations arrachées de nous en des temps pleins de troubles, et que nous n'avons accordées que par contrainte et pour garantir nostre personne et nostre Estat de plus grands maux qui les menaçoient en ce tems-là ; lesquelles déclarations nous avons pour ce sujet cassées, révoquées et annulées, cassons par ces présentes ensemble tous les arrests et jugemens qui ont été donnés contre nostre dit cousin comme ayant été donnés contre nostre intention et au mépris de nostre authorité par des juges passionnés, suspects et incompétents, promettant en foy et parole de Roy, de conserver un éternel souvenir des grands et recommandables services qu'il a rendus au feu Roy, nostre très honoré Seigneur et père de glorieuse mémoire, et à nous depuis vingt-trois ans en diverses occasions très importantes au bien et avantage de cette couronne, dont nous nous réservons de lui départir en temps et lieu les récompenses qu'il a méritées ; et d'autant qu'en quelque lieu qu'il soit, nous voulons tousjours l'honorer de la continuation de nostre bienveillance et protection, nous prions tous Princes et Estats voisins, alliés ou amis de cette couronne, de le considérer et traiter favorablement comme un personnage de très grand mérite, qui par ses services et sa fidélité, a bien mérité de nous et de nostre Estat ; voulons et entendons qu'en tous les lieux de nostre obéissance où il aura à passer ou séjourner, il soit respecté, et assisté en cas de besoin par tous nos sujets ; déclarant que nous estimerons les assistances et services qui seront rendus à nostre dit cousin, comme s'ils avoient été faits à nous mêmes ; faisons cependant très expresses défenses à toutes personnes de quelque qualité et condition qu'elles puissent estre de rien entreprendre contre celle de notre dit cousin, ses parens et domestiques, ni contre tout ce qui lui appartient, à peine de la vie ; car tel est nostre plaisir ; en témoin de quoy nous avons fait mettre notre scel à ces dites présentes. Donné à Ponthoise, le 17me jour du mois d'aoust, l'an de grâce 1652, et de nostre règne le dixième [1].

[1] *Archives du Ministère de la guerre*, vol. CXXXVI.

NOTE SEPTIEME

Pour le ch. XXII.

RELATION de ce qui s'est passé dans l'armée de Guyenne soubz les ordres de M. le comte de Harcourt depuis l'enlèvement des quartiers de M. le Prince jusqu'au neufvième may 1652[1].

Le bonheur et la justice qui accompagnent les armes du Roy qui ont esté confiées à la conduite de

---

[1] Nous avons tiré ce document important et inédit des *Archives du ministère de la guerre*, vol. CXXXIII. Comme César dans ses *Commentaires*, le comte d'Harcourt, racontant ses propres gestes, semble être l'historien qui raconte les faits d'un autre. Ce rapport ou cette relation, de même que celui que nous avons inséré à l'*Appendice* du premier volume, compose, pour sa campagne de Guyenne contre les princes les véritables *Commentaires* de ce célèbre général, qui avait formé Turenne et su paralyser l'élan du grand Condé, et dont nul écrit n'avait été publié jusqu'à ce jour.

Nous allons réparer une erreur généalogique que nous avons commise par inadvertance dans la *note* de la page 337 du premier volume, trompé au premier aperçu par ce fait anormal que, dans la maison de Lorraine-Elbeuf, la lignée des comtes d'Harcourt n'a pas eu pour point de départ le célèbre comte d'Harcourt, auteur de cette *relation*, mais son neveu, François-Louis de Lorraine, marié à Anne d'Ornano. Henri de Lorraine, le célèbre comte d'Harcourt, dit *Cadet de la Perle*, parce qu'il portait une perle à son oreille, et parce que son portrait gravé le plus recherché, par Antoine Masson, met en relief cet ornement, n'est donc pas le fils du fameux duc d'Elbeuf, ainsi que nous l'avions dit dans la note que nous rectifions, mais son frère. Il avait épousé en 1639 Marguerite-Philippe du Cambout, veuve d'Antoine de l'Aage, duc de Puylaurens, fille de Charles du Cambout, marquis de Coislin, et de Philippe de Bourges, sa première femme. Leur fils aîné fut Louis de Lorraine, comte d'Armagnac, vicomte de Marsan, grand écuyer de France comme son père. Leur second fils fut

M. le comte de Harcourt lui ont donné autant de nouvelles matières de gloire qu'il y a eu de rencontres depuis les mouvemens qui ont esté élevés en Poictou, Xaintonge, Angoulmois, Périgord et Guyenne par les factions de M. le Prince. Mais de tout ce qui s'est passé de beau dans cette guerre, il n'y a rien eu de si utile au service du Roy et au rétablissement de son authorité que les suites que vous allez apprendre du dernier succès qui a esté remporté sur le parti dont je vous ai donné ces jours passez une relation assez ample [1].

L'armée du Roy ayant besoing de repos pour se remettre des glorieuses fatigues qu'elle avoit souffertes dans le passage de tant de rivières et dans l'enlèvement d'une partie de l'armée de M. le Prince, M. le Comte donna des quartiers à ses troupes dans le Comdonnois et prit pour ce Général [2] celui de Gondrain avec desseing d'establir comme il fist, dans le pays circonvoisin, une espèce de contribution pour en tirer quelque fondz suivant les ordres qu'il en avoit du Roy pour le payement de l'armée. Mais comme il vouloit profiter en mesme temps des suites qu'il avoit lieu d'espérer de sa dernière action, sur les avis qu'il venoit de recevoir que les habitans d'Agen qui avoient esté tesmoings de la valeur avec laquelle nous avins remporté ce dernier advantage sur les trouppes re-

---

Philippe, le fameux *chevalier de Lorraine*, dont Daniel de Cosnac, dans ses *Mémoires*, nous a fait connaître, plus particulièrement qu'aucun autre historien, la triste influence sur le duc d'Orléans, frère de Louis XIV, et les chagrins qu'il causa à la princesse Henriette d'Angleterre.

[1] Voy. cette relation à l'*Appendice* du t. I, p. 472.
[2] C'est-à-dire, pour lui-même.

belles, touchés du repentir de leurs faultes passées, s'estoient vigoureusement opposés au desseing que M. le Prince avoit de tyranniser leurs bonnes intentions par une garnison qu'il y vouloit establir et l'avoient obligé d'en sortir fort mal satisfait du peu de defférence qu'ils avoient pour ses desseings, M. le Comte forma celui de s'approcher de la Garonne et prendre ses quartiers depuis cette ville jusqu'à celle du Port Ste-Marie, et, après avoir obligé celle de Condom à se remettre à l'obéissance du Roy et y avoir faict renouveler aux habitans un serment solennel de la fidélité qu'ilz lui doivent, il partit de Gondrain le 27e mars pour prendre à la première journée de sa marche les mesmes quartiers qu'il avoit occupés en allant à ce lieu, et le lendemain ayant desseing de prendre son quartier à Bruch, il commanda au sieur chevalier d'Aubeterre, maréchal de camp de jour, de s'y avancer avec cinquante maistres d'escorte et quelques gentilshommes qui le suivirent volontairement dans la pensée qu'ils eurent qu'il se pourroit passer quelque chose de glorieux aux armes du Roy, ce qui arriva comme vous allez apprendre. Ledit sieur chevalier d'Aubeterre ayant eu avis par quelques gens qui s'estoient sauvés des mains des ennemis qu'ilz avoient envoyé un parti de cinquante maistres commandés par don Luc, capitaine dans Baltazard, pour recognoistre la marche de l'armée, et cette nouvelle lui ayant esté confirmée par les coureurs qui le précédoient qui virent paroistre les ennemis, il commanda à celui qui estoit à leur teste de les pousser pendant qu'avec le reste de son parti il les soutiendroit, ce qu'il fist avec beaucoup de vigueur jusques au delà de Bruch où les ennemis s'estans apercus qu'ils estoient suivis de fort petit nombre des nostres, par la diligence que les premiers avoient apporté à leur fuite [1], se résolurent de faire quelque résistance. Mais comme le courage le dispute souvent à la force, ils ne demeurèrent pas longtemps dans le desseing qu'ils avoient faict de s'opposer à la victoire qui secondoit le petit nombre de nos amis; et se retirèrent en effect après avoir faict leurs descharges jusques au bord de la Garonne vis-à-vis du Port-Ste-Marie, où le sieur de Marsin leur avoit faict préparer des bateaux et faict passer quelques mousquetaires dans des maisons pour faciliter leur passage. Mais ilz furent poussez si vivement qu'ils furent contrainctz de se jeter dans les maisons et comme il n'y avoit pas d'apparence de les y forcer sans un plus grand nombre de gens, il luy en arriva bientost après par la diligence que le sieur de Bougy, commandant la cavalerie de l'armée du Roy, apporta dans sa marche, ayant ouï tirer de ce costé là, et s'y trouva si à propos avec cinquante maistres du régiment d'Harcourt commandés par le sieur de Langallerie, qu'au moment qu'ils furent en bataille, ledit sieur chevalier destacha trente maistres des deux escadrons pour les faire donner à pied pendant que le sieur de Bougy les soutiendroit avec le reste à cheval, et, ayant séparé ses hommes, donna le commandement de ceux qu'il fist donner à la droite dans les maisons où estoient partie des chevau-légers ennemis, audit sieur de Langallerie, et lui, à la teste des volontaires et des hommes du régiment de Créquy com-

---

[1] C'est-à-dire, à leur poursuite.

mandés par le sieur de Briolle, donna à la gauche. La résistance fust fort opiniâtre en cette attaque, les ennemis ayant beaucoup d'infanterie dans des bateaux qu'ils avoient faict approcher du bord et estans animés par la présence de M. le Prince de Conty, en sorte que pour mettre les nostres à couvert du feu des ennemis ledit sieur Chevalier fust obligé de faire faire un logement au pied de la muraille des maisons qu'il attaquoit, qu'il força peu de temps après avec une vigueur non pareille, y ayant trouvé plus de facilité par la retraite d'un des bateaux chargé d'infanterie qui l'incommodoient le plus, et qui fust emporté par la rapidité de l'eau, un de nos chevau-légers ayant coupé la corde qui tenoit le bateau; en sorte que ce qui se trouva dans le bas des maisons ayant esprouvé la violence des premiers mouvemens par la perte de la vie, ce qui estoit dans le haut se rendit à discrétion dans le mesme temps que le sieur de Langallerie, à l'exemple de ce mareschal de camp, fesoit de mesme à la droite. Cependant comme il estoit obligé d'aller faire les logemens au quartier du Roy, il laissa audit sieur de Bougy la disposition des troupes qui devoient loger au lieu où l'action s'estoit passée, et nostre arrivée ayant obligé M. le prince de Conty qui estoit dans le Port-Ste-Marie, d'y faire venir le régiment d'infanterie de Marsin dont quelques hommes avoient esté destachés pour favoriser la retraite du parti de Baltazard, comme je vous ai desjà dit, fist embarquer le reste dudit régiment sur trois bateaux avec ordre de chasser nostre cavallerie qui avoit mis pied à terre; mais il est difficile d'obéir à son général avec le succès qu'on espère, quant on a des opposans de la vigueur des nostres, qui en firent paroistre sy fort dans cette occasion qu'ilz empeschèrent par leurs descharges continuelles deux desdits bateaux d'aborder, le troisième ayant eu un peu plus de bonheur ce fust pour donner plus de gloire aux nostres, et s'estant saisis d'une maison sur le bord de l'eau nonobstant l'avantage que l'infanterie postée a sur des cavaliers à pied, elle fust si vigoureusement attaquée par ceux du régiment du Grand-Maistre que commandoit le marquis de Montguillon, qu'après une résistance assez opiniastrée la maison fust enfoncée, et tout ce qui s'y rencontra tué ou prisonnier. Le sieur de la Bichardière, capitaine dans le mesme régiment, eust le bras cassé en ceste occasion; et, en celle où le sieur chevalier d'Aubeterre commandoit, le sieur de Saint-Jean, lieutenant dans ledit régiment, le sieur de Canas, capitaine dans Vailhac, qui s'y rencontra volontairement, le mareschal des logis du sieur Martinet, vingt-cinq chevau-légers des régiments de la Meilleraye, de Harcourt et de Créquy, furent blessés et quelques-uns demeurèrent sur la place. Les ennemis y en perdirent pour le moins autant et environ quatre-vingts soldats prisonniers, trois capitaines du régiment de Marchin, trente-trois chevau-légers, un cornette et un mareschal des logis du régiment de Baltazard; Dom Luc qui commandoit ce party s'estant sauvé lui deuxième. Vous voyez assez la part que ces deux officiers généraux ont à la gloire de l'action pour n'avoir pas besoing de l'exagérer plus particulièrement. Je dirai seulement que leur exemple, ayant les premiers mis pied à terre, n'a pas médiocrement excité la vigueur de leurs subalternes et que les sieurs de Montguillon, de Richardière, de Langallerie, de Briolle, capitaine de chevau-légers, le sieur de Chaufernie, cornette, et les sieurs de St-Maure, Duval, valet de chambre ordinaire du Roy, de Gastaudias, de Monflaine, volontaires, y ont donné de bonnes marques de leur valeur.

Le lendemain de cette action les habitans du Port-Ste-Marie qui en avoient esté tesmoings se voyant deslivrés des troupes de M. le prince de Conty, qui n'avoient pas creu estre en assez grande seureté au delà d'un fleuve comme la Garonne, ne voulurent pas différer davantage à secouer le joug que la force de la rébellion leur avait imposé, et M. le comte s'estant présenté devant la ville, la rivière entre deux, et leur ayant faict dire qu'il recevroit les assurances de leur fidélité au service du Roy, ils embrassèrent avec d'autant plus de joye une si favorable occasion qu'ils n'attendoient que celle de son arrivée pour se remettre à leur devoir.

Le lendemain M. le Comte esprouva l'importance de cette conqueste (que la justice des armes du Roy et sa réputation lui avoient autant facilité que ses premières victoires) par les propositions que les députés de la ville d'Agen lui firent de se remettre soubs l'obéissance du Roy ; et ayant apporté quelques articles en forme de demandes, M. le comte d'Harcourt les renvoya dans la ville, avec toute la satisfaction qu'ils pouvoient espérer d'un général dont la clémence ne sçait pas moings gaigner les cœurs des bons subjectz du Roy que sa valeur sçait ranger les rebelles à l'obéissance qui lui est deue. Mais comme après le départ de M. le Prince [1] qui fust obligé de sortir honteusement d'Agen, il y estoit resté une faction assez puissante pour troubler la tranquilité que M. le Comte y vouloit establir, et que, pendant deux ou trois jours, il se passa quelques particularités qui ne m'ont esté conneuës que par une relation imprimée d'un des plus zélés et des plus fidèles serviteurs du Roy de cette ville qui y tient un des premiers rangs, j'ay esté bien aise qu'elle fust insérée dans cette relation, ne desirant point lui desrober la gloire que cette marque de fidélité lui a si justement acquise, non plus que la part qu'il a à la soumission de cette ville où il y a agi avec beaucoup de fermeté.

RELATION de ce qui s'est passé à Agen après la retraitte de Messieurs les princes et celle de leurs troupes.

Les plus eschauffés de ce parti restèrent fort estonnés, et les plus sages ouvrirent les yeux et jugèrent qu'il valoit mieux se jeter entre les bras que la clémence du Roy leur tenoit ouverts que de se précipiter aveuglément dans une défence de peu de jours qui eût pu attirer l'indignation du vainqueur et causer la désolation entière de la campagne et peut-estre celle de la ville. Prévenus de ces bons sentimens, les trois ordres assemblés délibérèrent le xxix du mois passé de faire réponse à une lettre que M. le

---

[1] Le prince de Conti.

comte d'Harcourt avoit faict escrire par M. de St-Luc, lieutenant du Roy dans la province, qui les exortoit de n'attendre pas des extrémitez fâcheuses, puisqu'ils pouvoient, en donnant des assurances de leur fidélité au service du Roy, obtenir la confirmation de tous leurs priviléges et chasser la guerre loing de leur terre.

Le lendemain xxx, un trompette du Roy ayant esté introduit dans la mesme assemblée qui l'avoit demandé par ordre de M. le Comte, il y exposa sa créance, et fut lue une lettre de ce prince [1] datée du Port, qui assuroit que si la ville envoyoit devers lui ses députés, tous les habitans y trouveroient une satisfaction entière; et pour attendre la réponse, il se rendit au faulxbourg du Passage qui est vis-à-vis de la ville, Garonne entre deux, où estoit le quartier de M. de Marin avec quelques régimens d'infanterie. L'assemblée ayant député deux consuls et quatre jurats, ils allèrent faire leur compliment et les protestations d'une fidélité inviolable au service du Roy, et M. le Comte, après les avoir embrassés et remontré que les armées de Sa Majesté estoient victorieuses partout et en estat de choisir ou de faire des grâces ou des conquestes, qu'il ne vouloit pourtant que celle des cœurs, et qu'estant maistre de la campagne, des rivières et des villes, de l'un et de l'autre costé, Agen estoit bloqué et ne pouvoit esviter d'estre prise; mais qu'il désiroit qu'il se rendît lui-mesme à la raison et à son devoir, et ensuite adjouta d'une manière très obligente qu'il leur conseilloit d'aller connoitre les

---

[1] Le comte d'Harcourt était, on le sait, prince de la maison de Lorraine.

choses qu'ils pourroient demander plus avantageuses, et qu'ils estoient assurés de les obtenir.

Ce rapport faict à l'assemblée qui avoit attendu avec impatience le retour des députés, les esprits se trouvèrent partagés entre l'espérance et la crainte; et comme l'esclat de la lumière esblouit les yeux foibles, aussy l'excès de cette bonté estourdit ceux qui n'estoient pas bien disposés pour la recevoir qui prindrent de là occasion d'entrer en défiance, croiant qu'on ne leur promettoit tout que pour ne leur rien tenir. Au contraire, les clairvoyants et les gens de bien louèrent la bonté de Dieu et celle de ce prince, et connurent qu'un grand cœur qui peut tout vaincre ne sçait rien refuser. Il fut donc dressé quelques articles en forme de demande qui furent soudain accordés de si bonne grâce qu'elle augmenta le prix du bienfaict, et acceptés le jour de Pasques par les trois ordres qui virent en ce jour-là ressusciter toutes leurs espérances, bien que la solennité en fût troublée par les barricades et tumulte des factieux; qui, pour n'avoir rien à perdre, vouloient tout hazarder et se prévaloir d'avoir à leur teste des personnes de qualité, qui par un zèle indiscret et une bravoure à contre-temps, s'opposoient au traité que faisoit la ville. L'oisiveté des festes et la distribution du vin et du ruban isabelle et bleu firent durer ce désordre et balancèrent quelque temps l'authorité des magistrats qui se résolurent enfin de porter hautement celle du Roy, leur maître, et par leur vigueur firent cesser le mal en ostant la cause.

Cependant le retardement qu'on avoit apporté à l'exécution du traité avoit un peu retiré l'inclination qu'avoit M. le Comte au soulagement de cette ville qui a l'obligation à MM. de Marin, de Vaillac, de Ste-Coulombe et de Gouat, de s'estre employés avec chaleur pour le bien public; et ces deux derniers s'exposèrent jusques sous les portes d'Agen durant ce désordre où ils agirent avec fermeté, et n'en partirent que les choses ne fussent entièrement pacifiées; ce qui fut faict la nuict du 3 de ce mois d'Avril.

Le lendemain quatriesme, les députés ayant esté assurer M. le Comte que s'il vouloit honorer la ville de sa présence, il n'y trouveroit que des bons François et des fidèles subjects, il passa la rivière, et s'estant rendu sur le Gravier qui est un des beaux cours du royaume, il entra en bel ordre dans la ville précédé de ses gardes et suivi des officiers généraux de son armée et d'un grand nombre de belle noblesse. Les canons tirèrent pour marquer la joye qu'on avoit d'avoir sagement esvité qu'on en tirât contre les murailles de la ville, et les fanfares des trompettes se mesloient agréablement avec les cris de vive le Roy! que poussoient les bourgeois du plus profond du cœur, qui s'expliquoient par les larmes de joye qu'ils versoient au lieu du sang qu'ils estoient à la veille de répandre. Les milices se trouvèrent en hàye à la porte et dans les rues, et les fenestres, depuis la porte St-Anthoine jusques à l'hostel, estoient toutes pleines des dames et des personnes de condition qui joignoient leurs acclamations à celles du peuple.

Son Altesse, après avoir receu des complimens de tous les ordres de la ville, alla à pied, suivi des six consuls et de la noblesse, rendre grâce à Dieu, autheur d'un si bon succès, dans l'église cathédrale Saint-Étienne où fust chanté le *Te Deum* avec cérémonie et un concours des habitans qui portoient tous sur leur visage la joye de cette heureuse feste.

Le lendemain cinquième, M. le Comte, pour montrer qu'il est immanquable en ses paroles et qu'il sait protéger ses amis aussi bien que destruire ses ennemis, envoia presque tous ses gardes et plusieurs officiers de son armée pour empescher les fourrageurs d'entrer dans la juridiction d'Agen, et eut la bonté de vouloir veoir et caresser en particulier les principaux habitans de cette ville qui avoient été obligés de s'absenter pour avoir esté creus suspects.

Le sixième, M. le Comte trouva à propos de faire assembler les trois ordres dans l'hostel-de-ville où il parla avec tant de dignité et d'éloquence qu'il ravit tous les assistans en admiration et rétablit puissamment dans le fond des cœurs la fidélité indispensable au service du Roy et une obéissance aveugle pour tous ses ordres; de sorte qu'Agen, qui est comme le cœur de la province, a faict veoir qu'il est le premier vivant pour les respects qu'il doibt à son souverain et sera le dernier mourant plustôt que de manquer à la fidélité qu'il est obligé de lui rendre; que s'il a souffert quelque émotion avant d'ouvrir les portes aux armes du Roy, il est arrivé ce qu'on remarque en tous les corps sublunaires qui, s'approchant de leur centre, s'y précipitent avec violence; si bien que, retombant dans l'obéissance du Roy qui est le véritable centre de tous ses subjects, il n'a peu s'empescher de le faire avec empressement; mais se trouvant dans ce lieu de repos, il y veut demeurer ferme, estant persuadé qu'il n'y en a point d'assuré hors le service du Roy qui est naturellement imprimé dans les cœurs des subjects, lesquels sont toujours dans l'inquiétude et dans le trouble, s'ils sortent de leur devoir, de mesme que tous les estres sont dans une agitation continuelle lorsqu'ils s'escartent des lieux que la nature leur a marqués pour la conservation de leur repos.

———

Pendant les trois jours des mouvemens d'Agen, la pluspart des villes du voisinage, voyant que la victoire secondoit partout nostre général et que la douceur n'estoit pas moins sa fidèle compagne, recoururent à elle pour le pardon qu'ils espéroient de leur faute passée; et, comme si le nombre de nos journées ne devoit estre compté que par celui de nos victoires, les villes de Marmande, de Clairac et d'Aiguillon envoyèrent des députés à M. le Comte pour l'assurer de leur repentir et de leur fidélité; et toutes choses s'estant pacifiées dans Agen par les précautions que M. le Comte y prit, il y entra, comme vous voyez par la relation cy dessus, avec toutes les démonstrations de joye que la paix dont les habitans espéroient de jouir, leur pouvoit inspirer. Peut-estre qu'un autre général moins accoustumé à vaincre que n'est le nostre, se seroit laissé surprendre à la joye de tant de conquestes et auroit assoupi pour un temps les soings et les fatigues de la guerre, dans les douceurs qui se trouvent à un lieu qui n'a rien de comparable dans cette province; mais comme il a sacrifié sa vie et ses soings à la gloire de l'Estat et au service de son Maistre, pendant que chacun se délassoit dans une si agréable ville des peines passées, M. le Comte mesnageoit une entreprise sur le Mas d'Agenois par le moyen du prieur Pichon, d'un consul de la ville nommé La Rocque, personnes fort fidèles au service du Roy et de quelques bons habitans de ce lieu, dont la situation est fort avantageuse, tenant un des passages de la rivière de Garonne; et comme il apprenoit que les ennemis, connoissant l'importance de ce poste, taschoient de le remettre en estat de soutenir un siége et y avoient pour cet effect estably une garnison de près de cinq cens hommes et munie de deux petites pièces de canon de fer et des autres choses nécessaires, il jugea important de presser son dessein et d'en donner la conduite à M. le comte de Lislebonne[1], son neveu, lieutenant-général de l'armée, lui laissant la disposition du nombre d'hommes qu'il jugeoit nécessaire à cette exécution, et ledit sieur de Lislebonne ayant commandé trois-cens hommes du régiment d'infanterie d'Harcourt et quatre-cens maistres destachés de tous les corps de cavalerie, n'ayant pas souhaitté un plus grand corps de peur de déscouvrir son dessein qui apparemment ne devoit pas estre entrepris avec si peu de monde, partit de Bruch accompagné du sieur de Bougy, mareschal de camp, commandant la cavalerie de cette armée, le six avril, et s'estant avancé sans donner l'alarme jusques à deux portées de mousquet de la place, nonobstant l'avis qu'il eût en chemin que la garnison du Mas avoit été fortifiée de cent hommes, qui ne servit qu'à réveiller d'autant plus la fermeté de ce jeune prince

---

[1] Le comte de Lislebonne était frère du comte de Rieux, dont nous avons raconté la querelle avec le prince de Condé, p. 290 et suivantes. Voy. sur lui la *note* de la p. 378.

qu'il en espéroit toute la glôire, commanda que l'on fît un signal à ses intelligences qui lui respondirent et jetèrent en mesme temps une eschelle par le costé du rempart qui respondoit derrière la maison du prieur Pichon; et ayant faict avancer son infanterie soubz la conduite du sieur de Bougy, elle arriva heureusement au pied du rempart par le moyen d'une haye couverte, sans estre aperçue des patrouilles et des sentinelles des ennemis que lorsque nos premiers soldats commençoient à monter; mais bien que dans ce moment les ennemis fissent feu de tous costés, ils ne peurent empescher les nostres de se rendre les maistres du rempart et que le sieur de Bougy ne les y fît mettre en bataille à mesure qu'ils y montoient, pendant que M. le comte de Lislebonne avoit faict mettre pied à terre à cent maistres de sa cavalerie pour soustenir nos fantassins et qu'avec le reste il posoit des corps de garde tout autour de la place pour empescher que personne ne cherchât son salut par la fuiste et pour donner l'alarme de tous costés; après quoi il entra dans la place et trouva que tout avoit été forcé suivant ses ordres, à la réserve d'une partie des officiers et soldats qui s'estoient retirés dans le couvent des cordeliers et qui se rendirent à discrétion après quelque résistance.

Les ennemis eurent près de cent hommes morts, parmy lesquels il y eut quelques officiers et parmy les prisonniers le sieur de la Fage, lieutenant-colonel au régiment de Lusignan, les sieurs de Martignat, d'Alibert, de Bastaronis, de St Mauvière de Tenier, de St Arosnay, du Hars, du Cosar du Puy, de Perelongue, de Taxte, de Rodes, de Rolland, d'Afforges, de la Roise, Vergoin, Baudon, Guedy, Fages, Prandel, Charlesbryes, Moncaupet, Moras, tous capitaines au régiment de Lusignan et autant de lieutenans dont les noms seroient trop longtemps à déduire.

Le régiment d'infanterie d'Harcourt commandé par le sieur de Cressanville ne fist que ce qu'il a accoustumé aussy bien que tous les officiers de ce régiment parmy lesquels le sieur de St-Jean, lieutenant, fut fort blessé, et j'aurai d'autant moins de peine à vous le persuader que vous vous appercevriez qu'ils attaquèrent un plus grand nombre d'hommes que le leur dans une assez bonne place. La cavalerie qui mit pied à terre et qui estoit commandée par les sieurs de la Grange, capitaine dans Gramont, et la Chapelle, lieutenant dans la Meilleraye, fit fort utilement son devoir, aussi bien que les sieurs de Criqueville et de Bouquetot, mareschaux de bataille, les sieurs de la Bouierie, commandant ce corps de cavalerie, le chevalier de la Saulne, capitaine, de Linauligers, dans Harcourt, et le sieur de Boision, n'ayant point abandonné le sieur de Bougy, les sieurs de Courcelle du Fay, de la Tour, aussy capitaines de chevau-légers, de Castaudias, de la Barthe, lieutenant colonel du régiment de Guyenne, et tous deux volontaires en cette occasion; les sieurs de la Sardinière et d'Aligre, premier capitaine commandant le régiment de cavalerie de M. le comte de Lislebonne, qui demeurèrent auprès de sa personne pour porter les ordres, agirent tous avec beaucoup de vigueur et de bonne conduite; celle de M. le comte de Lislebonne est admirée de tous ceux qui l'ont veu agir, et l'on est forcé d'avouer qu'il n'a pas moings acquis d'expérience depuis qu'il sert le

Roy, qu'il a faict paroistre de valeur en toutes rencontres. Vous distinguerez si bien dans cette relation la part qu'a M. de Bougy dans cette action qu'il n'est pas nécessaire de l'exagérer davantage.

Je dirai seulement qu'il est incapable de donner d'autres marques que celles d'une conduite et d'une valeur esprouvées.

Pendant ce temps là M. le Comte affermissoit l'authorité du Roy dans Agen et prenoit toutes les sûretés nécessaires à la conservation de cette ville dans la fidélité qu'elle doibt à Sa Majesté, et, jugeant qu'après cela sa présence y estoit désormais inutile, partit le dixième du mois d'avril dans des bateaux qu'il avoit faict préparer et arriva le mesme jour au Mas d'Agenois qu'il avoit destiné pour son quartier, ayant pris pour les troupes qu'il commande ceux qui se trouvèrent audessus et audessous de cette place sur le bord de la Garonne.

Le lendemain de son arrivée au Mas, ayant voulu tesmoigner aux habitans de Marmande la satisfaction qu'il avoit de leur retour à l'obéissance du Roy et les y confirmer par un nouveau serment de fidélité, y alla recevoir des marques de la joye que le peuple préparoit à son arrivée qui fit bien connoistre que c'estoit bien plustôt la force que l'inclination qui les avoit livrés enchaisnés soubz la domination de M. le Prince. Mais cette journée n'auroit pas esgalé les précédentes si les villes de Monségur et de St-Bazille, la première sur le Drot et l'autre sur Garonne audessoubs de Marmande, n'eussent pas faict paroistre, comme elles firent, la mesme soubmission que toutes les autres.

Des suites si avantageuses au service du Roy firent former à M. le Comte le dessein de faire un voyage aux portes de Bordeaux, et l'ayant présumé d'autant plus utile qu'il apprit que le parti du Roy avoit pris cœur de nos dernières conquestes, il partit du Mas d'Agenois le 18ᵉ avril avec toute sa cavalerie, à la réserve de celle de M. de Sᵗ-Luc, sans bagages, et vint coucher au bourg d'Auros, le lendemain à Barsac, le troisième jour à la Brède et le quatrième à midi il parut devant Bordeaux, ayant envoyé deux heures avant son départ de la Brède un trompette du Roy avec la lettre qui suit pour faire connoistre aux habitans de cette ville le subject de son voyage :

LETTRE escrite par M. le comte d'Harcourt aux juratz et habitans de Bordeaux.

« Messieurs,

« La victoire ne m'a pas conduit à vos portes avec un esprit de rigueur et moins encore à dessein de vous faire sentir les sévères effects du châtiment que la rébellion ouverte de cette province sur les mouvemens que vostre ville y a donnés, luy a faict si justement mériter. Je viens vous tendre les bras de la clémence du Roy et au lieu de me servir des avantages que Dieu a donnés comme protecteur de l'autorité souveraine, aux armes de Sa Majesté que j'ay l'honneur de commander, j'ayme beaucoup mieux tenter les voyes de la douceur. Si mon humeur vous est connue aussi bien que la conduite que j'ai euë dans toute cette guerre, vous vous persuaderez aisément que je sçais tenir avec beaucoup de punctualité les paroles que je donne, et si vous vous souvenez que vous m'avez regardé avec estime et amitié pendant que j'ai eu le gouvernement de cette province, vous aurez sans doute confiance que je ne puis avoir perdu le ressentiment des démonstrations de joye que vous prépariez pour mon arrivée. Il est vrai aussy que l'inclination que j'ai toujours euë pour cette province et pour vostre ville en particulier, m'a faict rechercher avec empressement les occasions d'en esloigner la guerre, et cette considération jointe au zèle et à la fidélité inviolables que j'ai tousjours eus pour le service du Roy n'a pas médiocrement contribué aux pénibles efforts que nous avons faictz pour pousser le parti de M. le Prince aux extrémités où vous le voyez. Quelque déguisement qu'il y fasse apporter, vous ne devez plus vous flatter d'une fausse apparence de protection de sa part ; il ne peut que vous mettre dans les mesmes accablemens que vous avez desjà esprouvés et dont les suites seroient sans doute fort ruineuses et désavantageuses pour vous. Ainsy je vous invite de prévenir par des marques de l'obéissance que vous devez au Roy, l'orage qui se prépare par mer et par terre à tomber sur vos biens et ensuite sur vos personnes. N'attendez pas, si vous me voulez croire, que je reçoive de la cour les ordres de ce que j'aurai à faire envers vous, puisqu'ils seront sans doute d'autant plus contraires à l'inclination que j'ai à la douceur, que Sa Majesté est tout-à-faict audessus de ses ennemis et que les avantages qu'elle remporte de tous costés lui donnent des sentimens plus pressans de faire servir vostre ville d'un exemple funeste à la rébellion et honteux à des cœurs si estroitement engagés par la naissance et par l'honneur à l'obéissance qui lui est deuë. Tous les prétextes sont levés par la majorité d'un Roy que vous voyez agir par nos mains avec autant de succès qu'il y a de justice dans sa cause; sortez de l'aveuglement où l'ambition et l'interest de quelques particuliers vous tiennent enchaisnés; ne vous laissez plus flatter aux artifices que l'on public au désavantage des armes du Roy, puisque vous esprouvez par nostre arrivée à vos portes la faulseté de tant de feintes relations dont on vous a abusés. Rendez par une marque de vostre sousmission la paix que vous avez ostée à cette province où tant d'âmes innocentes qui souffrent pour les coupables font tous les jours des imprécations qui ne peuvent que vous attirer tous les fléaux du Ciel. Je prévois avec regret que je serai l'instrument du plus rigoureux châtiment qui puisse être employé au restablissement de l'authorité royale si vous ne recevez de bonne grâce l'avance obligeante que je fais; après quoi aussi n'espérez plus de paix qu'en sacrifiant à la juste colère du Roy toutes les testes criminelles qui vous ont embarqués dans la rébellion, et croyez que comme je me suis employé avec ardeur à vous procurer la tranquilité, je mettrai en œuvre toutes les rigueurs de la guerre pour satisfaire au juste ressentiment de Sa Majesté; ce sont les avis que vous donne. »

———

Si ceste lettre eust été cogneuë aux peuples et à ce qui reste de fidèles serviteurs du Roy dans cette ville, elle auroit peut-estre produit quelque bon effect; mais M. le prince de Conty, qui avoit esté averti de nostre marche, ne voulut permettre au trompette d'entrer dans Bordeaux, et souffrit mesme que quelques-uns des séditieux violassent par de mauvais traitemens la liberté establie pour le commerce des trompettes.

M. le Comte résolut avant son départ de la Brède d'envoyer M. de Sauvebœuf, lieutenant-général, et le sieur du Coudray-Montpensier, mareschal de camp de jour, avec un corps de cinq-cens chevaux pour pousser les ennemis s'ils les rencontroient dans leur marche et pour choisir un champ propre à mettre l'armée en bataille à la veuë de Bordeaux; ce qu'ils firent après avoir poussé jusques aux portes tout ce qui se rencontra devant eux. Mais, comme le lieu est fort avantageux à l'infanterie à cause des vignes et des chemins creux qui environnent la ville, les ennemis en firent sortir quelque nombre pour faire feu dans nostre champ de bataille qui n'empescha nullement les troupes de s'y ranger, pendant que M. le Comte, qui marchoit à la teste de la seconde brigade, s'avança à la teste de l'armée et commanda à M. de Sauvebœuf de faire mettre pied à terre à ses gardes, à ceux de M. le maréchal du Plessis-Praslain et à ceux de M. le marquis de St-Luc qui escarmouchèrent avec les ennemis pendant tout le temps que l'armée fnt à la veuë de la ville, et M. le Comte, ayant résolu de la faire retourner au mesme quartier d'où elle estoit partie, qui estoit à deux grandes lieues de Bordeaux, commanda à M. de Sauvebœuf de faire défiler les troupes; et les ennemis, s'estant persuadé que c'estoit à cause du feu de leur infanterie, voulurent s'avancer dans un lieu un peu plus accessible que celui où ils l'avoient postée; mais ils ne furent pas longtemps sans s'apercevoir du contraire : le premier escadron ayant faict volte face et les ayant chargés si vigoureusement qu'un fort petit nombre évita les premiers mouvemens du courage des nostres qui avoient reçu ordre jusques-là de M. le Comte de ne point charger les ennemis pour mieux persuader aux habitans de Bordeaux le desseing qui l'amenoit à leurs portes. M. de Sauvebœuf et le sieur du Coudray, mareschal de camp, ne contribuèrent pas peu à la vigueur de cette action, s'estant mis à la teste de cet escadron ; le dernier y ayant reçu une blessure légère. Il n'y eut aucun de nos officiers généraux, depuis le premier jusques au dernier, qui ne fust exposé au feu dans cette rencontre, et tous les mouvemens de nos troupes ne se firent que par les ordres de nostre incomparable général. Ses gardes qui avoient mis pied à terre commandés par le sieur du May, et ceux de M. le maréchal du Plessis-Praslain, se trouvèrent des premiers à l'escarmouche et n'en sortirent que les derniers, aussi bien que ceux de M. de St-Luc, lieutenant de Roi dans la province et lieutenant-général de l'armée, qui fist volontairement le voyage et qui n'abandonna point la personne de M. le Comte.

Les sieurs de Rabat, de Bridoire et plusieurs autres gentilshommes volontaires se signalèrent en cette occasion qui fust accompagnée d'un nouveau bonheur, M. le Comte ayant receu dans son chemin des assurances de la fidélité de la ville de Rions, qui est un posté à quatre lieues de Bordeaux, fort utile au service du Roy, au-dessus de Cadillac.

Mais, comme M. le Comte n'avoit pas prétendu laisser son infanterie les bras croisés pendant que la cavalerie cherchoit la gloire, il avoit ordonné au sieur de Maon, mareschal de camp, d'en employer une partye au siége du chasteau de Casteljaloux, ce qu'il fist et y travailla avec tant de soing que, bien que la situation en soit avantageuse, estant entouré d'un marais qui ne laisse qu'un costé à attaquer, il vint à bout de son desseing deux jours après son arrivée; et la nouvelle en fust apportée à M. le Comte à Monhurs où il estoit allé loger à son retour pour soulager les habitans du Mas d'Agenois qui auroient peu estre incommodés par un plus long séjour. Cependant, comme il avoit formé, il y avoit quelques jours, le desseing de faire un pont sur la Garonne à Marmande, et qu'il avoit envoyé pour cet effect le sieur de Ste-Colombe [1], mareschal de camp, vers Montauban pour faire descendre des bateaux, il trouva à son arrivée que toutes choses estoient disposées à le dresser, et, ayant laissé ce soing au sieur de Biron, mareschal de camp, commandant en Agenois, et au sieur de Camarsac, commandant dans Marmande, et ayant lui-mesme de temps en temps pris celui de visiter le pont, fust quatre ou cinq jours après en estat de servir; ce qui obligea M. le Comte de se rendre en cette ville et à faire passer toute sa cavalerie, à la réserve des troupes que commande M. de St-Luc, pour la mettre en repos

---

[1] Sainte-Colombe-Marin, vaillant officier, dont nous avons eu occasion de parler plus d'une fois dans le cours de ces *Souvenirs*.

entre deux mers à couvert de la rivière du Drot, pendant que les pays qui ont esté taxés par les soings de M. de Tracy pour le payement des troupes ayent satisfaict à leurs traités et qu'il se présente quelque occasion de remporter sur les ennemis quelque nouveau advantage.

NOTE HUITIÈME.

Pour les pièces inédites tirées des *Archives du Ministère de la guerre*, publiées ou citées dans ce volume et dans le volume précédent, nous avons donné le numéro du volume des *Archives* dans lequel chaque pièce manuscrite est insérée; mais nous nous sommes abstenu de donner le numéro de la page, par ce motif que la pagination de ces documents présente quelques erreurs, et que notamment la concordance parfois n'existe pas entre les numéros des pages inscrits à la table des matières des volumes et les pièces manuscrites correspondantes.

FIN DU DEUXIÈME VOLUME.

TABLE DES MATIÈRES

DU DEUXIÈME VOLUME.

CHAPITRE X.

Tentative du prince de Condé pour rattacher à sa cause le parlement de Paris.— Lettre de ce prince au parlement.— Arrêt de prise de corps contre le duc de Nemours. — Tentative du coadjuteur pour former un tiers parti ayant à sa tête le duc d'Orléans. — Conférence au Luxembourg à ce sujet. — Refus du duc d'Orléans.— Diverses démarches du prince de Condé pour faire tourner les événements à son seul avantage. — Traité d'alliance signé entre le duc d'Orléans et le prince de Condé. — Ce traité devient le point de départ d'une situation nouvelle. — Refroidissement entre le duc d'Orléans et le parlement qui rend des arrêts opposés aux vues de ce prince. — Promotion du coadjuteur au cardinalat, malgré les démarches contraires de la cour de France. — Désappointement du bailli de Valençay. — La reine et le cardinal Mazarin dissimulent leur mécontentement. — La popularité du coadjuteur est compromise par sa promotion. — Son courage le sauve du péril d'une émeute formée contre lui. — La violence de l'opinion déchaînée contre le retour du cardinal Mazarin suscite de nouveaux pamphlets. — Singulière manifestation du clergé de France contre la mise à prix de la tête du cardinal Mazarin. (1652.) . . . . Page 1.

CHAPITRE XI.

Les vieilles troupes du prince de Condé, sous les ordres du duc de Nemours, et les troupes espagnoles s'approchent de Paris.

— Déplaisir du duc d'Orléans de voir ses appartements du Luxembourg encombrés par les officiers des deux armées. — La cour marche sur Orléans. — Mademoiselle de Montpensier envoyée dans cette ville pour empêcher le roi d'y être reçu. — Portrait de Mademoiselle. — Ses nombreux projets de mariage. — Sa pensée de conquérir le roi les armes à la main. — Les maréchales de camp de Mademoiselle. — La princesse et le garde des sceaux Molé, au nom du roi, attendant à deux portes différentes de la ville d'Orléans. — Embarras des magistrats municipaux. — Une prédiction. — Singulière entrée de Mademoiselle dans la ville. — Le garde des sceaux Molé forcé de se retirer. — La princesse se pose en souveraine dans Orléans. — Son discours à l'assemblée de l'hôtel-de-ville. — Ses actes d'autorité. — Elle offre de faire pendre des prisonniers. — Mot de la reine sur la prétention de Mademoiselle d'épouser le jeune roi. — Conseil de guerre dans un faubourg d'Orléans, présidé par Mademoiselle. — Querelle entre les ducs de Nemours et de Beaufort. — L'armée des princes marche sur Montargis. — Mouvements de l'armée royale. (1652.). . . . . Page 43

CHAPITRE XII.

Aventureux voyage du prince de Condé. — Le prince rejoint son armée. — Prise de Montargis. — Lettre inédite du maréchal de Turenne à Le Tellier sur le point le plus convenable pour passer la Loire. — Autre lettre inédite du maréchal de Turenne pour engager le roi à venir à Gien. — Combats de Bléneau. — Défaite du maréchal d'Hocquincourt. — Parallèle entre le prince de Condé et le maréchal de Turenne. — Choc des armées de Condé et de Turenne. — Rencontre du prince de Condé avec le maréchal d'Hocquincourt. — Le maréchal de Turenne sauve le roi. — Jugement de Napoléon sur la conduite des généraux dans cette affaire. — Lettre du prince de Condé à mademoiselle de Montpensier. — Valeur des ducs de Nemours et de Beaufort. — Les duchesses de Nemours et de Châtillon accourent de Paris. — Présomption du maréchal d'Hocquincourt. — Le calme et le sang-froid de la reine Anne d'Autriche. (1652.) . . . . Page 71

CHAPITRE XIII.

Résolution du prince de Condé de se rendre à Paris. — Violen dépit du duc d'Orléans. — Menées secrètes du cardinal de Retz contre le prince de Condé. — Émeutes et désordres populaires; détails inédits. — Opposition du parlement à l'entrée du prince de Condé levée par un argument de procédure. — Arrivée à Paris du prince de Condé. — Accueil peu flatteur qu'il reçoit des cours souveraines. — Les cours souveraines maintiennent leurs déclarations contre le cardinal Mazarin. — Remontrances au roi mal accueillies. — Quelle eût été la puissance du tiers-parti ? — Quelle eût été l'opportunité plus grande des États généraux? — Mouvement d'accession des protestants du midi à la politique du tiers-parti. — Lettre inédite du duc de Lesdiguières à ce sujet. — Composition frivole du conseil du prince de Condé. — Lettre du duc de Rohan-Chabot. — Négociations des princes avec la cour successivement tentées : 1° par l'intermédiaire du comte de Chavigny, du duc de Rohan-Chabot et de Goulas; 2° par celui du duc de Nemours, du duc de la Rochefoucauld et de Gourville; 3° par le comte de Gaucourt; enfin par la duchesse de Châtillon. — Le parlement tente également sans plus de succès des négociations pour la paix. — Le maréchal de l'Hôpital continue à Paris ses fonctions de gouverneur pour le roi. — Lettre inédite du maréchal adressée au roi. — Rapports tendus du prince de Condé avec les magistrats; scène avec le président de Novion. — Le prince de Condé se rend maître de Paris en l'effrayant. — Nouveaux désordres populaires; détails inédits. — Recrutement dans Paris. — Démonstrations militaires des levées bourgeoises au bois de Boulogne et à Saint-Denis. (1652.) . . . . Page 108

CHAPITRE XIV.

Marche de l'armée des princes pour se rapprocher de Paris. — Marche de l'armée royale pour couper le chemin de la capitale à l'armée des princes. — L'armée des princes se rabat sur Étampes, où sont réunis de grands approvisionnements.

— Six lettres inédites du maréchal de Turenne relatives à la marche de l'armée royale. — Funeste résultat pour l'armée des princes du passage de mademoiselle de Montpensier à Étampes. — Lettre inédite du maréchal de Turenne après le succès que lui a procuré le désordre causé par le passage de la princesse. — Trois lettres inédites du maréchal de Turenne sur un échange de prisonniers, sur des fournitures, sur la situation de l'armée des princes. — Préparatifs de l'armée royale pour le siége d'Étampes. — Quatre lettres inédites du maréchal de Turenne sur ce sujet. (1652.) . . . . Page 152

CHAPITRE XV.

Entrée en France du duc de Lorraine à la tête d'une armée. — Dissentiment entre les maréchaux de Turenne et de l'Hôpital sur la marche que doit suivre l'armée du maréchal de la Ferté. — Lettre inédite du maréchal de l'Hôpital à ce sujet. — Négociations de la cour avec le duc de Lorraine. — Mission de M. de Saint-André; sa lettre inédite; curieux détails. — Singulier caractère du duc de Lorraine. — Il laisse son armée à Lagny et se rend presque seul à Paris. — Sa politique et ses boutades. — Sa résolution de faire lever le siége d'Étampes. — Il devient de bon ton de l'aller visiter dans son camp de Villeneuve-Saint-Georges. — Spectacle étrange de ce campement. (1652.) . . . . Page 183

CHAPITRE XVI.

Siége d'Étampes. — Billet inédit du maréchal de Turenne demandant les outils nécessaires. — Demi-lune emportée. — Sorties pour la reprendre. — Batterie enlevée, canons encloués. — Le régiment de Turenne reprend brillamment la demi-lune. — Principaux officiers signalés. — Coup de fauconneau tiré sur le roi. — Le roi quitte le siége sans avoir distribué aucun secours aux blessés et aux malades. — A qui incombe cette faute? — Les ministres tout-puissants sont un malheur public. — Négociations avec le duc de Lorraine. — Lettre inédite du roi ordonnant au maréchal de Turenne de lever le siége d'Étampes. — Le maréchal va se porter à Étréchy. — Autre lettre du roi traçant au maréchal la conduite à tenir. — Conduite équivoque du duc de Lorraine. — Le maréchal de Turenne, par une marche rapide, se porte en présence de l'armée lorraine. — Il somme le duc de livrer bataille ou de se retirer hors de France en lui abandonnant son pont de bateaux. — Retraite du duc de Lorraine. (1652.) . . Page 202

CHAPITRE XVII.

Le prince de Condé rejoint son armée en toute hâte. — Le maréchal de Turenne surveille la retraite du duc de Lorraine. — Il opère sa jonction avec l'armée du maréchal de la Ferté. — L'armée des princes campe à Saint-Cloud. — L'armée royale campe à Saint-Denis. — Désordres dans Paris et jusque dans l'enceinte du parlement. — Le duc de Beaufort convoque et harangue les émeutiers à la place Royale. — Délibération du parlement pour la paix, suivie de nouveaux désordres. — Arrêt du parlement portant suspension de ses séances. — État des esprits d'après une relation inédite. — Ordre de la cour, ignoré jusqu'ici de l'histoire et inexécuté, pour chasser des Tuileries mademoiselle de Montpensier. — Périlleuse reconnaissance d'un pont sur la Seine, faite par le prince de Condé. — Appréciation inexacte faite par ce prince d'un mouvement de l'armée royale ; ses graves conséquences. — Résolution de ce prince de conduire ses troupes de Saint-Cloud à Charenton. — Lenteurs et embarras de cette marche nocturne. — Lettre inédite du maréchal de l'Hôpital, assurant au roi que l'armée des princes ne sera pas reçue dans Paris. — Bataille du faubourg Saint-Antoine. — Pusillanimité du duc d'Orléans. — Mademoiselle de Montpensier à l'Hôtel-de-Ville. — La princesse fait ouvrir les portes de Paris à l'armée des princes et tirer le canon de la Bastille sur l'armée du roi. — Défilé de l'armée des princes dans Paris. — Bravoure du prince de Tarente couvrant la retraite. — Entrée du prince de Condé. — Le jeune Mancini, neveu du cardinal Mazarin, mortellement blessé. — L'armée des princes va camper entre le faubourg Saint-Marcel et le village de Gentilly. — L'armée royale se retire sur Saint-Denis. (1652.) . . . . Page 217

CHAPITRE XVIII.

Embarras de la cour le lendemain du combat du faubourg Saint-Antoine. — Ordre envoyé au vicomte de Montbas. — Lettre inédite du duc d'Elbeuf. — Popularité dans Paris du prince de Condé. — Sentiments contraires qu'il inspire à la magistrature et à la bourgeoisie. — Le prince de Condé veut surmonter ces répulsions en inspirant la crainte. — Son but dépassé. — Assemblée de l'Hôtel-de-ville du 4 juillet 1652. — Affreux désordres et massacres. — Refus du prince de Condé d'y mettre un terme. — Courageuse conduite de Mademoiselle de Montpensier. — Les princes convoquent une nouvelle assemblée à l'Hôtel-de-ville. — Le duc d'Orléans proclamé régent et lieutenant-général du royaume. — Le prince de Condé proclamé chef suprême des armées. — Les divers corps de magistrature reconnaissent l'autorité conférée aux princes. — Vote de subsides et de nouvelles levées. — Diverses particularités de levées de troupes faites au nom de Mlle de Montpensier. — Le duc de Beaufort nommé gouverneur de Paris, et le conseiller Broussel prévôt des marchands. — Les princes forment un conseil suprême en imitation du conseil royal. (1652.) . . . . Page 253

CHAPITRE XIX.

Le découragement et la tristesse environnent le parti des princes. — Pièces en vers contre le prince de Condé. — Question de préséance au conseil entre les ducs de Nemours et de Beaufort. — Leur rivalité. — Duel des deux beaux-frères accompagnés de leurs seconds. — Mort du duc de Nemours. — Son portrait. — Motifs du peu de regrets causés par cette perte au prince de Condé. — La duchesse de Châtillon chez mademoiselle de Montpensier. — Querelle entre le comte de Rieux et le prince de Tarente. — Le prince de Condé frappé au visage. — Le comte de Rieux mis à la Bastille. — Le duc de Lorraine obtient sa mise en liberté. — Les procédés violents du prince de Condé détachent de son parti un grand nombre d'officiers. — Les princes veulent faire reconnaître régulièrement leur autorité dans les provinces. — Les princes veulent se faire reconnaître par les puissances étrangères. — Lettre inédite du prince de Condé aux treize cantons. — Arrêt du parlement de Paris ordonnant la vente des biens du cardinal Mazarin. — Arrêt du conseil du roi cassant l'arrêt du parlement. — Querelle au parlement de Rouen entre deux présidents. (1652.)................ Page 278

CHAPITRE XX.

La cour, après de grandes incertitudes, quitte Saint-Denis pour se rendre à Pontoise. — L'armée royale se porte à Compiègne, au-devant de l'armée espagnole. — Influence du maréchal de Turenne et du duc d'Elbeuf sur ces résolutions. — Lettre du duc d'Elbeuf. — Le duc d'Elbeuf forcé de capituler dans Chauny. — Quatre lettres inédites du maréchal de Turenne sur les opérations de la campagne. — Retraite de l'armée d'Espagne. — Ses motifs. — Appel du roi à la noblesse en armes. — Lettre inédite du roi au marquis de Nangis. — L'armée des princes sort du faubourg Saint-Victor pour aller camper à Saint-Cloud et à Suresnes. — Le maréchal de Turenne vient camper à Gonesse pour observer l'armée des princes. (1652.)................ Page 301

CHAPITRE XXI.

Le parlement de Paris transféré à Pontoise par une déclaration royale. — Une faible minorité obéit. — Le parlement de Paris et le parlement de Pontoise fulminent des arrêts l'un contre l'autre. — Le parlement de Pontoise se grossit de nouveaux arrivants. — Par une habileté convenue avec la cour, le parlement de Pontoise prend l'initiative de remontrances contre le cardinal Mazarin. — La surintendance donnée au duc de Bouillon. — Mort inopinée du duc de Bouillon. — Divers jugements portés sur le duc de Bouillon. — Influence considérable de sa mort sur la suite des événements. — Le chancelier Séguier rappelé à la cour. — Lettre inédite du duc d'Orléans pour l'échange de Henri des Cars, seigneur de Saint-Ybard. — Mort du duc de Valois. — Ordre du roi au

marquis de Praslin d'arrêter au besoin l'archevêque de Sens.
— Lettre inédite du marquis de Praslin à Le Tellier.— Départ
du cardinal Mazarin pour son second exil. — Déclaration
royale en faveur du cardinal Mazarin. — Désir général de la
paix à Paris. — Tout le monde veut négocier avec la cour.
— Lettre inédite de la duchesse d'Aiguillon à Le Tellier. —
Les avances des princes repoussées par la reine.— Perplexités
du duc d'Orléans et du prince de Condé. (1652.). Page 323

CHAPITRE XXII.

Retour aux événements de Guyenne.— Rôle du prince de Conti.
— La duchesse de Longueville, le comte de Marsin et le conseiller Lenet forment un triumvirat directeur. — Rôle effacé de la princesse de Condé. — Chefs principaux de l'armée des princes. — Chefs principaux de l'armée royale. — Ordre du roi au marquis de Montausier d'exercer des sévérités dans la ville de Saintes. — Beaucoup de femmes tombent sous l'application de ces sévérités. — Difficultés de la démolition du château de Taillebourg.— Opérations militaires dans l'Aunis et la Saintonge.— Lettre du marquis du Plessis-Bellière à Le Tellier. — Brillants engagements de l'armée du comte d'Harcourt à Bruch et à Port-Sainte-Marie. — Le prince de Conti forcé de quitter précipitamment Agen. — Il est poursuivi l'épée dans les reins. — La ville d'Aiguillon lui refuse ses portes ; celle de Clairac lui ouvre les siennes et veut le livrer à l'armée royale. — Marmande refuse de le recevoir. — Ce prince tourne tête à Langon contre ceux qui le poursuivent.
— Il se rend à Bordeaux. — Difficultés imprévues éprouvées par le comte d'Harcourt pour prendre possession d'Agen. — Nouveaux troubles dans cette ville. — Délibérations des trois ordres. — Entrée solennelle du comte d'Harcourt. — Soumission volontaire d'un grand nombre de villes. — Les villes de la Réole et du Mas d'Agenais se préparent à soutenir un siége. — Le comte de Lislebonne emporte le Mas d'Agenais par une surprise. — Le comte d'Harcourt reçoit au Mas d'Agenais de nouvelles soumissions des villes voisines. — Fragment d'une lettre du comte d'Harcourt à Le Tellier. — Le comte de Marsin bloqué dans Nérac. — Désespoir de Cou-

vonge, dont Marsin franchit les lignes de blocus en s'échappant. — Le comte d'Harcourt marche sur Bordeaux avec sa cavalerie. — Le prince de Conti empêche l'ouverture de la lettre du comte aux habitants. — Le trompette parlementaire maltraité par la populace. — Escarmouches entre les habitants de Bordeaux et l'armée royale. — Retraite du comte d'Harcourt dans le pays Entre-deux-Mers. (1652.).. P. 256

APPENDICE.

NOTE PREMIÈRE.

Instruction à la loi Mazarine, par dialogue. . . . . Page 387

NOTE DEUXIÈME.

Extrait des *Mémoires de l'empereur Napoléon*. . . Page 391

NOTE TROISIÈME.

Lettre du roy au vicomte de Montbas pour luy donner le commandement d'un corps de troupes pour la conservation des villes de Melun, Corbeil, Lagny et autres de ces quartiers, du 3 juillet 1652, à Saint-Denis. . . . . Page 394

NOTE QUATRIÈME.

Lettre de Marigny à Lenet. . . . . Page 396

NOTE CINQUIÈME.

Lettre du duc d'Orléans à M. le duc de Lesdiguières, du 23 juillet 1652. . . . . Page 404

NOTE SIXIÈME.

Déclaration du Roy en faveur de M. le cardinal Mazarini. Du 17 aoust 1652, à Ponthoise. . . . . Page 409

TABLE DES MATIÈRES DU DEUXIÈME VOLUME. 449

NOTE SEPTIÈME.

Relation de ce qui s'est passé dans l'armée de Guyenne soubz les ordres de M. le comte de Harcourt, depuis l'enlèvement des quartiers de M. le Prince jusqu'au neufvième may 1652. . . . . Page 413

Relation de ce qui s'est passé à Agen après la retraitte de Messieurs les princes et celle de leurs troupes. . . . Page 420

Lettre escritte par M. le comte de Harcourt aux juratz et habitants de Bordeaux. . . . . Page 430

NOTE HUITIÈME.

Observation relative aux indications des documents inédits tirés des *Archives du Ministère de la guerre*. . . . . . Page 437

FIN DE LA TABLE DES MATIÈRES DU DEUXIÈME VOLUME.

ERRATA.

Page 202, à la onzième ligne du titre du chapitre XVI, au lieu de : « le maréchal va se *porter* à Étrechy, » lisez : « va se *poster* à Étrechy. »

Page 320, à la deuxième ligne de la *note* 2, au lieu de *baronnerie* lisez : *baronnie*.

www.ingramcontent.com/pod-product-compliance
Lightning Source LLC
Chambersburg PA
CBHW051822230426
43671CB00008B/806